大是文化

改變世界文化的13本書

讀什麼決定我們成為誰。
這些暢銷書如何改變了
我們說話、思考模式、
行為舉止甚至成功標準。

《紐約時報》、《華爾街日報》、《華盛頓郵報》等
各大媒體御用文化歷史記者

潔絲·麥克休——著
JESS McHUGH

吳宜蓁——譯

CONTENTS

推薦序一

經典中刻意不說的故事，透露我們最真實的模樣

Special 教師獎得主／吳宜蓉

美國勵志演說家吉姆．羅恩（Jim Rohn）曾說：「你花最長時間相處的五個人，平均下來就等於你自己。」我們花最多時間相處的人，會塑造我們的模樣。隨著時常接觸、對話，他們將影響我們的態度與行為模式，最終，我們便開始像他們一樣思考和行動。

至於閱讀，也是如此。想認識一個人，觀察他最常翻閱的書，肯定是最好的方式；尤其，在對方反覆閱讀的書中，你或許能看到一些歷久不衰、銷售量極高、影響非常多人的工具書。

本書作者試圖利用美國人最喜歡讀的書，帶我們分析美國人為什麼會是現在這個模樣。她挑選了美國建國兩百多年來最普及的十三本工具書，包括每年出版、不斷更新四季變化的《老農民曆》（*Old Farmer's Almanac*，第一版發行於一七九二年）、在美國家庭及教室中，幾乎無所不在的《韋氏字典》（*Webster's Dictionary*，第一版發行於一八二八年），到二十世紀卡內基

（Dale Carnegie）的暢銷勵志大作《人性的弱點》（*How to Win Friends and Influence People*，一九三六年），以及近來紅遍全球的《與成功有約》（*The 7 Habits of Highly Effective People*，一九八九年）等書。

本書作者試圖透過一般美國人閱讀的書籍，探討他們如何形塑出美國人應有的模樣，也嘗試追溯一些美國最根深蒂固的信仰起源，包括個人主義、白手起家的樂觀精神和民主包容。

大家都在翻閱這些書的時候，書中的觀點占據了我們的注意力，也試著推銷一些價值觀，深入我們的信念之中。這些數億名讀者擁有的工具書，再平凡不過、再日常不過，卻通過好幾代人的使用與閱讀，塑造出美國人的身分認同和我們現今的文化。

彷彿，只要我們都知道相同的故事、相信相同的價值、熟悉相同的符號，就能在這塊土地，彼此相親相愛的成為一位「好公民」。

然而，這是不是一種美國人的自我催眠？我們真的能夠「與成功有約」嗎？只要主動積極、要事第一，我們就能自由選擇理想的生活嗎？在鼓勵我們為自己的命運負責的同時，這背後是否忽略了社會結構帶來的限制；利用《韋氏字典》查找詞彙定義的同時，我們是否也反過來被字典背後的意識形態定義了呢？

你讀的書，是否能決定你是誰？如果可以，那這些書籍似乎都隱約預設：理想的美國人是白人、新教徒、中產階級，也是在美國出生的男性。

作者在本書中點醒我們，這些暢銷書在美國人的日常生活中，用工具書的形式反覆訴說美國歷史與國族想像的神話，讓人誤以為是不可質疑的事實。但如此卻拒斥了歷史上的黑暗面，包括奴隸制度、原住民的種族滅絕，以及長期忽略女性的勞動付出，和社會階層的不平等。

作為一個歷史老師，我期待我的學生閱讀這本書，本書特別能激起我們思考普遍價值背後的心思和心機。

再日常的文本，都隱含著玄機；每個故事，都有說故事的人想要傳遞的訊息。不要只是被故事感動、不要輕易被故事說服，故事不說的情節，也許是更重要的線索。去了解人們最愛讀的書特意不談的事，也許才是認識他們的真實模樣，最關鍵的一步。

推薦序二

全球共享的歷史記憶，藏在這十三本暢銷書中

中央大學歷史所副教授兼所長／蔣竹山

這幾年，市面上出現了許多標題為「改變歷史的〇〇種動物、植物、食物、機器……」的書籍。而這本《改變世界文化的十三本書》，也談到十三本美國暢銷書。這些書，肯定代表了美國文化，不過，若縱觀全球歷史，我們說不定也能從全世界的文化之中，發現曾被這些經典修改的蛛絲馬跡。

本書作者潔絲．麥克休（Jess McHugh），臺灣讀者應該不太熟悉。她是一名作家，作品曾被刊登在美國及國際各類型刊物中，而她挑選出來的暢銷書，可說是代表美國文化、甚至全球文化的經典。

作者挑選書的時候，採取特定的標準：一、這些書都是自美國建國以來，銷量及影響力相當驚人的作品，通常都賣到數千萬本。除了銷售量，作者也會參考當時在報章雜誌上引起熱烈

討論的書籍；二、這些書代表美國文化、美國價值觀，更是美國流行文化的基礎；三、這些書都是工具書，包含字典、烹飪書、操作指南、農民曆、勵志書、性愛寶典等；四、這些不僅能教技能，也傳遞了個人主義、自力更生、人身自由等概念，此外，也教導讀者的社會角色及家國責任。

這些書都是一般民眾日常生活中最常接觸的作品，說是「美國聖經」也不為過。透過這些書，作者讓讀者看到「身為美國人」這樣的概念如何隨著時代而轉變。雖說是美國文化的經典，但這些暢銷書也廣為流傳、紅遍海外，可說是全球共享的歷史記憶。

本書中囊括的工具書，有一些在全世界都非常普及，我們都非常熟悉，像是《韋氏字典》和《富蘭克林自傳》（*The Autobiography of Benjamin Franklin*，一七九三年）。同時，也有一些臺灣民眾較少接觸的經典，有其地方特色，像《老農民曆》，就是美國人才會看的工具書。

這十三本銷售量上億的暢銷經典，共同塑造了美國文化、價值與精神，也定義了什麼是美國人。然而，這樣的時代已不復存在，現今很難再看到暢銷到改變世界歷史的工具書。雖然已經全球化，但客群卻更為小眾，書籍也更加針對特定受眾；曾經理想化投射出對美國願景的時代早已遠去。不過，透過本書，我們將更加意識到，我們所身處的時代，難道不就像是這些暢銷書的年代一樣，逐漸被衝突、劇變與焦慮而填滿嗎？從這本書中，我們或許可以找到一些方向。

下一本暢銷經典，又會出現在哪呢？在它誕生之前，我們可能永遠找不到答案。

前言

我們就是我們吃的東西，更是我們「讀」的東西

十九世紀初，在諾亞．韋伯斯特（Noah Webster）位於美國康乃狄克州首府哈特福的家中，孩子們在屋子裡跑來跑去，一陣陣歡樂的笑聲和尖叫聲，頻頻打斷他的工作。似乎沒有能抑制這種聲音的辦法，就連燒水沏茶或妻子準備午餐的聲音，也從沒消停過。

韋伯斯特無法靜下心來、集中精神工作。有一天，他總算想到了一個解決辦法：有一種材料，就連大海的嘈雜聲都能減弱。他立刻把沙子倒進書房的牆壁之間，並順利的將噪音減低。於是，他開始完成他畢生的使命——編寫美國字典。

在這個長達數十年的計畫中，噪音只是其中一個阻礙，還有其他像是地區差異、外來文化、俚語等障礙物。他對這本字典的計畫，以及對整個美國的計畫，都不斷的擴張，遠遠超出當初編纂字典的動機。他渴望將美國的身分編纂成書，為美國人創造出獨一無二、振奮人心的定義。

許多人批評他的計畫，說這整件事既庸俗、又荒謬至極，甚至可說是毒藥。但《韋氏字典》卻成功成為美國歷史上歷久不衰的暢銷書之一，而它為美國人定義的，遠遠超出字典中的詞彙。

《韋氏字典》，在現今大多數美國人眼中，就等於是唯一一本英文字典。而韋伯斯特希望這本字典，能當作一份美國人的共同文化藍圖。它成為美國的「聖經」之一：這些針對日常生活的工具書，表面上是在教導讀者某個主題，但其實，同時也告知讀者，他們在社會中的角色，以及他們對家庭和國家的責任。

這些工具書包括字典、小學初級讀本、烹飪書、指南，和自我成長書。在美國兩百四十六年的歷史中，這些書銷售了數千萬本，從白手起家的企業家到卑微的農民，為美國人樹立了社會上不同角色的具體原型。

這些書之所以如此引人注目、且值得研究，是因為在它們的表面之下，就是美國價值觀的藍圖，而這些價值觀在出版後仍不斷存在著。**美國流行文化的基礎，不在高雅的文學作品中，更不在美國人都沒讀過的美國憲法中，而是在一般美國人每天都會查閱的平凡工具書之中。**

本書中挑選的所有書籍，都是指南或具有明確教學方向的教科書。雖然烹飪書、自助書①和字典，看似毫無關聯，但它們在人們的生活中，發揮作用的方式卻意外得一致。

這些工具書不僅教導技能，同時傳達了關於美國價值觀的微妙資訊，包括個人主義②、白手起家、精英政治③、公民自由的概念等；人們也習慣以同樣的方式對待這些書，他們不會讀一遍就收起來，而是反覆閱讀、每天使用，甚至把它們傳給自己的後代。

想要了解一個人，最好的方式就是觀察他閱讀的書，但是，不能觀察那種被老師或父母吩咐閱讀，或是看過一次，就放在書架上生灰塵的書，**而是當他們產生疑問時，無論是拼寫還是性方面的疑問，會一次又一次回頭翻閱的書籍**。

我在本書中提到的書籍，是從美國自一七七六年建國以來至二十世紀末，根據它們的影響力及暢銷程度所選擇，而這些書的銷售量通常為數千萬本。我搜集的數據來自《紐約時報》（*The New York Times*）、《出版者週刊》（*Publishers Weekly*）和一些精選權威榜單。

為了避免受個人偏見影響，我主要依賴數據來選擇書籍，把重點放在一直以來，銷售量最高、影響最多人的工具書上。但銷售本身並不足以構成我選擇某本書的理由，我還瀏覽了過往報紙和雜誌，看看哪些書引起熱烈的討論，哪些作者仍繼續透過專欄、廣播節目或續集等方式傳播資訊。

我也關注那些能促使人們改變既定習慣和思維，或激發其他作者寫出類似作品的書籍。專精文學、社會學、科學史，和出版史的美國文化學者們，都有深入了解這份書單，這份榜單不

①旨在指導讀者解決個人問題的書。
②強調個體的價值，提倡達成個人的目標和願望，重視獨立和自力更生。
③一種政治哲學思想，主張應根據個人才能與功績來分配權力。

僅讓我們知道哪些東西賣得好，還讓我們了解，歷史上有哪些東西，反映或重塑了美國國家意識的理想。

美國暢銷故事不告訴你的真相

這些暢銷書，向美國人展示了他們渴望成為的模樣：一個解決其時代的挑戰、衝突和不安全感，且不斷演變的原型。這些書揭示了，在一定程度上，美國人認為理所當然的東西——自由、正義、平等，都是為了生存及資本主義結構而構建的一部分。

像大多數神話一樣，它們夾在完美理想和有害的幻想之間。但是，這些書也揭示了現實與神話之間的差距，讓我們能一窺「身為美國人」這個概念如何隨著時間轉變。它們讓讀者看到，現在美國人的身分如何變得比以往更為分裂。

這些書回答了這樣的問題：怎樣才能成為一個好的美國人？由誰決定？工具書也可以說是美國文化的產物。

對美國人而言，能給予他人的最高讚美之一，就是「白手起家」這個稱號，這也代表，尋求他人幫助是有點丟臉的事，而這些書則幫助了世世代代的美國人，避免需要尋求幫助的尷尬狀況。也就是說，如果美國人可以從書本中找到答案，那就不必向另一個人求助，更不用求助於政府了。

除了為美式英文奠定基礎的韋伯斯特，美國人際關係學大師卡內基、美國開國元勛班傑明·富蘭克林（Benjamin Franklin）、美國第三位總統湯瑪斯·傑弗遜（Thomas Jefferson），他們都寫出了美國的故事。他們的信念和怪癖，成為數百萬美國人的價值觀和習慣，經過幾代人的反覆閱讀，融入美國文化DNA之中。

他們的影響力，深入商業利益和狂熱民族主義，再延伸至控制社會的渴望。然而，這些動機和影響力從未受到檢驗。他們記錄了美國習俗或行為的要素，藉由編纂書籍來塑造文化。這些作家並非憑空發明出白手起家的男人或家庭主婦，但他們放大了現有思想，使其成為大眾文化，同時將其融入自己的作品中，將它們烙印在數百萬人的日常生活中。

這些書成了逃避歧義的避難所，既讓美國人確信「我們」是誰，又讓他們產生在動盪時期仍能控制局面的幻覺。美國社會遠比這些作者想讓讀者相信的，更加難以控制，也更加迥異且多樣化，但他們塑造的「好美國人」形象，讓美國人對自己的身分有了新的認識。

參考書或工具書的目的是傳達事實，而不是別有用心，但這些書都是在作者自己的悲慘經歷、隱密的希望，和對國家的不同理想等種種嚴酷考驗下鑄造而來。在這些作者的生活中，我看到的不只是控制欲，還有一種真正的韌性。

他們創作的書籍，是個人和國家創傷的結晶，他們寫的故事來自生存的艱困，而這些故事也已經成為美國人的故事，反映出作者的特質，有時是願景、有時也帶著操縱欲。

這些作者在定義誰是美國人的同時，也在定義誰不是美國人。你會注意到，在本書中，非白人作家和LGBTQ④作家少得可憐。直到最近，最暢銷的工具書，主要都由白人男性撰寫，其中大部分來自狂熱的宗教團體。

本書不僅關注這些書籍記載的內容，也同樣關注被遺漏、受到壓抑的內容。這些作者都對理想的美國人是什麼模樣，有一個非常具體的形象，而這個理想形象，幾乎都建立在一致的基礎上，限制了「什麼樣的人才是美國人」的界線。

美國暢銷書，幾乎都是以白人男性作為標準。不僅如此，許多美國人最堅定的信念，從精英政治到個人權力，都是一些自我延續的信念，成了誰能處於社會頂端的正當理由。所以，研究共同文化（或共同準則）的價值，除了在於批判性的看待其內容，還在於思考讀者在閱讀同一篇文章時，會對其意義得出多麼不同的結論。

這就是為什麼這些書具有《聖經》（*Bible*）的特色，就像美國憲法本身一樣，在閱讀卡內基的《人性的弱點》或艾蜜莉．波斯特（Emily Post）的《社會、商業、政治和家庭中的禮儀》（*Etiquette in Society, in Business, in Politics and at Home*，一九二二年）時，除了該書試圖告訴讀者的內容之外，讀者也可能得出完全相反的結論。

我想請各位以這種新的方式，重新審視這些書籍，把人們的信念視為一條從作者通往書籍，再通往文化的路徑，而不是僅僅判定這些觀念是否正確。

用這種視角閱讀歷史，是一件非常重要的事，因為這些書是迎合大眾文化而設計的。它們不是寫給少數人，而是為大多數人而創作的，而經由這樣的方式，它們提供了一種特別敏銳的視角，讓我們看出這些書出版時，當時人們害怕、喜愛、渴望和擔憂的事情。

我努力把書單限制在十章之內，有很多書在我的候選名單上保留了好幾年，像是《一個美國黑奴的自傳》（*Narrative of the Life of Frederick Douglass*），到《誰搬走了我的乳酪？》（*Who Moved My Cheese?*）和《祕密》（*The Secret*）。

還有一些對我來說等同世界準則的書，我身邊每個人都有讀過，只是這些書數據不足。舉例來說，對我和其他在麻薩諸塞州長大的同齡人來說，《我們的身體，我們自己》（*Our Bodies, Ourselves*）就是一本經典。

書寫美國文化，本身就會產生一系列問題，想談論這個幅員遼闊、地域多樣的國家，有哪些獨特的文化，是一大挑戰；在西雅圖或喬治亞州梅肯被視為主流文化的東西，對波士頓人、紐約人，或懷俄明州夏安鎮的居民來說，也一樣能代表美國嗎？

當我告訴朋友和晚宴中認識的人，我正在寫一本暢銷書的歷史時，他們通常會飛快的說出一份書單，有一些已經收納在本書中，有些則沒有入選，還有一些書，我從未聽說過。本書並不是要打造一本完整的暢銷書史，它只是一個起點。我希望本書能激發讀者，去深入討論那些

---

④女同性戀（Lesbian）、男同性戀（Gay）、雙性戀（Bisexual）、跨性別者（Transgender）、酷兒或性別疑惑者（Queer or Questioning）的字首。

塑造了你們這一代人的書籍。

跟許多美國人一樣，我從小就用梅里安－韋伯斯特公司（Merriam-Webster）公司的字典、《老農民曆》，以及其他各式各樣的工具書。

我會對這些書感興趣，絕對得感謝我的外公。他是一個好學又機智的人，總愛讀傳記和旅行書，尤其喜歡本書中收錄的許多自我成長書。但是一直到我從一場演講中，得知了韋伯斯特的狂熱動機，才迷上了這類書籍，把工具書當作文物看待。我從未想過，一直擺在書架上、陪伴我度過學生時期，以及剛成為記者那段日子的字典，是由一個重生的基督教民族主義[5]者所寫，他希望美式英文能和英式英文、法文和希伯來文有所不同。

在重新審視這些書，及它們傳達的訊息時，我們能夠檢驗本來覺得理所當然的真相。美國人內心深處始終堅信的理想是什麼？有哪些美國故事，是如此的令人信服，簡直到了不容置疑的地步？

也許最常被提及的一點是，就是**美國代表著：任何人都可以嘗試新事物、白手起家**。我的愛爾蘭祖先曾在麻薩諸塞州的工廠工作，義大利曾祖母亦曾在一家襯衫工廠工作，而我從他們身上看到了，很多人都願意相信的美國，一個每個人都有機會的美國；在這裡，努力工作和正確的態度，可以帶來更好的生活。這件事有時是真的，但並非對每一個人來說都是如此。

這些又像神話、又像客觀事實的故事，就是我想在本書仔細探討的主題。本書主要著重於重新評價這些書，而不是要嘗試攻擊它們。只因為某些美國人無法實現自己的理想，並不代表它們不復存在。

重新審視流行文化，是一件容易讓人幻滅、甚至非常卑微的事情。身為一個住在法國的美國人，我經常被灌輸這樣的觀念：美國在各方面都「壞得獨一無二」（尤其是地緣政治⑥上的鷹派⑦態度和邪惡的可口可樂公司）。這讓我好奇，美國人到底在哪些方面如此獨一無二，即使不是好的方面，我也想找出來。

在寫這本書時，我發現有時候會感到失望，有時則懷念我小時候所認識的美國，或是法蘭克．卡普拉（Frank Capra）電影中的理想美國。但我理解，這些版本的美國一定不真實，也一定結合著部分事實、神話，和想像力。

懷舊一詞的英文nostalgia，源自希臘語的「nostos」（回家）和「algos」（痛苦）。我希望這本書，對於想理解美國複雜歷史的人而言，能成為一個歸宿。

⑤一種意識形態，認同自己的民族文化、傳統、利益，旨在追求民族的生存、發展和興盛。
⑥人文和自然地理因素，對政治和國際關係的影響。
⑦在國際政治上，主張以強硬手段解決紛爭的一派。

第 1 章

網路世界的前奏，任何事物一查就有

書名：**《老農民曆》**

出版年分：1792 年

作者：羅伯特．湯瑪斯

紀錄：美國最長壽的農民曆，至今年銷量仍高達 3 百萬份。

從東北部的任何一個大城市開車到都柏林鎮①，並抵達編寫《老農民曆》的辦公室，都需要至少兩個小時。這個辦公室，被夾在穀倉、市政廳、消防局，和典型的新英格蘭②殖民地教堂之間。儘管此處有著鄉村的魅力，但是在橫穿該州的一〇一號高速公路上，不時有貨櫃車呼嘯而過。

站在這座紅色的科德角式（Cape Cod）③建築前，你可以看到教堂的白色尖塔從後方探出。一面美國國旗在門上飄揚著，每個窗臺上都擺著盆栽。走進裡面，大廳看起來就像是溫馨的祖母家客廳。除了過期的《老農民曆》、日曆，還擺著各式各樣的小擺設，像是彩色木公雞、不規則的蕨類植物，以及一個由噴壺改造而成的花盆，上面還插著一面迷你美國國旗。這些小東西，圍繞著櫃臺前的一對木製搖椅。

《老農民曆》的事實查核員兼編輯提姆·克拉克（Tim Clark），就坐在樓上的小隔間裡，他在這裡工作了四十二年。克拉克在哈佛大學讀書時，主修民俗學，但他也能告訴你，一年當中什麼時候最適合種秋葵，以及如何烹調蘋果防風草濃湯。

他不僅會講冷笑話，也曾經寫過一篇名為〈一百種避免死亡的方法〉（100 Ways to Avoid Dying）的文章。他說，《老農民曆》在實用性與詩意之間搖擺不定，不過這種描述也很適用於克拉克本人。

在最近的一個秋日裡，當新罕布夏州南部的樹葉開始變色時，克拉克靠在椅子上，被厚重的眼鏡遮住的雙眼炯炯發亮。他說：「所以，又是這個時節了。現在是九月分，對吧？二〇一九年九月，今天是十六號。物理學家耳舒拉・富蘭克林（Ursula Franklin），就在一九二一年的今天出生。現在波士頓的漲潮高度為五・七英尺（一英尺約為〇・三公尺）和五・五英尺。波士頓日出時間是六點二十五分，這裡晚八分鐘，日落時間為七點十二分。我們離春分很近，等於現在的白天是十二小時又三十分鐘。」

這就是克拉克腦中，及《老農民曆》裡會有的資訊。現在很少有人知道波士頓某天的漲潮時間，更不用說物理學家富蘭克林的生日了。

跟大多數的農民曆一樣，每年出版的《老農民曆》，提供潮汐表、日出、日落時間，以及有趣的小祕訣、笑話和食譜。令許多人驚訝的是，自一七九二年首次出版至今，這些資訊對美國人而言，都非常有用。即使**到了現在，《老農民曆》的每年銷量仍高達三百萬份**；作為參考，於二〇二〇年，《紐約時報》的印刷發行量約為八十三萬一千份。

克拉克說：「《老農民曆》的熱銷祕密在於『注意生活上的小細節』。去注意天空、風、潮汐，以及到了秋天，地上有多少橡實、動物都在做什麼、鳥兒往哪個方向飛。這是十三世紀到十八世紀的農民，都不得不注意的事。」

①位於曼徹斯特西邊的新罕布夏州，人口約一千五百人。
②位於美國大陸東北角、毗鄰加拿大和大西洋的區域。
③源自英國的建築風格，特色為屋頂斜度大、煙囪位於中間、外觀鮮有裝飾圖紋。

根據克拉克所述，農民曆代表了一種不滅的信念，讓讀者認為，一切都有正確的解答、凡事都有解決方法。就連現在讀《老農民曆》的讀者，都會浮現出「一切都會朝好的方向發展」這樣的想法。

在第一次出版的兩個多世紀之後，這本農民曆仍然保留著同樣的農事日曆格式及插畫風格。當然，也不能少了民間解方，從天然止痛藥配方到動物交配時程表，各種資訊應有盡有。

令人欣慰的是，除了《老農民曆》自身的歷史之外，美國人還可以透過在窗臺上種番茄、自己烤麵包等活動，連結到這本農民曆，藉此重新連接到過去。在美國人的身分似乎越來越支離破碎的時候，閱讀它，能給人一種既獨特又安心的感覺，甚至像是可以逃離現實。

即使是最沒有天分的農夫，只要翻翻這本農民曆，也會萌生只要再加把勁，就能成功種出作物的動力。它讓美國人想起生活圈很小、人人自力更生、鄰居互相認識的簡單時代。

在二十一世紀拿起這本書，不僅能引起美國人對農耕歷史的懷舊情愫，還會想起曾經那個凡事都能解決的年代。然而，如果認為十八世紀的美國非常單調、小農場主的生活很悠閒，只不過是誤信了錯誤的美國神話罷了。

在《老農民曆》中，能看到有著這些特徵的農民：自給自足、機靈但教育程度不高、愛國、參與公民活動。這些因素，都是早期美國人心中理想的基礎。這本年度參考讀物，是美國最古老的期刊之一，**不僅是一本農耕指南，也是教導讀者「何謂美國人」的身分指南**。

這本農民曆告訴農民太陽何時升起，也告訴他們該去哪裡投票、如何繳稅，還包含了總統薪水多少這種資訊。它以更微妙的方式讓農民意識到，總統做的工作非常重要，不僅對農民的生存，對於社會和國家的存亡而言也不可或缺。它提供了一個確實可行的結構，鞏固了愛國主義和宗教自由的價值觀，也就是說，《老農民曆》為現今的美國精神建立了許多早期範本。

在十八世紀出現的一百多本美國農民曆中，《老農民曆》是少數的倖存者之一；《老農民曆》的競爭對手——緬因州《農民年曆》（*Farmers' Almanac*）也存活了下來。**在美國歷史上，至少有五十年的時間，農民曆是美國人除了《聖經》之外，僅有的幾本書籍之一**。

因此，在這個書籍如此稀有的社會中，農民曆顯得格外重要。這些農民曆是分發《美國獨立宣言》（*United States Declaration of Independence*）等基礎文本的第一批印刷品，匯集了美國最早期的價值觀，包含個人主義、公民自由、自力更生，以及宗教寬容。

隨著時間推移，這本特殊的農民曆也將重塑這些信念，充滿對「過去」的懷舊之情——那個部分真實、部分虛假的過去。

告訴世人，真正的模範公民是——自耕農

一七九二年，第一版《老農民曆》問世時，美國建立還不到十年。喬治・華盛頓（George Washington）時任美國第一任總統[4]，但他不在白宮，因為當時白宮還不存在。

大陸軍（Continental Army）[5]成立得非常迅速，這些民兵在幾十個城鎮的廣場上，被鐘聲召

集起來。這群美國人，不僅必須親手建造這個國家，也得保障美國人的團結。他們挺過了戰爭，也在飢餓和寒冷之中倖存下來。在美國獨立戰爭期間，福吉谷（Valley Forge）⑥雪地上士兵們血淋淋的腳印，銘刻在成千上萬名美國年輕人的記憶中。

美國獨立戰爭（American Revolutionary War，一七七五年到一七八三年）的傳說，就像大衛戰勝歌利亞的《聖經》故事一樣，一群衣著破爛的美國農民，打敗了大英帝國。

雖然許多小學生在學校中仍被教導，美國獨立戰爭只是一場美國對抗英國（以及英國對抗法國）的國際戰爭。但是，獨立戰爭同時也是一場國內衝突，一場讓鄰居與鄰居、父親與兒子對立的戰爭。

現在，這個新生的國家，要在截然不同的土地上建立某種新身分。這片土地上有來自法國、英國和德國的美國人，當然，還有成千上萬名印第安人、奴隸、契約勞工⑦，和自由的黑人，這些人都被排除在這個起源故事之外。

在這樣的混亂中，《老農民曆》的作者羅伯特·湯瑪斯（Robert B. Thomas）生於一七六六年，比《美國獨立宣言》的出現早了十年。他一輩子都生活在麻薩諸塞州中父親擁有的農場裡，但嚴格來說，他曾是四個城鎮和兩個教區的居民，他家鄉的行政地位變化得非常快，一路從殖民地變成了州。

他在一七九二年出版第一本農民曆。人們對湯瑪斯的生平所知甚少，而流傳下來的大部分資料，都來自一八三三年到一八三九年出版的《老農民曆》中，他親自記錄下來的事情。他住在現在名為西博伊爾斯頓的麻薩諸塞州小鎮中，這個小鎮至今仍人煙稀少，居民不到一萬人。在當時，西博伊爾斯頓就像是一個小村莊，昆納波薩特河和斯蒂爾沃特河附近起伏的山丘上，有著零星的農場。

在湯瑪斯的童年時期，麻薩諸塞州的居民都非常迷信。隨著啟蒙運動進入新英格蘭，迷信的人們總算不再害怕女巫（不過，十九世紀還會出現由肺結核引發的吸血鬼恐慌），但民間傳說和迷信仍持續流傳於日常生活中。麻薩諸塞州的居民，非常害怕沾上霉運；無人使用的搖椅、貓的尾巴朝著火的方向等現象，都被視為凶兆。

在農夫的眼中，許多事情都代表著惡兆，像是日月蝕、晚雪或早霜、染病的穀物、害蟲等。這些事，在他們心中不只是大自然的現象，還是上天給的報應。

在那裡，大多數人生活中，都只包含著農場、幾座教堂，和一個小酒館。湯瑪斯則把大部分的時間，花在他父親的書房裡，尋找生活中問題的答案。光是天氣好、作物豐收，並不能讓湯瑪斯滿足，他必須了解「為什麼會這樣」，甚至想知道該如何預測未來。

④華盛頓於一七八九年成為美國第一任總統，於一七九二年被選為第二任總統，最終於一七九七年任期屆滿。
⑤美國獨立戰爭爆發時，為對抗英軍而成立的軍隊，由華盛頓擔任總司令。
⑥大陸軍的宿營根據地。
⑦在特定年限內為僱主工作，不領取薪水，以勞動支付前往美國的旅費。

儘管湯瑪斯和義大利天文學家伽利略（Galileo Galilei）之間，隔著一片海洋的距離和將近兩個世紀的時間，他仍非常著迷於伽利略的研究。他仔細研讀伽利略對太陽黑子⑧的研究，且對太陽黑子以十一年為週期，影響地球氣候這個觀點感到非常好奇。因此，身處偏鄉的湯瑪斯開始思考，究竟該如何解開這股改變宇宙的神祕力量。

《老農民曆》仍然保存著湯瑪斯天氣預報的祕密公式，放在新罕布夏州辦公室中一個黑色的盒子裡，但人們認為，這個公式應該有一部分來自伽利略十七世紀的理論。他對天文學的痴迷，使他開始對農民曆產生興趣。

在一七九二年，結束採收、砍完木頭、整頓好父親的農舍後，湯瑪斯為了編寫農民曆，離家前往波士頓，向奧斯古德．卡爾頓教授（Osgood Carleton）學習數學。在那裡，他第一次嘗到都會生活的滋味，與來自各地、背景迥異的人們互動。不過，這樣的日子相當短暫，幾個月後，天花肆虐波士頓，湯瑪斯於一七九二年八月被迫逃離波士頓。

在十八世紀的新英格蘭，天花是最致命的疾病之一。波士頓決心根除天花。幾十年前，該市開始讓居民接種疫苗，通常是刮下症狀明顯患者身上的一點病菌，再將其植入健康者的皮膚。接種後，通常會先產生輕微的症狀，然後就能終生免疫。

到了十八世紀末，完整的天花流行防制規範已制定完成，市政府讓大部分的居民接種疫苗，同時將感染者運送到波士頓海岸附近的一個島嶼隔離。如果患者病重到無法移動，就會被隔離於家中，房子周圍有臨時搭建的圍欄，和用來警告路人的紅旗。

因為湯瑪斯年輕又健康，醫生確信他接種疫苗不會有什麼問題，因此，湯瑪斯回到麻薩諸塞州中部，在一家小型鄉村醫院接種疫苗。二十六歲的湯瑪斯，身上很快就長出冒有水泡的紅疹，這就是天花在全身蔓延的跡象。接下來的一個月，他在醫院中高燒不退，可能還有腹瀉、嘔吐、潰瘍等症狀。

五個星期後，湯瑪斯走出醫院時，身分已經成了死者，他在回憶錄中寫道：「後來我才知道，附近城鎮都報導『我已經死了』的消息。」就在他去世的消息公布後幾個月，湯瑪斯的農民曆在一七九二年（一七九三年的農民曆）上市。《老農民曆》⑨首次亮相，便與幾十本農民曆競爭，其中一些農民曆早已存在很多年。

當時，在美國出版的農民曆有一百多本，光是波士頓附近就有十九本。農民曆遍布美國各地，根據不同氣候和地區文化量身訂製。在早期美國印刷文化中，這是少數根據自身狀況選擇的產品。不過這種農民曆在北方尤其盛行，因為那裡有較多農場，加上識字率相對較高，因此農民曆印刷量亦相對激增。

對許多十八世紀的美國家庭而言，農民曆可說是最重要的書。因此，農民曆作者之間的競

---

⑧在太陽的光球上看起來像黑點；為太陽表面溫度較低的地方，活躍時會影響地球磁場。

⑨剛出版時，《老農民曆》名為《農民曆》（*The Farmer's Almanac*），「老」一字後來才加上；為避免混淆，於此皆使用《老農民曆》。

爭非常激烈，編輯和出版社也像名人一般較勁，時不時就有人指責對方剽竊商業機密。

湯瑪斯的第一版農民曆，在第一年賣出了驚人的三千本之後，也受到同樣的指責（現在的《老農民曆》編輯們表示，其中一些指控是罪有應得）。然而，第二年的發行量卻飆漲三倍，達到九千本；到了一八二六年，《美國獨立宣言》發表五十年後，它成功成為**美國最受歡迎的農民曆，總印刷量為一百八十萬本**。

這本農民曆告訴讀者，該如何成為一個模範公民。湯瑪斯並不是唯一採用這種方法的人，但他的書非常全面，裡頭囊括了一七九二年的農民需要知道的所有事情，包括哈佛大學和達特茅斯學院⑩的放假日期、驅蟲劑配方、驅趕毛毛蟲的技巧，以及砍柴、檢查是否有蜜蜂、修剪樹木的小祕訣，甚至還會教你該如何照顧鴿子。

一七九四年版《老農民曆》的其中一頁，列出製作乳酪和精製糖⑪的食譜，下一頁則列有所有美國參議員的名單。

後來出版的《老農民曆》，還放入所有行政部門成員的姓名，和許多政府代表的薪資。除此之外，還有按州劃分的開庭日期和宗教儀式時程表。

湯瑪斯還在一七九四年的農民曆中，為十二月較清閒的農民們推薦了一本書：《富蘭克林自傳》，讓農民們可以在壁爐旁舒服的閱讀。**從工作、宗教、政府到休閒娛樂，《老農民曆》收錄的內容廣及日常生活的每一個角落**。

我們很難確切指出，究竟是什麼讓湯瑪斯的農民曆如此成功。《老農民曆》的編輯認為是因為它比較準確，但是，即使有了較先進的氣象儀器，《老農民曆》的準確率依然只有五二％，雖然他們官方聲稱準確率高達八〇％。

克拉克認為，可能是湯瑪斯的寫作風格和年紀，引起了讀者的共鳴。與其他農民曆不同的是，長達半個多世紀以來，《老農民曆》的作者都是同一個人。

也許，是因為《老農民曆》捕捉到了當時的美國精神，所以它才會成為一本新世界的農民曆、一本美國生活手冊。

雖然關於州議會或貴格會（Quaker）⑫聚會的資訊，看似一點也不重要，但《老農民曆》將民主傳統編織到美國人的日常生活中，將農民的耕種週期和政府時程連結起來。再加上，當時農民曆非常普及，當時美國人擁有的書不多，而農民曆就是其中一本，因此，這一切促使這個美國身分——自耕農（又稱小農）迅速誕生。

透過《老農民曆》的視角，美國人將自耕農視為愛國者、模範公民，和美國社會的根基。像大多數神話一樣，有一部分為事實，但在後來的幾個世紀裡，美國農業的理想化故事，將比現實更深植人心。

---

⑩位於美國新罕布夏州漢諾瓦鎮的私立大學。
⑪非天然糖分，而是加工精製的加工糖，因製作條件或程度不同，而分為冰糖、白砂糖、黃砂糖等種類。
⑫基督新教的派別之一，起源自英國。

方便農民攜帶的小冊子，像瑞士刀一樣萬用

對小農而言，《老農民曆》隨時都能翻閱，有些人放在口袋裡，有些人則掛在觸手可及的繩子上，隨時學習從播種到收穫的各種知識。現在的《老農民曆》，左上角仍鑽了一個小洞，以便讀者掛在廚房的鉤子上，隨時可以查閱。

克拉克解釋說：「這個洞很關鍵，因為這代表讀者看完後，不會把書扔掉，或放到書架上，而是將它掛在好拿取的地方。」與《聖經》不同的是，《老農民曆》既不神聖也不厚重，農民可以隨身攜帶。許多早期英國農民曆都帶有濃厚的迷信色彩，雖然《老農民曆》中仍有一些傳言、故事，但更多的是民俗色彩。

湯瑪斯會如此編排，一部分是為了去除農民曆中充滿迷信的陋習，使大眾更加理解啟蒙時代的天體活動。《老農民曆》想傳達的訊息是，雖然宇宙看起來很複雜、運作方式難以理解，但只要運用正確的工具，宇宙也能變得理性且好理解。

克拉克這樣解釋：「我們可能不了解它，但你只要去觀察、留意，就會注意到一些事情。隨身攜帶這本小書非常方便，可以確保事情按照正常的步調發生。這是一種非常美式且樂觀的觀點，同樣的，也是非常符合啟蒙時代的觀點——人是有可能知道一切的。」透過這本農民曆，讀者能學到觀察世界的新方式。

《老農民曆》是一本包含實用技巧、政治和娛樂資訊的大雜燴，可以想成美國早期印刷品中的萬用瑞士刀。

它甚至能被視為網際網路出現的前奏，克拉克將《老農民曆》稱作任何人都可以使用的掌上型電腦；文化評論雜誌《大西洋》（*The Atlantic*）的執行編輯艾德麗安·拉法朗絲（Adrienne LaFrance）**將《老農民曆》形容為iPhone時代的先驅，說它是「激進的高科技產品」，且非常「有網路感」**。啟蒙時代的觀念認為人們可以了解可觀測的宇宙。從啟蒙時代到現今知識隨手可得的年代，《老農民曆》擔任銜接兩個時代的橋梁。

《老農民曆》中充滿了各種雜錄，其中一大原因是宗教自由。第一版收錄了貴格會聚會的日期，以及記錄猶太人的簡要歷史，寫於一七九二年，標題為〈猶太人迫害的簡要敘述〉（A Brief Account of the Persecution of the JEWS），《老農民曆》編輯相信，這是美國第一份記錄猶太人歷史的印刷品。

我花了很多時間研究為什麼會收錄這篇文章，也詢問過幾位《老農民曆》編輯，他們都和我一樣困惑。據估計，當時在美國，猶太人最多不超過幾千人，而且大多數不住在新英格蘭，所以這與當地歷史幾乎沒有任何關係。

再者，美國的宗教自由，一直都不包含所有宗教，猶太教就經常被排除在外。在十七世紀，居住於新阿姆斯特丹（現為美國紐約）的猶太人，沒有基本公民權利。當時的總督彼得·斯特伊維桑特（Peter Stuyvesant）稱猶太人為令人厭惡、善於欺騙的種族，還說他們是褻瀆耶穌基督之名的敵人。

也許，我們可以藉此看出，從美國價值觀來看，理想的美國人應多才多藝，既知道該什麼時候讓牛交配，又對猶太迫害歷史有所認識。這樣的理想美國人，不僅對政治和信仰非常自由，同時會看見並理解別人沒注意到的事情。

《老農民曆》對正向思考的看法，特別具有美國特色，這種樂觀主義代表著美國小農可以理解各種資訊，而且可能比大多數人更善於了解他周圍的世界。

由於小農既勤勞又聰明的天性，擁有生存所需的一切條件，所以可能比那些受過良好教育的階層，更有資格了解一切。那些受過良好教育的人，能理解地球週期的概念，卻沒有配合著地球的時間週期生活社會。

一八〇〇年版的《老農民曆》中有一則軼事，講述一個誠實的農民，在窄巷遇到了教區的牧師，農民沒有立即讓路給牧師，於是牧師傲慢的對著農民喝斥：「你會吃，教養卻很差。」農夫回答：「確實如此，先生，因為教養是靠你，吃飯是靠我自己。」代表農民並非國王或官員底下的奴隸，連神職人員都無法束縛他。

象徵著平等、自由、不由政府干預

當然，《老農民曆》不是唯一一本記錄美國農業起源的出版物。許多早期美國政治家和思想家都認為，小型農業是美洲大陸前景的最終體現。

法國貴族出身的美國小農克雷夫克（J. Hector St. John de Crèvecœur），是此一理念的偉大傳道者，他將美國形容成嶄新、自由且平等的烏托邦。

在《老農民曆》創立的十年前，克雷夫克就寫道：

從新斯科舍⑬到西佛羅里達，除了少數幾個城鎮外，我們全都是耕地的人。我們是一個耕耘者的民族，散布在廣闊的土地上，以道路和河流交流，透過溫和的政府團結在一起，尊重法律而不畏懼法律的權力，因為法律是公平的。

我們都被一種工業精神所激勵，這種精神不受束縛、毫無拘束，因為每個人都為自己工作。如果有人到我們的農村旅行，他不會看到敵對的城堡和傲慢的大廈，而是泥土建造的小屋和清貧的農舍。在那裡，牛和人在貧困且不友善的環境中，互相取暖。

自耕農象徵著獨立、生產力、不由政府干預經濟，以及最重要的——平等。美國人會如此尊敬小農，正是因為他們代表了平等兩字。這個象徵是如此強大，它將美國人和他們的愛國心，

⑬又稱新蘇格蘭，位於加拿大東南岸。

與這片土地連結在一起。同時，這個象徵過於簡單，忽略了土地擁有權、奴隸制、種族滅絕等血腥衝突，使其變成較容易接受的農業願景。

美國獨立戰爭後幾年內，像傑弗遜這樣的政治家，將自耕農視為完美公民，他們認為小農是社會必備的基石，這些想法也顯現在《老農民曆》中。因此，農業就成為了理想美國人的精髓：自給自足、自力更生、可以依靠土地獲得所需的一切。

傑弗遜的著作《維吉尼亞州筆記》（*Notes on the State of Virginia*）中寫道：「在大地上勞動的人，是上帝的選民。」因此，**天選之人不再由家族或國籍決定，而是以人們做的工作為依據**，這是非常美式的理念。與大英帝國相比，美國在農業時代的政治家心目中是純潔的，它的風景沒有被工廠的黑暗陰影所破壞。

但諷刺的是，早在十九世紀初，隨著第二次工業革命的發生，這種狀況早已產生變化。頭幾期《老農民曆》出版後，包含湯瑪斯居住的小鎮在內，所有原本坐落於河邊的農場，皆逐漸被磨坊取代。在湯瑪斯的農民曆開始流行之際，工業成長已達到第一波顛峰，所以，當時《老農民曆》其實就已經給人一股懷舊感。

這種對於小農所抱持的幻想，遠比克雷夫克或傑弗遜的構想，更加複雜且混亂。因為，小農幻想的核心非常矛盾：一個吹捧小農的國家，基礎卻建立於奴隸勞動之上。許多開國元勛認為這兩件事並不矛盾，尤其是傑弗遜，但無論如何，這個矛盾感仍一直困擾著美國。

對於早期美國而言，自耕農的神話會有這麼大的影響力，並非巧合。在十八世紀，美國人所擁有的土地，**大多都經由不法途徑或掠奪當地部落而得來**，後者與**小農代表的平等和自由自相矛盾**。奴隸亦是如此，不僅在南部，美國數千個農場裡，都是不斷耕種的奴隸。這與美國的農業起源故事形成對比，而這些奴隸，也從故事中被剔除。

如同美國歷史學家羅克珊・鄧巴－歐蒂茲（Roxanne Dunbar-Ortiz）在著作《美國原住民歷史》（*An Indigenous Peoples' History of the United States*）中所述：「誰栽種了土地、飼育了魚隻、維持了生態系；誰侵入並偷走了土地，土地又如何成為商品——關於美國歷史的一切，都與土地有關。」

為了正當的占有這些土地，這些白人地主必須創造一種理想，將其當成藉口。他們與這片土地並沒有強烈的連結，因為這不是從祖先那邊世代傳承而得來的土地，所以他們需要以另一種方式創造連結。因此，他們的連結就是「說故事」。

當然，《老農民曆》不需要為小農神話的誕生負責，這本書不過是小農神話的一部分罷了。除了傑弗遜以外，許多美國人都對小農抱持著神話般矛盾且虛假的幻想。

世界上最早的印刷品之一就是農民曆，歷史學家曾暗示（雖然從未證明），探險家克里斯多福・哥倫布（Christopher Columbus）尋找新大陸時，身上可能還帶了一本一四七五年的農民曆。今日的《老農民曆》編輯可能會開玩笑的說，這就能充分解釋他為什麼會迷路了。

於建國初期，許多美國人都是農民，而且持續務農好幾個世代，但這種獨立且忠於土地的理想公民，能自給自足到什麼程度仍有待討論。

例如，美國人相信，清教徒是最早移民到美國的人。清教徒不擅長務農，在麻薩諸塞州滿是岩石的土地上，作物老是歉收，因此，他們掠奪附近部落的冬季儲備糧食。他們能夠生存下來，也要歸功於當地部落的幫助，其中包括萬帕諾亞格部落（Wampanoag）首領馬薩索伊特（Massasoit）和當地村民史廣多（Squnto，又名Tisquantum），後者教導清教徒種植玉米等作物的技術。萬帕諾亞格部落已於當地開墾田地並建造城鎮，讓建立以農業為主的社區容易許多。

由此可知，清教徒著陸於尚未開拓的美洲大陸、靠自己建造家園的故事純屬虛構，但這個故事不僅成為美國殖民者的基礎，也成為後來的拓荒者和農民講述自己故事的基礎。所以，認為美國年輕人野心勃勃的航行到殖民地，利用這片土地的豐富資源創造嶄新未來的說法，基本上也是個神話。

美國歷史學家吉兒．萊波爾（Jill Lepore）於《真理的史詩》（*These Truths*）一書中指出，**最早航行到新大陸的英國人中，有四分之三是契約勞工、債務人或囚犯，其他後來的移民，都是妓女**。她寫道：「他們不是奴隸，但也不是自由的人。」

不僅能看天氣預報，讀農民曆還能增強愛國心

第一批殖民者和第一批發行的農民曆，都與美國歷史密不可分。在清教徒登陸美國後，不到二十年，第一間印刷店就在麻薩諸塞州建立，其印刷的第二本書就是農民曆。第一本是《自

由人誓言》（*Oath of a Freeman*）⑭。

由於印刷材料有限，美國農民曆很快就比歐洲農民曆承擔了更多工作：它們既是農民曆，也是政治手冊、報紙，和食譜。美國農民曆混合了政治、新聞、農業、科學和娛樂，而隨著殖民者的重心從生存轉向治理和處理社會問題，農民曆也開始發展政治意識。

在美國獨立戰爭爆發的前幾年，某些農民曆，尤其是北方殖民地的農民曆，簡直等同宣傳手冊，助長叛亂的發生。早在一七六〇年代，許多農民曆就不斷刊登愛國歌曲、詩歌和散文。於一七七〇年，許多農民曆中收錄由義勇軍保羅．里維爾（Paul Revere）所雕刻的英國軍隊登陸波士頓圖樣。波士頓大屠殺⑮的畫面，也被收錄於農民曆中。納撒尼爾．艾姆斯（Nathaniel Ames）和納撒尼爾．洛（Nathaniel Low）兩人的農民曆，都是革命的煽動者；在這段時間，農民曆銷量激增，艾姆斯每年銷售六萬冊，作為參考，當時麻薩諸塞州的居民還不到三十萬人。艾姆斯於一七七五年出版的農民曆中，放入這首詩：

藝術和科學在這裡確立了自己的標準，

---

⑭ 新英格蘭殖民公司麻薩諸塞灣公司的新進成員，都必須以此誓言宣示忠誠。

⑮ 英國士兵在一場暴亂中開槍射殺五名平民，六人受傷。

我們將不再害怕地獄的一切。
讓野蠻的美德放縱其統治，
我們被屠殺的叛徒，毒害了整座平原。

這首詩就像是戰鬥口號一樣，似乎可以在戰鬥之前喊出來，或是寫在美國革命家湯瑪斯・潘恩（Thomas Paine）的小冊子裡。

這看起來不像是農民曆中該有的內容，但恰好說明了農民曆的多用途性。作者可以在一頁上列出潮汐預報，又在另一頁上，寫下鼓勵人們抵制茶葉和其他英國產品的文章。艾姆斯甚至把穿著英國服飾、喝英國茶的美國人，比作「面臨毀滅時，綁著絲帶和鍍金犄角的牛隻」。

在展現愛國心時，湯瑪斯的做法比較微妙。《老農民曆》創刊後一百年間，內頁中經常收錄華盛頓的著作、有關憲法的詩歌，和其他表達愛國情緒的文章。

在湯瑪斯編撰農民曆的期間，他總會在副標題中寫出美國獨立戰爭的週年紀念日，比如「今年是閏年，也是美國獨立第十八週年」，把他的農民曆與美國的誕生聯繫在一起。

就像報紙一樣，《老農民曆》會提供社會事件的最新報導，像是製作獨立戰爭時間表、於月曆中註明美國第十六位總統亞伯拉罕・林肯（Abraham Lincoln）遭暗殺的日期等。但《老農民曆》並不如前面提到的其他農民曆激進。

這本農民曆之所以如此長銷，部分原因就在於，它拒絕介入黨派政治或針對當前的問題表達強硬立場。從某種意義上看來，它的確具有政治性，因為它仍影響了這個年輕國家建立身分的方式，但在回應社會及國家問題時，《老農民曆》從不會發表激烈的社論，而這樣的精神也延續至今。

第十三任《老農民曆》編輯詹妮絲．史提曼（Janice Stillman）這麼說：「我們不搞政治，也不參與宗教話題。就像我常說的，裡頭都是好消息，《老農民曆》裡沒有壞消息。」

農民曆的每一頁，都和當地消息相關，而非充滿政治色彩。《老農民曆》及其他農民曆的核心宗旨，永遠都是記錄日期。湯瑪斯將一頁分成兩欄，除了放上當月的天象預測，還有一些智慧小語和建議。隨著時間推移，《老農民曆》從純粹具實用性的手冊，變成了富含倫理和哲學的書籍。

到了十九世紀中期，讀者已經培育出好美國人應具備的價值觀，他們依照月亮週期在農場工作、會主動閱讀新聞，而且沒有債務。一八四七年的《老農民曆》中有這麼一段話：

> 對播種和收穫都充滿信心的農夫，與高采烈的到田地裡工作，擬定每個季節的計畫、耕種肥沃的土壤、為土地做準備、播下各式各樣的種子。他從事這項工作，是為了服從他的造物主，他確信這些勞動不會徒勞無功。
>
> 這位充滿信心和動力、確信努力不會白費的農民，為他的造物主工作，將務農視為使命，

而不僅是生存手段。畢竟，有什麼能比為了自己和家人，在上帝的土地上工作更有意義？

農民的生活很艱難，尤其在新英格蘭潮溼寒冷的天氣裡，長達好幾個月的艱苦勞動，通常在日出前就要開始，日落後才能結束，而且這種溼冷的天氣從年初開始，要到六月左右才結束。在新英格蘭這樣的氣候條件下，實在難以預測是否能成功收成作物，但湯瑪斯曾僥倖的預測到七月分會下雪。

麻薩諸塞州的農夫，生活圍繞著購買肥料、上市場、砍柴等事項運轉，只有星期天布道[16]時，才能打破這種單調的生活。農民曆一直宣傳著這樣的概念：如果你獲得的獎勵，不是為了個人利益，而且是為了整個國家，甚至為了上帝，那麼這些苦難就比較容易忍受。

就湯瑪斯而言，他一輩子都在務農。除了在冬天編撰《老農民曆》之外，其餘時間都在照料莊稼。**他是自耕農的完美典範：受過良好教育，卻不自命不凡，同時是個幹練的農夫，也是一名積極向上的美國公民。**正如他所寫的：「我們以自己的行動，而非話語被審判。」他似乎完全實踐了自己宣揚的理念，這使他與本書提到的其他作者大不相同。

本書中收錄的許多作家，他們對理想美國人的看法，常與自己的行為舉止不符。例如，擁有博士學位的職業女性，卻認為女性就該當家庭主婦；沒有孩子的作家，卻認為撫養孩子是每個人的責任；業界的創業專家，過去卻連連失敗。

湯瑪斯直到生命的最後一刻，都堅守自己的原則。他在為農民曆修改、校稿時去世，享壽八十歲。

連德國間諜都用《老農民曆》蒐集情報

湯瑪斯過世後，《老農民曆》並沒有消失，一七九二年創刊後，每年都持續出版。無論是在南北戰爭（又名美國內戰，一八六一年到一八六五年）、第一次世界大戰、第二次世界大戰期間，都沒有遺漏任何一期。

《老農民曆》持續陪伴、塑造和貫穿美國歷史，而且方式非常奇怪。例如，美國前總統林肯年輕時，是於伊利諾州執業的律師，他在為一名遭控謀殺的嫌犯辯護時，很可能使用過這本農民曆。據傳，林肯根據農民曆上的月亮週期表指出，關鍵證人不可能在月光下認出他的當事人，因為那天晚上根本沒有月亮。

有一次，《老農民曆》差點停刊，但不是因為編輯突然生病，罪魁禍首是一名德國間諜。在一九四二年的夜晚，一名德國特工乘坐德國潛艇，在位於紐約東邊的長島登陸。隔天，聯邦調查局就在紐約賓夕法尼亞車站的火車上逮捕這名間諜。這名間諜只帶了幾樣物品，而他的外套口袋裡，就放著一本當年的《老農民曆》。

---

⑯在基督教教會中，由神父、傳道士或牧師進行的演講。

美國政府推測，德國想利用《老農民曆》上的天氣預報，來策劃對美國的襲擊，因為農民曆中已經預先寫出接下來一整年的天氣。當時的編輯羅伯・薩根多夫（Robb Sagendorph）承諾將戰時的天氣預報，寫得更籠統、粗略，以說服美國政府讓這本農民曆持續發行。

薩根多夫那段時期都在紐約市審查辦公室⑰裡工作，於戰爭期間，他把《老農民曆》辦公室搬到位於曼哈頓的小公寓裡。薩根多夫堅信，德國人對潮汐表的興趣遠超出氣象預報。後來，他打趣道：「話說回來，也許就是因為氣象預報不準，德國最後才會輸掉這場戰爭。」

薩根多夫不僅拯救了《老農民曆》，不因戰爭而被限制出版，他還讓這本農民曆擺脫了默默無聞的命運。如果沒有薩根多夫，今天可能很少會有人閱讀《老農民曆》，更別說多達三百萬名讀者。

德國間諜使用這本農民曆時，薩根多夫才擔任編輯沒幾年。一九三九年，他從出版社利特爾布朗公司（Little, Brown and Company）手中買下《老農民曆》時，當時的發行量跌至史上最低，一年只賣出八萬份。作為參考，一八六三年的發行量是二十二萬五千份。薩根多夫後來開玩笑說，他只花了三杯馬丁尼的錢，就買下了《老農民曆》。在一九七〇年他去世時，《老農民曆》的年銷量已超過一百六十萬冊。

若把從出生到死亡，都生活在鄉村農田裡的湯瑪斯，當作標準的小農形象，那薩根多夫的形象則完全相反。在一九〇〇年，他出生於波士頓的富裕家庭中，父親是鋼鐵製造商。他在燈塔山（Beacon Hill）⑱的富裕社區長大，即使在今天，燈塔山仍然是波士頓最受歡迎的社區之一，它歷史悠久的鵝卵石街道保存完好，紅磚砌的聯排別墅外頭，爬滿了雅緻的常春藤，路旁則佇立著煤氣燈。

小時候，薩根多夫可以在寬闊的波士頓公園玩耍，背後還有麻薩諸塞州議會大廈的金色圓頂遮蔭。他具備了波士頓上流社會人士應有的體面條件：在格里諾貴族學校就讀預備中學、於哈佛取得學位、娶了從瓦薩學院⑲畢業的妻子。

然而，到了要找工作的時候，他卻頻頻失敗。被父親解僱三次後，他斷斷續續的靠寫文章賺錢。同時，他開始花越來越多時間，與妻子的家人待在他們的避暑別墅裡，這座別墅位於新罕布夏州的村莊裡，擁有新英格蘭鄉村風情和大片起伏的丘陵，而這個人口只有五百人的小鎮，就是都柏林。

所以，身為一個容易異想天開的有錢人，他買下了一座農舍，並創辦一本名為《洋基》（*Yankee*）的雜誌，幾年之後就買下了《新農民曆》。

薩根多夫搬到都柏林時，從來沒有耕種過任何作物。據他的同事描述，他是個一百八十二公分高、像山一樣魁梧的男人；即使辦公室位於鄉村，他仍然穿著夾克、打著領結。根據

---

⑰美國聯邦政府於二戰期間緊急設立的機構，協助審查所有出入美國的通訊交流。
⑱被視為波士頓最高級、昂貴的街區。
⑲建立於一八六一年，是美國第二間授予女性學位的高等教育機構。

一九四七年《紐約時報》上的人物簡介顯示，薩根多夫的身型和外表都很像四十歲的林肯。針對這個評論，薩根多夫回應，他和林肯必定是遠親。

從他搬進農舍的那一刻起，這位波士頓紳士就開始變身為一名鄉下編輯。從他的廚房窗戶望出去，可以看到花園對面的蒙納德諾克山。不久之後，他就到那片土地上種植農作物，甚至還養豬、雞、鴨和牛。

「我覺得，他一抵達都柏林，就想成為一個鄉下人。」薩根多夫的侄子、《老農民曆》第十二位編輯賈德森．海爾（Judson Hale）說：「他擁有兩個身分，一個是有學識、從哈佛畢業的紳士，另一個他則渴望成為一位老農夫。」

薩根多夫決定成為東北部的鄉下人後，獲得了很大的成功，他非常擅長照理花園，對城市本身也抱持著熱情，因此很受當地人歡迎。像湯瑪斯一樣，他甚至成為鎮上的行政委員。

《老農民曆》之所以能引起薩根多夫的興趣，似乎跟引起讀者興趣的原因一樣，也就是這本農民曆的機智、智慧，以及最重要的——對於古老農耕文化的念舊感，與伴隨那種懷舊感而來的各種民間傳說。

像許多不務農的《老農民曆》讀者一樣，薩根多夫一生中大部分的時間，都在外面作著田園夢。但他明白要利用「美國鄉村感」來吸引讀者，所以很快就讓《老農民曆》恢復了昔日的輝煌。在一九三五年出版的第一期《洋基》雜誌中，薩根多夫用同樣適合描述數百萬名《老農民曆》讀者的方式，形容《洋基》的讀者：

他看著自己……如此飢餓，在文明的邊緣，需要量產、分銷、大量廣告……他看到了個體性、主動性，和天生的創意，這些他和他的祖先不斷奮鬥的東西，即將被出售，被「吞沒」在連鎖商店之中……。

雖然《老農民曆》和《洋基》的內容都很簡樸、不具威脅性，但到了二十世紀中期，它們也多了反叛的味道，因為它們試圖反對商業文化的崛起。

薩根多夫買下《老農民曆》後，沿用了某些湯瑪斯使用的方法，同時也採用了不少新點子。他不僅將月曆內頁恢復原狀，還和新英格蘭各地有才華的作家簽約，請他們為這本農民曆撰稿。

到了一九四〇年代，連遠在加州的讀者都會寫信給薩根多夫。此外，也常有位於紐約的家庭主婦來信詢問，哪一個週六舉辦花園派對最合適；居住在波士頓的拉比⑳，也會寫信詢問確切的日落時間。

到一九四七年，《老農民曆》的年發行量從他剛買下時的八萬冊，躍升至驚人的四十萬冊。

⑳猶太律法對於合格教師的稱呼。

到了一九六〇年代，他甚至說服了一位NASA（美國國家航空暨太空總署）科學家，幫助他將天氣預報推廣至全國。

選擇回歸傳統，並遵守湯瑪斯的座右銘——「實用又不忘幽默」，成功使《老農民曆》回歸昔日的輝煌模樣。歷年來的《老農民曆》編輯發現，一致性和傳統，正是世世代代都有讀者購買這份刊物的原因。

現任編輯史提曼表示，儘管只做出微小的變化，都很容易引起讀者的不滿。這本農民曆會如此與眾不同，是因為這不是一名作者的作品，而是數十位編輯、作家，經歷兩百年的洗鍊而結成的結晶。

隨著年代過去，雖然《老農民曆》仍有些許改變，但它的精神一路走來，始終如一。史提曼說：「這本農民曆，既及時又永恆。它能感動每一個人，且感動的方式非常私人，不過，它能讓每位讀者都感到有所收穫。」

農民人數持續減少，但讀者群並沒有變小

薩根多夫買下《老農民曆》時，務農的人越來越少，那麼，為什麼還有這麼多人想買農民曆？可能和現在仍有讀者會買農民曆的原因一樣，也就是——懷舊的舒適感。

二十世紀中期，雖然與美國獨立戰爭時期大不相同，但在某種程度上，也是一個動蕩不安

的時期。美國人經歷了經濟大蕭條和第二次世界大戰，戰後幾年，又受到新技術和傳播媒體瘋狂轟炸。

在那段不穩定的時期，他們發現了一個能將自己與小農連結起來的東西。二戰期間，美國人在全國各地開闢「勝利花園」，透過種植農產品，以減輕戰時的食物供給壓力。於一九四三年，約兩千萬名美國人，生產了八百萬噸的食物；當時的第一夫人愛蓮娜・羅斯福（Eleanor Roosevelt），甚至在白宮草坪上種出一個勝利花園。

二戰期間，美國人民重新與他們的農業根基連結起來，有些人在戰爭結束後，仍保留了自己的花園。那些不再耕種的人，或因搬家而無法繼續耕種的人，則有種悵然若失的感覺。對土地、自己種植的食物和自力更生的懷舊情緒，變得越來越強烈，在面臨令人害怕的快速改變時尤其如此。美國人的生活越城市化、社會越商業化，他們就越渴望理想中的簡單鄉村生活。隨著多數人遠離鄉村生活，這種渴望似乎變得越來越強烈。

食物歷史學家萊尼・索倫森（Leni Sorensen）指出，這種鄉村懷舊情緒，主要出現在男性身上，且幾乎全是白人。她說：「在美國農業歷史中，誰被排除在外了呢？黑人農民。在這些故事中，他們被有系統的刪除了，但他們仍舊存在。」

索倫森說，根據美國社會學家杜波依斯（W. E. B. Du Bois）的估計顯示，美國非白人農民，於一八七五年擁有約三百萬英畝的土地，而到了一九〇〇年，則增至一千兩百萬英畝。人口普查結果也表示，於一九一〇年，非白人農民約擁有一千兩百八十萬英畝的土地。

美國歷史上流傳下來的兩本重要農民曆都來自北方，這點似乎也不令人意外。《老農民曆》的競爭對手《農民年曆》，也出自新英格蘭，每年賣出約一百萬份。把務農這件事，設定在如田園詩一般清幽、獨立的北方，讀者便能避開不舒服的感覺，避免想起奴隸在美國農業中扮演的角色。

美國的所有黑歷史，包括奴隸制對於建構美國經濟有多關鍵，這些愧疚都會被轉移到遙遠的南方大農場及邪惡的農場主身上，與位於新英格蘭鄉村的自家農地完全無關。

縱觀美國歷史，對小農的這份想像，使美國人避開了美國農業歷史上許多可恥的事實，像是搶來的土地和偷來的勞力。實際上，無論黑人或白人、男性或女性、奴隸或自由人、北方或南方，各式各樣的人，都可能成為小農，但流傳下來的想像，必定過於簡單。

對世世代代經歷的身分危機（如國際衝突、政權更迭、性別角色轉變等）而言，農民曆是個令人安心的答案。農民曆不僅提供了回到過去的懷舊感，還有對於過去的幻想，在這個想像的範圍內，有效的將美國人連結在一起。

在現代社會上，數位媒體和雜誌不斷教導大眾，如何成為最好的自己，農民曆則讓美國人牢牢扎根於安全的過去。

美國是個不穩定的國家，所以必須不斷創造新的神話、定義何謂美國人，並為了因民族建構（nation-building）㉑而流離失所的人民，提供安定下來的理由。

正如二十世紀中期的歷史學家理察・霍夫施塔德（Richard Hofstadter）曾寫的：

這種對鄉村生活的眷戀，是美國人對於自己出身的天真幻想，所表達的敬意。稱呼此種幻想為神話，並非在暗示這是錯誤的觀點，相反的，此幻想非常有效的體現出：人們的價值觀將深刻影響他們感知現實的方式。

隨著時間過去，這個神話會不斷成長和演變，隨著一代又一代的不安全感而變化，但它從未停止塑造美國人對現實的看法。即使在現代，自耕農以及《老農民曆》的特質，仍有一些誘人之處。

有哪個上班族沒有想過，拋下一切、在土地上工作是什麼感覺？在自給自足、富足獨立的烏托邦願景中，它團結了左右兩派。當然，現實總是不同，現在亦是如此。目前，只有二%的美國人以務農為職業，《老農民曆》的讀者中，不到一〇%是農民，自耕農的人數可能比估計的還要少。

回到新罕布夏州的辦公室，克拉克正在努力解決農民數量減少的問題。這些年來，編輯團隊甚至開始在許多文章中使用「園丁」一詞，而非「農民」，但若把農民曆的名稱改成「老園丁

㉑利用國家的力量構建國民的民族認同。

農民曆」，就失去了《老農民曆》的文化意涵。

即使農民數量持續減少，《老農民曆》的讀者群並沒有變小。也許，就像他們的祖先一樣，現今讀者仍依靠著農民曆，提醒自己要數橡實、避免殺死蜘蛛、關注生活周遭的小事。以啟蒙運動的精神，《老農民曆》提醒世人，在自然界中，無論是季節變換或豆芽發芽，背後都有一股更深層的力量，儘管那股力量無法被握在手中，也不能被測量，《老農民曆》就是如此神祕。

這本農民曆一直具有雙重功用，它既實用，又富含詩意，和湯瑪斯的座右銘「實用，又不忘幽默」一樣。克拉克告訴我：「即使它是一間脆弱的紙牌屋，或是一個幻覺，它也已經存在兩百三十年了。」

第 2 章

寄生上流的墊腳石，讀了你就能翻身

書名：**藍皮拼字書**

出版年分：1783 年

作者：諾亞・韋伯斯特

紀錄：銷量高達 1 億本，被譽為第 2 本《美國獨立宣言》。

書名：**《韋氏字典》**

出版年分：1828 年

作者：諾亞・韋伯斯特

紀錄：奠定數億人使用的美式英文，美國最普及的字典品牌。

這件事情，就像那年的許多事情一樣，始於一條推特。

二〇一七年一月，美國總統唐納・川普（Donald Trump）的顧問凱莉安・康威（Kellyanne Conway），在推特（Twitter）上發了一張照片，並使用「另類事實」（alternative facts）一詞。《韋氏字典》①的帳號則在底下留言：「事實是以客觀、實際狀況所呈現的資訊。」

兩天後，有報導指出，川普花錢請中央情報局（CIA）員工和他的支持者，在訪問期間為他鼓掌。《韋氏字典》隨後又發了一條推文：「如果你有收錢幫忙鼓掌，你就是個『馬屁精（claqueur）』。」後來，《韋氏字典》表示雪花②一詞，一開始其實是指十九世紀的廢奴主義者。

起初只是一些簡短的俏皮話，後來卻演變成一場運動。許多新聞媒體都在報導《韋氏字典》的大膽發言，網友們也為《韋氏字典》歡呼。

從解釋「deplorable」（極其惡劣）的意思，到區分「bigly」（大幅的）和「big league」（最頂級的）的差別③，《韋氏字典》對充滿錯誤資訊的新興文化發起挑戰，其尖銳的批評贏得大眾讚譽。

《韋氏字典》的編輯們表示，他們希望能參與社會上的對話，同時堅稱字典並沒有偏好任何黨派；他們也曾批評希拉蕊・柯林頓（Hillary Clinton）使用的文字，只是沒有那麼頻繁。當時，特約編輯彼得・索科洛夫斯基（Peter Sokolowski）接受電視採訪並表示：「我們在報導關於文字的真相。」

然而，報導文字的真相，並不是簡單的任務。尤其是在充滿詭計、陰謀和謊言的總統選舉期間，真相取決於一個人的信念。《韋氏字典》試圖審查這些政治人物，期許能至少解決某種形式上的分歧。

在一場被裙帶關係、不文明行為和被篡改的可能性籠罩的選舉中，語言就像是一間避難所，讓人躲避道德模糊所帶來的可怕衝擊。

美國的基礎可能正在崩潰，但至少「事實」一詞的含義是確定的。然而，語言，尤其是交際時使用的口語，從來無法作為客觀的權威。除了像法國這樣的國家，會由學會中的專家定期決定用法之外，語言的發展主要仍是根據人們如何使用，而不是它「應該」被如何使用。

儘管如此，在二〇一六年的政治舞臺上，充滿敵意的叫罵對決中，《韋氏字典》還是以溫和的方式為社會發聲。但是，《韋氏字典》最一開始的目標，是創造並保存某種美國文化，所以，這使它在抵制充滿本土主義④色彩的政府時，角色變得更加複雜。

---

① 《韋氏字典》的版權被梅里安兄弟購買後，書名皆改以「梅里安－韋伯斯特」開頭；為了方便讀者閱讀，在此統稱《韋氏字典》。

② 川普支持者喜歡稱反對者為雪花（snowflake），意指玻璃心、自尊心過強、容易被冒犯的人，多數網友認為此推文在批評川普及其支持者。

③ 於二〇一六年美國總統選舉辯論上，川普使用 big league 一詞，但許多人認為他說的是 bigly，且認為此非單字；《韋氏字典》於當日發表推文，確認 bigly 一詞確實存在於字典中。

④ 又稱地方主義，一個地區為了維護自身社會利益，而實行文化、人口等方面的保護。

《韋氏字典》的創始者韋伯斯特，是美國最早出現的民族主義者之一。他寫這些工具書的目的，就是要**為美國人用的英文確立定義**，而這種定義的存在，**通常帶有犧牲地區和文化差異的代價**。

韋伯斯特的目標是統一語言，在他看來，這個目標與美國的生存密不可分。韋伯斯特透過自己編纂的字典和教科書，**指導數百萬名美國人如何閱讀、寫作，並灌輸至今仍存在的語言標準**。他對美國的看法，促成了美國精神中某些要素的形成，這些要素經過兩個世紀後，變得更加堅固。

韋伯斯特不僅成功創造出獨立的語言傳統，還透過語言的基礎，將美國文化中最基本的元素——愛國主義、美國例外論⑤、基督新教⑥道德觀等，全都編撰成書。

不僅韋伯斯特一人認為美國是一個全新的地方、一個能實現從未見過的權力和自由的國家，在建國初期，許多美國人也這麼認為。但是，正是托這名老師的福，這些信念才能融入美國人的溝通方式中，影響了他們學習、閱讀、說話，和理解這個國家的方式。

建立語言，是國家獨立的第一步

韋伯斯特從事過許多職業，但皆以失敗收場，一直到他成為老師後，才找到自己的使命。一七八二年的春天，韋伯斯特在一所只有一間教室的紐約校舍當老師時，他開始撰寫現今廣為人知的「藍皮拼字書」（Blue Back Speller）⑦。

在那個春天，華盛頓將軍仍在戰鬥，努力從英國手中奪取紐約市的掌控權；富蘭克林則橫渡大西洋前往法國，試圖透過談判簽下和平條約，以結束持續將近六年的戰爭。

當時，美國的命運尚未明朗，對英國的敵意也達到高峰。當時美國僅有的幾所學校，都用英式文法和拼寫課本教導孩子，但韋伯斯特身為愛國人士，對於用敵人寫的書來教學生閱讀和寫作，感到非常憤怒。

當時韋伯斯特身上只有七十五美分，完全沒有資金，但他看到了一個能同時滿足金錢和政治需求的機會。他決定寫一部新教材，為這個新語言畫好藍圖，使美國文化得以獨立，就像當時發起戰爭、嘗試獨立建國的政府一樣。

對韋伯斯特而言，沒有自己的語言，就不可能建立自己的文化。他寫下這樣的文字：

我的自尊心太強，我期待美國培養自己的民族性；我的自尊心太強，我不能忍受我們的

---

⑤認為美國非常獨特，與其他國家完全不同的意識形態。

⑥簡稱新教，用以對應舊教（天主教）；廣泛的基督教包含了新教、天主教等衍生教派，但在臺灣，說到基督教時，普遍指新教。

⑦出版後書名曾被多次修改，現今正式書名為《初級拼字書》（*The Elementary Spelling Book*），但因書封為藍色，俗稱藍皮拼字書。

孩子用大不列顛的書籍學習字母。

他在散文、演講和書信之中，都談到了建立統一語言的必要性，這是很重要的道德課題。他後來寫道：「要形塑一個國家的語言，拼字書比任何書的作用都大。」

韋伯斯特心中出現這樣的願景後，便將重心全部放在撰寫拼字書上。根據他自己所述，韋伯斯特是個容易緊張、有強迫症的人，但編寫書籍能讓他的內心感到平靜。這麼看來，這些工具書不僅是內心焦慮的美國國民最需要的解藥，更是他自己的定心丸。

透過這本拼字書，韋伯斯特讓美國朝語言獨立邁進，美國孩子讀書時，不需要再學習關於英國皇室、英國地理的知識。一名美國文學學者甚至稱藍皮拼字書為第二本《美國獨立宣言》，因為這本書也大大形塑了美國的命運。

韋伯斯特的拼字書與其他拼字課本的差異，除了它擁有美國精神之外，也更好取得。就像美國著名繪本作家蘇斯博士（Dr. Seuss）一樣，韋伯斯特利用互動故事吸引並逗樂孩子，而非模仿當時學校的教科書，只能用死背的方式學習。透過直接和孩童對話、將發音切成音節（傳統做法為利用拉丁文字根學習），韋伯斯特創造出更加適合兒童學習的環境。

舉例來說，專為美國殖民地設計的教材《新英格蘭入門讀本》（*The New England Primer*），裡面除了警世寓言之外，其他內容都和喀爾文主義（Calvinism）[8]有關。雖然韋伯斯特的書中也有說教意味，但他的寫作風格讓文字帶有真誠、親切的感覺。無論是在描述一隻卡在河底的狐狸，或是將太陽形容為「光亮的噴水池」，他的句子都生動得像是躍上了紙面。

花幾個月撰寫拼字書，並持續按照英國人湯瑪斯．迪爾沃斯（Thomas Dilworth）的建議修改後，他的拼字書總算要出版了。韋伯斯特渴望為美國大眾提供屬於自己的語言，而這本拼字書就是第一步。

因為這是一本美國人專用的書，所以他去掉了介紹英國地理的頁面，放入美國城鎮名、縣市名和州名。書中不僅收錄美式發音方式，也改變了一些字的拼法。比如，在英國，榮譽一詞拼作honour，在美國則拼作honor，這麼做是為了讓拼寫符合美式發音。

在這個過程中，韋伯斯特創造出截然不同、完全屬於美國的書籍。從書的第一行開始，就確立了思想上的獨立，他在拼字書的前言寫道：

在美國傳播語言的統一性和純潔性，消除因方言的細微差別而導致的狹隘偏見及嘲弄，藉此提升美國人的利益、美國文學品質，以及和諧程度，這就是本書作者的願望。他最大的抱負，就是得到同胞的認可和鼓勵。

⑧ 闡述約翰．喀爾文（John Calvin）的神學理論與宗教制度的思想體系，強調上帝的主權（即上帝是絕對的、完全的）及《聖經》的權威性。

韋伯斯特的目標非常遠大，而且打從一開始，他就毫不掩飾自己的雄心壯志。出版後，他的書確實受到了同胞的認可和鼓勵。**在獨立戰爭過後一百年內，這本拼字書在美國無所不在，售出將近一億本，只輸給《聖經》**。

韋伯斯特的拼字書和後來出版的字典，為美式英文站穩腳步、鞏固了它的定義。在他看來，美式英文代表著自由、共和主義（Republicanism）⑨、基督教，以及一堆其他價值觀。

這些價值觀，定義了美國人該如何理解他們的祖國。在其他早期的文章中，韋伯斯特將美國比作偉大的羅馬帝國，他希望只用一本兒童拼字書，就能為美國語言奠下基礎，徹底擺脫歐洲語言的陰霾。

美國人想廢除英文，韋伯斯特於是建立出「美式英文」

編寫字典，就是在「描述語言本來的樣子」和「整理正確與錯誤的用法」之間尋求平衡。其他教材在描述當時的說話方式時，韋伯斯特的書則試圖推行新的說話方式。對今日部分讀者來說，韋伯斯特就像是過時又迂腐的獨裁者，命令人們該如何說話，還立下了許多限制。

他想保存美國的說話方式，讓他們的語言標準化，因為，如果這個語言能夠不再改變，那麼，在這塊不斷擴張的國土上，傳播美式英文將會更容易。雖然，他想保存的說話方式，主要來自受過良好教育的美國人。

韋伯斯特提倡的拼字方式，現在已成為美式英文的特色。像是去掉單字中的字母「u」，將英式的colour變成color；把mimick的字尾「k」去掉，變成mimic；改變單字順序，讓centre變成center。他為plantation（種植場）、senate（參議院）等字彙所下的定義，為美國社會提供了最基礎的概念。

韋伯斯特的拼字書出版時，有些美國人正在討論是否要徹底廢除英文，一些人主張採用德文或希伯來文，其他人則想發明全新的語言，稱之為「哥倫比亞文」（以哥倫布命名），因為他們渴望擺脫英國的束縛。

這些想法非常不切實際，而此時，韋伯斯特提出了一個折衷方案：設計出新穎且神聖的另一版英文，配合他們新獨立的身分。他反對著重於學習希臘文或拉丁文等古典語言，相反的，他敦促政府建立專注於美國歷史、文學的教育體系。比起學習羅馬帝國的歷史，美國兒童應該要更熟悉自己國家的歷史，而且孩子們應該用自己的語言來學習。韋伯斯特認為，教育是民族情感的基礎，而民族情感，更是美國的存亡關鍵之一。

單憑孩子們的拼字書，他便開始塑造自己夢想的未來，而這個未來，正是美國例外論的基礎。韋伯斯特的拼字書和後來的字典，都是民族主義的產物，而這些工具書的宗旨，都是將這

⑨一種政治意識形態，指透過創建共和國來治理社會，人民不是獨裁者的附屬品，且享有公民權。

個國家高舉於其他國家之上，並致力於推廣其文化。

在當時，為了確立美國的地位，就必須建立一套國家語言標準，並把它當作書籍、詩歌、政治宣傳和成文法律的基礎。

那個時候，學校教材只有《聖經》和一、兩本文法書，因此，韋伯斯特的拼字書如此暢銷，鞏固了他作為美國教育創始人的地位。一七八七年，他寫下一篇關於用教育建立國家認同的文章，其中有一段話是：

我們的民族性尚未形成。這是一個規模浩大的目標，應該採用並推行教育系統……為美國青年灌輸美德和自由的原則。

我們可不能低估，當時的美國有多不穩定。許多美國人認為，美國能生存下去很理所當然，但這就像後來興起的天命觀（Manifest Destiny）⑩一樣，都是迷思。

連年的戰爭，使許多國家殞落，所以，像韋伯斯特一樣記取此教訓的人都明白，建立能提高忠誠度和愛國情緒的骨架有多麼重要。韋伯斯特認為，透過標準的美式英文，能使這個新國家的人民，徹底脫離在他看來非常腐敗的英、法等帝國。

在韋伯斯特眼中，文學是檢驗美國人身分的試金石。建立屬於美國文學的傳統，代表美國不再為生存而掙扎，已經開始發展屬於自己的文化。一個成功的社會，不只得擁有保護、養活自己的能力，還必須創造藝術。

法國、義大利和英國等國，都有著創作詩歌、撰寫書信的傳統，這種傳統可追溯至近一千年前，遠早於第一批移民抵達北美殖民地的時間。

韋伯斯特的書，幫忙確立了：所謂美國人，不只是為了與英國人區分而存在的身分，而是人們渴望的身分，也是能讓人擁有夢想的身分。因此，我們可以想像，他是多麼想編輯一本美國文學選集，集結眾多經典美國詩人的作品，藉此形塑美國兒童的心智。

他在編寫拼字書和字典的同時，也是在展望幾個世紀後的美國。他渴望創造出一種語言，吸引數百萬名未來的美國人，生活在這片廣闊的土地上。

藍色拼字書為什麼受歡迎？只要讀了，你就是美國人

儘管韋伯斯特的拼字書，對語言和美國文化的影響都很長遠，但它其實沒有立即大受歡迎。事實上，藍皮拼字書的成功，一部分來自於韋伯斯特的意志力。

⑩又稱昭昭天命，十九世紀美國興起的一種信念，認為美國被賦予向西擴張、橫跨北美洲大陸的天命，且不可違逆此命運。

這本書在一七八〇年代初首次出現時，韋伯斯特開始在各個城市巡迴賣書。語言學家羅斯瑪麗·奧斯特勒（Rosemarie Ostler）說，這是第一次有美國作家在多個城市舉辦新書發表會。

這趟旅程，花了超過十八個月的時間。他有時候騎馬，在馬的兩側綁上兩個馬鞍袋，一個鎮接一個鎮的旅行，其他時候，則靠只有十個座位的公共馬車前進。途中，他還曾從馬上摔下來，腿受重傷，一瘸一拐的生活好幾天。公共馬車也好不到哪裡去，因為他得擠在行李、郵件和其他乘客之間，顛簸數英里。

賣書非常艱難，所以，韋伯斯特決定順便發表關於國家語言重要性的演講，藉此增加收入。第一次演講的主題來自他的著作《關於英語的論文》（*Dissertations on the English Language*），只吸引了三十名聽眾，他們付了三十先令，並在巴爾的摩第一長老教會聽他演講。

他慷慨激昂的說，美國需要一個獨立語言，來搭配新獨立的政府。那天晚上，他告訴聽眾：「現在就是絕佳機會，我們可以確立北美洲的語言，讓大家看到一個既統一又好懂的語言。現在，就是執行這項計畫的時機。」

那時，美國剛在獨立戰爭中獲得勝利，所以，越來越多美國人來聽韋伯斯特演講。當他在紐約和波士頓法尼爾廳演講時，前來的聽眾變得越來越多。他的演講在全國各個大城市都獲得熱烈的掌聲，書也賣得越來越好。

距離第一次演講過了三十年之後，在一八一五年，藍皮拼字書平均年銷售量為二十八萬六千本；於一八二八年，銷售量粗估高達三十五萬本。據報導，在韋伯斯特去世後的第四年，也就是一八四七年，藍皮拼字書總共售出兩千四百萬本。

拼字書所做出的貢獻，不僅在於讓美式英文成為一個獨立的語言，它同時讓美式英文成為美國的標準語言。在十九世紀的移民大量移居美國之前，韋伯斯特就已經在考慮設計屬於美國的標準英語了。

《牛津當代英語發音字典》（*Oxford Dictionary of Pronunciation for Current English*）的聯合編輯威廉．克雷茲馬爾（William Kretzschmar）說：「韋伯斯特的藍皮拼字書，可能是對於十九世紀美式英文的標準化，影響最大的書籍。」

拼字書建立了這個觀念：**只要遵守書裡的規則，誰都可以成為美國人**。這是一項重大成就，拼字書開始鞏固人們對美國的概念，使美國精神成為可以透過教導與學習，而得到的成果。無論是誰，都能歸屬於這個國家，是個很美好的理想；但是，成為美國人這項任務，從一開始就令人擔憂。

克雷茲馬爾表示，將語言標準化也可能造成許多問題，因為在某種程度上，標準化也可以被解釋為「只有一種正確做法」，代表其他方法都是錯的。

韋伯斯特後來出版的字典，和眾人渴望的客觀、中立教材完全相反，這些字典往往抱有特定的目標，而且目標遠超出字典應該提供的功能。韋伯斯特的政治目標，帶有獨裁者的味道，所以容易變得無法容忍任何差異。光是一本字典，就能帶有偏見、偏袒某一方人馬，那麼，在其他工具書上，此一情形是不是更為嚴重？

文法，是社會向上流動的墊腳石，連黑奴都能翻身

韋伯斯特從小就熱愛閱讀，小時候在父母位於康乃狄克州的農場工作時，他就經常帶著一本書，趁工作的空檔閱讀。他小時候在家由母親教導，由於家境並不富裕，在考上耶魯大學後，他父親不得不抵押農場來支付學費。

美國獨立戰爭爆發時，韋伯斯特是住在紐哈芬⑪的十八歲學生，也是一名驕傲的愛國者。他在暑假時參軍，但在一七七七年的薩拉托加之役（Battle of Saratoga）開戰時，他不小心遲到，結果錯過了戰鬥；不過，雖然缺乏戰場經驗，但這並沒有影響到他的愛國心。只要一有機會，他就會以國家存亡為話題，向大眾發聲。

因為韋伯斯特如此口無遮攔、直言不諱，所以，與他同時代的人和傳記作者，都說他是狂熱分子。他那份總是高人一等的態度，還讓他得到「君主」的綽號。

《被遺忘的開國元勛》（*The Forgotten Founding Father*）是韋伯斯特的傳記，其作者約書亞・肯德爾（Joshua Kendall）告訴我：「他可說是政治立場最不正確的人之一。在今日，韋伯斯特就像是會登上《肖恩・漢尼提秀》（*The Sean Hannity Show*）⑫的政治名嘴，一個憤怒的右派白人。」

當然，並非所有人都認為他是右派分子，他的政治主張有時過於複雜、自相矛盾，所以很

難歸納在現今左、右派的定義之中，不過大多數人，包括現在《韋氏字典》的編輯索科洛夫斯基，都同意他是對政治有許多見解的人。

在韋伯斯特年輕時，比起新成立的聯邦政府，許多人都對自己居住的州更為忠誠，也更有歸屬感。而在一七七六年，從喬治亞州到緬因州，美國東岸約有兩百五十萬名居民。

韋伯斯特在一七八五年寫道：「我們不應該只把自己看作某個州的居民，我們是美國人，我們都是這個偉大帝國的子民。」只要看看南北戰爭，還有現在關於各州權利的討論，就能看出區域結盟的觀念持續了多少世紀。

在韋伯斯特的年代，美國人這個身分是全新的概念，但是，他仍堅持自己的激進信念，認為當時剛脫離大英帝國、獲得獨立的美國，將成為一個大帝國。

一七八五年，藍皮拼字書聲名遠播，前總統華盛頓甚至邀請韋伯斯特到維農山莊⑬作客。當時僅二十六歲的學校老師，竟大膽的在美國前總統面前，把美國各州之間的聯邦，形容成一張脆弱的「蜘蛛網」。

---

⑪ 美國康乃狄克州的第二大城，位於新英格蘭、紐約兩大都會區之間，耶魯大學坐落於此。
⑫ 由主播兼政治評論家肖恩．漢尼提（Sean Hannity）主持的保守派電臺節目。
⑬ 華盛頓的故居，位於美國維吉尼亞州北部。

在他看來，地方方言及法文、德文等語言的流行，使這個已經支離破碎的帝國更加分裂，他尤其擔心方言會破壞這個國家的語言。他甚至警告華盛頓，說總統繼孫不應該由蘇格蘭家教教導，堅持整個總統的家庭，都該由美國人教授。

對當時才剛過七歲生日的國家來說，韋伯斯特抱持的「國家語言墮落論」，聽起來相當極端。對於分裂的恐懼，以及狂熱的民族主義，從那個時候就開始互相較勁。

雖然美國還很年輕，但方言之間已經出現相當強烈的分歧，北方和南方方言尤其如此。這位堅定的字典編撰者，可能沒有預料到，在拼字書出版後的一個世紀內，口語會產生如此大的變化，而這些變化就像迷宮花園一樣，變得越來越複雜。

在韋伯斯特去世後的一百五十多年裡，不同地區的移民浪潮，進一步催化了地區語言的分化。例如，一位研究人員發現，在義大利移民較多的地區，單字開始拉長，而且像cathedral（主教座堂，通稱大教堂）的「th」音，變成發「t」的音；路易斯安那州的卡津口音（Cajun），就受該地區法國、西班牙、非洲口音影響而誕生，比方說，卡津口音習慣對單字的第二個音節做變化，就是受法語直接影響。

肯定更令韋伯斯特害怕的是，這些改變並非由上而下，也不是演員或演說家的耳濡目染。社會語言學家威廉．拉波夫（William Labov）後來發現，最能影響地方方言變化的人，主要為地方政客，甚至還包含銀行辦事人員。

拉波夫在二〇〇五年《紐約客》（*New Yorker*）的採訪中表示：「美國口語最大的改變，從前可能發生在文法或語言層面上，但現在則是聲音本身出現了改變。」

雖然方言之間的差異，比韋伯斯特所想像的還大，但他最初對標準語言和民族身分的堅持，也幫助了一些美國人獲得成功。在十八世紀的美國，**好的文法不僅是學好語言的基礎，也是社會流動⑭的墊腳石**。

在公立學校出現之前，多數美國人接受的教育，都來自都家裡的拼字書。即使是富有的家庭，包括富蘭克林本人，也必須用拼字書來教孩子讀書寫字；富蘭克林的孫女，便用韋伯斯特的拼字書學習認字。

拼字書的普及，讓各個社會階層的人，都只需花小錢就能接受教育。美國或許是一片充滿機遇的土地，但**想躋身成功人士之列，不能只靠勤奮和堅持**。即使這個國家沒有貴族制度，但**說話時，仍必須像是受過教育的人**，才能在自己的圈子裡發揮影響力。

光是聽起來受過良好教育，就能走上如現今擁有學歷的人能走的捷徑。文法可能是一種不太尋常的社會貨幣，但共同的語言，也是形成民族歸屬感的因素之一。而這枚社會貨幣一直延續至今，擔任負責排斥或包容的工具。

將字典當成社會流動的工具，可不是一股過於理想的希望。在美國，有些非常出名的人，

⑭在社會階層裡，向上、向下或水平流動。

就是利用韋伯斯特的書學習基本技能、幫助他們成功。

於一八一〇年代，出生在馬里蘭州的弗雷德里克・道格拉斯（Frederick Douglass），後來成為十九世紀最著名、影響力最大的廢奴主義者之一。奴隸通常都是文盲，但他主人的妻子和當地孩童，教會了他如何閱讀。

在他的回憶錄中，道格拉斯描述他如何自學寫作。當時的他，只有一本字典、一本韋伯斯特於一八二五年出版的拼字書，和一些主人兒子留下的紙張。

每到週一下午，趁女主人去鎮上時，道格拉斯就會拿出這本寶貴的拼字書學習認字；接著，他又花了好幾年自學如何寫作。後來，他寫下本世紀最重要的自傳之一——《一個美國黑奴的自傳》，假如沒有韋伯斯特的教材，道格拉斯很可能就不會寫出這本自傳。

在韋伯斯特的字典和拼字書中，努力體現出的民主價值觀，帶有特別的美國特色。畢竟，還有什麼書，能以同樣的價格教導奴隸的兒子和外交官的後代，讓他們學會同樣的技能呢？

《韋氏字典》和拼字書，成為美國人的重要象徵，代表著一種雖有缺陷卻根深柢固的信念。這個信念就是，儘管生為奴隸，也可以透過決心和努力，來改變自己的處境。

然而，只因為道格拉斯和富蘭克林的孫子使用同一本書，不代表他們就生活在平等的社會裡。把道格拉斯當成白手起家、成功打破階級複製的案例，還是想得太美了。道格拉斯能夠逃脫命運並獲得成功，一部分是因為讀了韋伯斯特的書，但這並**不表示當時每個人都擁有相等的機會**，有些人可是完全沒有機會，那些代代都是奴隸的家族就是如此。

韋伯斯特的惡夢——外來文化、俚語和方言

早期的美國社會試圖抹去特權的痕跡，因此，美國沒有歐洲的貴族頭銜，也沒有點綴在法國及英國鄉村的城堡建築。在一個不用貴族頭銜區分階層的地方，禮儀、口音和俚語等社會行為變得越來越重要。

韋伯斯特於一八〇六年出版的《簡明英語字典》（*A Compendious Dictionary of the English Language*），是第一本定義「俚語」（slang）一詞的英文字典，而他在書中將其定義為「低級、粗俗、沒有意義的語言」。為了增強美國人的民族性，對韋伯斯特這樣的人而言，俚語就是阻礙社會流動的敵人。

他不僅在字典裡放入俚語一詞，同時也加入不少髒話。韋伯斯特嘗試在高雅與低俗之間，取得一個既奇怪又矛盾的平衡。他希望語言能擁有標準，並由權威做決定。

但與此同時，他又會根據用法增加字彙，記錄像chowder（巧達濃湯）或Americanize（美國化）這樣的字，人們經常使用這些單字，但以前從未被收錄進字典中。因此，許多評論家後來以「粗俗」來形容他的字典。

韋伯斯特在許多方面上都非常激進，但他又不想打破所有規則，俚語，是他深深痛恨的東西。根據韋伯斯特所述，當時的全國拼字改革，以及隨之而來的標準化影響，為美國所有階層

的民族認同和愛國心奠定了基礎。他不沿用英式英文，反而提倡將大多數美國人的說話方式當成標準英語。

但是，**所謂的「大多數美國人」，對他而言只包含了他的同儕，也就是在耶魯大學畢業的白人男性**。韋伯斯特的傳記作者肯德爾說：「有很多證據表示，韋伯斯特希望藉由某種發音，將美國發音正規化。基本上，所謂的正規化，就是以康乃狄克州人的方式說話。」

在美國南部舉辦一輪巡迴演講後，他被自己同胞的方言嚇壞了，表示這些人的發音令人反感，並批評他們沒受過教育。

華盛頓的故鄉維吉尼亞州，尤其令韋伯斯特感到震驚。他在旅行日誌中寫下：「許多重要的事都做到了，但卻沒有費心培育宗教、教育、道德等層面。」他表示，維吉尼亞州亞歷山卓市大部分農民，連自己的名字都不會寫。他也在日記中寫下：「噢，新英格蘭！你的居民，在道德、文學、禮儀等方面，能贏過別人多少呢？」

韋伯斯特可以聲稱，自己只是將美國人的說話方式印刷成文本，但是，他眼中的美式英文，僅以受過良好教育的人為基準。而且，某些他定下的基準，至今仍存在於社會之中。

方言並不是韋伯斯特唯一的惡夢，他同時也擔心，其他外語會對美式英文造成影響。韋伯斯特非常討厭法國，為了對抗法國對美國的影響，他甚至在一七九三年創辦了一份日報。

這份名為《美國密涅瓦》（*The American Minerva*）的報紙，宣傳有利於聯邦及美國的觀念，同時也記錄雅各賓俱樂部（Club des jacobins）⑮犯下的暴行。接著他向亞歷山大・漢彌爾頓

（Alexander Hamilton）⑯借了一千五百美元，將這間報社搬到紐約，使這份報紙成為紐約市第一份日報。

漢彌爾頓也經常於《美國密涅瓦》社論版上發表文章。漢彌爾頓和韋伯斯特同為聯邦黨⑰的堅定支持者，關係卻時好時壞；到了十九世紀，他們的友情正式宣告破裂。韋伯斯特非常重視道德，因此，他曾公開批評漢彌爾頓與情婦瑪莉亞・雷諾茲（Maria Reynolds）的不倫關係。

後來，漢彌爾頓寫下一篇又臭又長的文章，攻擊一八〇〇年出選總統的聯邦黨候選人約翰・亞當斯（John Adams），這是使他們友情破裂的最後一根稻草。這個事件，導致兩人在各個媒體版面開戰，大肆攻擊對方。韋伯斯特認為，就是因為他，亞當斯才會輸給傑弗遜。

因此，韋伯斯特不再讓漢彌爾頓於《美國密涅瓦》上發表文章，漢彌爾頓則自己創立一份日報，也就是現在的《紐約郵報》（*New York Post*）；《美國密涅瓦》則被收購，成為《紐約太陽報》（*New York Sun*）。這兩位開國元勛，分別開創了兩份最早出現的紐約日報。

《美國密涅瓦》讓韋伯斯特多出一個傳播思想的平臺，他也非常贊成廢除奴隸制度。因為韋伯斯特蔑視差異，所以早在一七九三年，他就出版了許多關於反對奴隸制度的出版品，甚至

---

⑮法國大革命發展期間，最具政治影響力的俱樂部。
⑯美國開國元勛之一，為美國第一位財政部長。
⑰又稱聯邦同盟黨，為美國開國政黨。

利用《美國密涅瓦》頭版的部分篇幅，刊登一本反對奴隸制書籍的廣告。

他會如此支持廢除奴隸制度，其原因包含道德和實際因素。他曾針對廢奴的話題，寫下：「美國產業、商業、道德及品格，都能因此而大幅獲益，因為這是正義和人性的必備條件，更是基督教的旨意。」

但是，若把他描繪成一名廢奴主義英雄，就等於忽略了他後半段的人生。那時，韋伯斯特變得更加保守，主張解放奴隸時，應謹慎行事。比起為黑人的自由做出貢獻，韋伯斯特只是利用奴隸來重申「北方比南方優越」的論點。他在一八二八年出版的字典中，對「奴隸制」一詞的部分解釋為：在美國北部各州，奴隸制已不復存在。

韋伯斯特晚年時，廢奴運動變得更加活躍。當時，他寫信給女兒，表示新一波廢奴主義者是徹頭徹尾的瘋子，又說奴隸制雖是一項重罪，但不是他們應背負的罪行。將一切標準化是韋伯斯特的首要任務，但廢除奴隸制卻可能帶來混亂。

儘管韋伯斯特在革命時期，懷抱著「人人皆應享有自由和正義」的理想，但他似乎願意為了表面上的國家和諧，犧牲大家的自由。

只是想編個大字典，卻被人說成煽動造反

韋伯斯特開始擔任報紙編輯後，就搬到紐哈芬，並開始構思製作一本美國字典。但是，在

一八〇〇年代初期，他剛開始編字典時，大眾對他龐大的語言計畫已經失去興趣，一部分是因為他最痛恨的國家——法國。

當時，法國大革命已經進入恐怖時期（Terreur），法國革命分子試圖透過強行掠奪、公開處決等血腥方式，來肅清這個國家。包括韋伯斯特及其他聯邦黨成員，許多美國政客與權威人士，都對一七九三年及一七九四年的血腥事件感到震驚不已。他們開始思考，太多革命，或許不是一件好事。

在韋伯斯特設想的藍圖中，美式英文和英式英文必須截然不同，也絕不會類似於其他歐洲語言。拼字書在一七八三年出版之後，他想對美式英文做出的改變，變得更加極端，比如，把tongue（舌頭）寫成tung、women（女人）寫成wimmen，feather（羽毛）和leather（皮革），則分別改成fether和lether。

許多人認為這個想法不只激進，還具有潛在風險。當時報紙上的文章，都在嘲笑韋伯斯特，所以很難找到願意資助這本字典的出版社。一名費城報紙編輯寫道：「試圖談論美國語言這件事，很荒謬。」其他評論家則寫了許多言詞澎湃的書信，擔心韋伯斯特再添加口語單字，會貶低美式英文。未來將成為賓州大學校長的牧師約翰．尤因（John Ewing），甚至**說韋伯斯特在煽動造反**。

面對如此多批評，韋伯斯特從一個新的來源找到了力量——上帝。一八〇八年，韋伯斯特在書房裡編字典時，他跪在地上向上帝禱告、懺悔自己的罪過。從那天起，他就變成一名虔誠的喀爾文派教徒和重生⑱的基督徒，他的字典中也融入了福音的元素。

對於現代讀者來說，這可能是個奇怪的故事，不過，對於十九世紀初的美國而言，這個故事一點也不令人意外。於十九世紀初，一股宗教狂熱席捲美國，數百萬名美國人皆於此時開始信奉基督新教，此一現象，被歷史學家稱為第二次大覺醒（Second Great Awakening）。許多人都在此一時期重生，改變自己的信仰變成一種時尚，不少當時最傑出的作家、思想家、政治家都投身其中。

韋伯斯特與上帝的交流，為他編纂字典的工作帶來了深刻的變化，並使這本字典的出版，推遲了二十年。他相信《創世紀》和巴別塔⑲字面上的真理，認為所有人類最初說的都是同一種語言。

帶著這個信念，他開始了一系列非常不科學的詞源學研究，試圖在起源於亞洲、非洲、歐洲的語言中，找到單字的共同字根。他還研究了盎格魯撒克遜文和中世紀英語的文法，希望為美式英文找到根基，能比英國人用的英文更純正。

這位字典編撰者，在這種近乎瘋狂的狀態下，花費數年尋找他相信存在的第一個語言。每次找到一個令人激動的發現時，他就會量一下自己的脈搏，發現脈搏從每分鐘六十下，跳到了八十下。

他說，在人生的這個階段，他至少學會了二十種語言。這一個說法，在歷史上廣為流傳，但除了對少數幾種語言的表面理解之外，幾乎沒有證據能支持此說法。

《韋氏字典》⑳最終於一八二八年出版。這本字典非常龐大，收錄約七萬個單字，還包括了在英國從未被收錄過的詞彙。其中許多單字，曾出現在一八〇六年的字典中，而現在全部集中在最後這一本字典內。

例如，skunk（臭鼬）、squash（美洲南瓜）、immigrant（移民）、psychology（心理）、chowder、butternut（白胡桃）、Americanize、penmanship（書法）等。

韋伯斯特刪掉前面提到的那些激進拼字，像是將soup（湯）改成soop。不過，他仍從某些單字裡移除「u」，如honor，也將defence（防禦）改成defense、centre改成center。除此之外，他還留下了一些永遠沒人會用的新拼法，比方說，將ache（發痛）改成ake、cloak（斗篷）改成cloke。

這些重大變化，自此定義了美式英文。和拼字書一樣，韋伯斯特於一八〇六年和一八二八年出版的字典，都大量借鑑當時已有的字典，尤其是山繆·約翰遜（Samuel Johnson）的作品。

《韋氏字典》之所以能歷久不衰，部分原因在於準確性。儘管韋伯斯特編纂字典的動機，

---

⑱基督教用語，意指重新體驗新生，通常指通過洗禮來達到靈魂再生。

⑲《舊約聖經》（*Old Testament*）中的故事，闡述人類之所以擁有不同語言的起源。

⑳直譯為《美國英語字典》（*American Dictionary of the English Language*），此字典與後來編修的版本，現在通稱《韋氏字典》，本書亦參照此用法。

一點也不科學，卻令人印象深刻，因為他的字典比過去任何英文字典，也包括約翰遜出版的《約翰遜字典》（*A Dictionary of the English Language*），都還多出數萬個詞條，注釋也更加具體且明確。

不引用莎士比亞，改放華盛頓、富蘭克林的字句

第一版《韋氏字典》的與眾不同之處，不僅在於拼字方式新穎、收錄範圍廣泛，還包括其民族精神。這反映出韋伯斯特的信念，他認為美國是一個全新的國度，將成為世界的典範。因此，其他英文字典常以威廉・莎士比亞（William Shakespeare）為例，韋伯斯特則引用華盛頓、富蘭克林，和美國文學之父華盛頓・歐文（Washington Irving）的字句，將他們提升到文學的地位。

在序言中，他重申了自己對美國的奉獻精神，表示編寫美國字典這項任務，不只重要，更是必要，因為他必須維護美國人的身分認同。這本字典的序言，就像美國憲法、《美國獨立宣言》，或其他愛國著作的序言一樣簡單。他寫道：

> 美國，在歷史上前所未有的全新環境下開始存在。這些聯邦，始於文明、學習、科學、自由政府的憲法，以及上帝給人類最好的禮物——基督教。

現在，我們的人口已與英格蘭相當，在藝術和科學方面，我們的公民和世上最有見識的人相比，也毫不落後。在某些方面，沒有人優於我們，而我們的語言，在未來兩個世紀內，在這個國家中將有越來越多人使用，比地球上任何語言都來得多。

對於一個僅有五十幾年歷史的國家來說，這是個很強烈的聲明。韋伯斯特是改寫美國歷史的思想家之一，他透過這些充滿榮耀的字句，塑造了美國人的民族精神。

在美國早期歷史上，有許多事蹟值得美國人歡呼，例如，美國是最早建立、也最長久的民主共和國之一。但是，如果聲稱早期美國人始於文明、學習、科學，就是在捏造歷史了，因為美國最初是農業社會，開創美國的是風險投資者、清教徒、契約勞工和奴隸。

然而，這種誇耀自己國家、認為自己最棒的敘事方式，成功激勵了早期美國人，以致這樣的想法在美式文化中根深柢固，只要打開電視，就能聽到政客們把美國稱為其他國家的榜樣，即使當時美國應感到羞恥。

「沒有人優於美國人」這樣的概念，有兩種理解方式。第一種是，韋伯斯特和其他有類似想法的人，不僅認為沒有人能與美國匹敵，還認為美國是一個不受現有傳統約束的地方。這個國家可以在政治、文化、語言上形成自己的規則，其中某些規則，碰巧是由一位重生的基督教民族主義者所創造，而且他認為，方言和外語都是不好的影響。

隨著世界各地移民的湧入，在接下來的幾個世紀裡，美式英語的口語，逐漸變成受地方方言、義大利語、意第緒語、蓋爾語㉑、西班牙語等無數語言所影響，拼湊而來的語言。然而，儘管《韋氏字典》目前正努力變得更具包容性，但標準語言未必能反映出這些變化。

韋伯斯特說，英文將是世上最多人使用的語言，但真正保持這個頭銜的是中文。不過，世界上有幾億人說英語，其中超過三億人生活在美國，因此，他的預測並沒有完全落空。

而在最具影響力的字彙中，一八二八年的《韋氏字典》，為「移民」一詞，創造出前所未有的定義，**有些學者甚至認為，韋伯斯特就是美國人害怕移民的原因**。

韋伯斯特於一八〇六年出版的字典，似乎是第一本收錄動詞immigrate（移民）的英文字典。長期以來，移民一詞都存在於不同語言中，但皆是以名詞的型態，因此，把這個動詞定義為「移到一個國家」，是一個新概念。

他在十九世紀美國主要移民潮開始之前，就開始編纂字典，而他堅信的民族主義，始終沒有動搖。在編撰字典的過程中，他對移民的定義不斷改變，於一八二八年的字典，他又進一步修改了一八〇六年的原始版本，將移民定義為：為了永久居住，而移居到一個國家。

在那之前，移民常被認為具季節性，不帶有永遠的意味，抑或只是從一個城市搬到另一個城市，而非遷移至新國家。歷史學家尼爾．賴瑞．舒姆斯基（Neil Larry Shumsky）寫道：

雖然韋伯斯特很可能在字典中，也重新為其他單字下了定義，但在這些新定義中，幾乎沒有哪一個，能像對移民一詞重新定義那樣，在美國造成如此大的影響。

藉由告訴美國人移民來自其他國家，韋伯斯特建立了「我們和他們」的對立；韋伯斯特告訴美國人，移民是永久的，涉及到居住的意圖，等於在鼓勵美國人擔心自己有朝一日會流離失所，他們的城市會被侵占、工作會受到威脅。

這個定義，在好幾代美國人之間迴響。直至現在，「我們和他們」的排外心態，已經滲透到美國大部分的議題之中，移民與於美國出生者之間的區別，變得越來越強烈。

韋伯斯特心中的民族主義，當然和我們現在認為的美國民族主義不同；當時的民族主義，並不包含白人優越主義㉒支持者的歧視，或是貿易保護主義（protectionism）㉓。但強調民族主義的美國優先（America First）理念，以及透過每個人的「純度」所決定的身分認同，在很大程度上就是韋伯斯特的理想。

最初，他將美國的民族主義建立在反對英國的基礎上，但隨著時間推移，這個概念逐漸擴展到反對不同國家和種族。在**韋伯斯特這樣的人心中，如果沒有「他們」的存在，就不可能有「我們」**。

㉑蘇格蘭蓋爾語，也被稱為高地蓋爾語或高地蘇格蘭語。
㉒主張白人比其他種族優越，且應該統治眾人。
㉓為保護本國產業，而對進口產品制訂較高關稅、限定進口配額等經濟政策。

儘管他沒有為現代民族主義者留下完整的意識形態，但他肯定為他們建造了價值觀的基石，也提供他們表達這些理想的語言。

《韋氏字典》能在歷史上歷久不衰的原因，民族主義情緒只是其中之一。第二次大覺醒流行時，《韋氏字典》剛出版，福音派㉔讚嘆韋伯斯特的書簡直就是天賜之物。韋伯斯特在序言中，將基督教稱為「上帝給人類最好的禮物」，但他並沒有就此打住，反倒讓宗教色彩蔓延在每一個詞彙之中。

在「愛」這個詞條中，上帝一詞就出現了五次，還包括例句：「我們愛上帝勝於一切。」他把「自然」定義為「包含上帝創造的一切」，又將「奉獻」定義為「臣服於對上帝的愛」。**大眾對宗教的熱情，助長了這本字典的銷量**。時至今日，**一些保守的基督徒仍宣稱這本字典是基督教文本**，他們使用韋伯斯特的拼字書和字典，來教育自己的孩子。一間聖經公會甚至將所有內容數位化，並放到網路上。

《韋氏字典》的編輯索科洛夫斯基告訴我，雖然一八二八年版的《韋氏字典》已經絕版，但讓孩子在家自學的基督徒，還是很常詢問是否會重印。

《韋氏字典》鞏固了基督教和美國語言之間的關係，將聖經中的故事和說話方式，編織成語言的基礎。這種說話方式，一直存活於美國，但在大多數歐洲國家中，已經逐漸消失。例如，在法國的政治演講中，幾乎沒有人會提到上帝，但是，在美國，只有當演講者說到「天佑美國」時，演講才算結束。

韋伯斯特並不是唯一一個將上帝、國家，和語言緊密連結在一起的人，但在某種程度上，他仍將這種說話方式標準化，讓這種使用方式更普遍。即使在今天，官員仍堅持使用有宗教意味的字句，相較之下，實在很難想像在其他西方國家，政府官員會經常引用「天意」一詞，或呼籲大眾共同禱告。

只容得下一本字典的字典戰爭

若沒有麻薩諸塞州的喬治・梅里安（George Merriam）和查爾斯・梅里安（Charles Merriam）兩兄弟，施展精明且殘酷的商業策略，韋伯斯特的字典可能永遠不會成為今日的模樣。

為了出版字典，韋伯斯特背了一筆債務；而於一八二八年出版的《韋氏字典》，花了幾十年的時間，才站上顛峰，最終打敗自十八世紀中期於英國出版以來，一直是美國人御用字典的《約翰遜字典》。

一八四三年，韋伯斯特去世後，梅里安兄弟買下《韋氏字典》的版權。這個舉動，使他們和字典編纂者約瑟夫・愛默生・伍斯特（Joseph Emerson Worcester）之間，展開一場激烈的鬥

㉔基督新教的一個新興派別。

爭，歷史學家將此事件稱為「字典戰爭」。

雖然，用戰爭來形容字典編纂者的競爭，似乎過於強烈，但這兩本字典，為了爭奪第一的位置，爭鬥了數十年，範圍廣至美洲和歐洲大陸，還牽扯到一些傑出字典編纂者的生涯。

伍斯特曾為韋伯斯特工作，而在韋伯斯特去世前十年，他就一直指控這位前任門徒剽竊他的東西，然而，這項指控從未獲得證實。梅里安兄弟買下《韋氏字典》的版權時，他們決定，美國只容得下一本美國字典。

於是，他們發起一場激進的宣傳活動，在美國和倫敦誹謗伍斯特，花了將近二十年的時間，試圖在文學界抹去伍斯特的名字。到了一八六〇年代時，《韋氏字典》的銷量大幅超過伍斯特的字典，成為最終贏家。

索科洛夫斯基說：「梅里安兄弟為韋伯斯特所做的一切，實在前所未見，也沒有人為約翰遜做過這樣的事。他們不是學者，而是推銷員，他們知道要怎麼把這本字典，交到州長、教授、法官、教師，和學校手中，並推廣韋伯斯特這個名字，創造類似神話的故事，一個國家神話。而韋伯斯特就在那裡，等著被神化。」

銷售一本字典並確保其權威性，就跟字典本身一樣重要。韋伯斯特的第一本字典，在當時售價高達二十美元，在現代等同超過五百美元，不過，這在當時是非常標準的價格。

在一八四〇年代，伍斯特出版一本新字典後，梅里安兄弟也於一八四七年推出一本字典與其競爭，並把價格壓到六美元。雖然在一八四〇年代的美國，六美元仍是一筆不小的數目，但與當時其他競品的價格相比，已經非常便宜。壓低售價後，字典銷售量爆炸式飆升，為韋伯斯特家族賺進超過二十五萬美元的版稅。

梅里安兄弟不僅制定了銷售字典的強大商業計畫，他們還決定修改內容，使其更具市場價值。他們刪去了許多韋伯斯特加入的奇怪拼寫方式，不過，像是用「-er」代替「-re」、去除music（音樂）中原有的「k」等用法，已經融入美國文化，所以被保留了下來。

為了確保他們能夠成功領先其他字典，梅里安兄弟聘請耶魯大學教授諾亞．波特（Noah Porter）和其研究團隊修改或刪除許多基督教典故、奇怪的拼寫，和牽強的詞彙來源。

修改過的字典，於一八六四年出版。這本字典不僅銷量很好，各界好評也不斷，在很大的程度上得歸功於波特。十九世紀中期之後，由梅里安兄弟出版的《韋氏字典》和當初的模樣已經大不相同；韋伯斯特的兒子，甚至曾要求他們將父親的名字從字典中去除，但是被拒絕了。

當時，韋伯斯特這個名字，比較像是一個品牌，而非意識形態。到了十九世紀末，《韋氏字典》變得非常流行，出版社還得努力阻止其他字典編纂者，在自己的出版物中，使用他的名字和內容。

在字典之戰塵埃落定之後，《韋氏字典》明顯就是最終的贏家，這本字典被放在美國家庭的書房、教室、新聞編輯室中，奠定了持續好幾個世代的地位。韋伯斯特的第一本字典，或許沒有立即成為暢銷書，但這些年來，它成為了永恆的經典；因為，**在過去一百二十年內，光是《韋氏大學詞典》（*Merriam-Webster's Collegiate Dictionary*）這一系列，就賣出五千七百萬本**。

韋伯斯特的影響，遠遠超出字典或拼字書的範圍。即使沒有讀過他的作品，甚至沒聽說過他的名字，美國人仍是他的傳人。他不只奠定了美國教育和語言標準化的基礎，還塑造了整個國家的文化。

美國能超越歐洲，並擁有建立於統一基礎上的民族主義等觀念，至少在一定程度上，都應歸功於韋伯斯特。

當然，韋伯斯特並不是唯一一位維護並表達這些信念的人。但是，與傑弗遜和華盛頓等人的著作相比，韋伯斯特的思想更容易傳達給大眾。因為，幾乎每個美國年輕人手中都拿著韋伯斯特的書，他們反覆閱讀，將內容銘記於心。

接下來幾年，《韋氏字典》作為教材，創造並加強美國的文化信仰和文化規範。因為韋伯斯特有自己的信仰和信念，所以他偏好以自己的想法，來解釋關於上帝和政府的詞彙；同樣的，未來的字典編纂者，也繼續使用不那麼客觀的定義，來塑造美國人對語言的認知。

例如，一九三四年的《韋氏字典》將 Apache（阿帕契族）㉕一詞，定義為：性格好戰、文化水平相對較低的遊牧民族。**字典的定義，並不單純為事物的現狀，還包含了美國領導階層對事物的看法或理解**。

一九三四年的《韋氏字典》，詞條總量幾乎是第一本字典的七倍，收錄條目高達六十萬，重達十七磅（約七．七公斤）。它自稱是至高無上的權威，因此，內文同樣帶著傲慢的口吻。

引用棒球選手、影視明星的話語，不分種族都能閱讀

從十九世紀到二十世紀初，字典一直是教育的主要工具，內容不僅包含單字定義，還囊括了百科全書般的資訊。字典的功用，是傳播讀寫能力、文化修養，以及社會流動的可能性。光是在家中展示這本十七磅重的書，就是一種有文化的象徵。

隨著時間推移，字典越來越貼近口語，儘管韋伯斯特本人可能不會贊成這樣的結果。在二十世紀，約翰．史坦貝克（John Steinbeck）和柔拉．涅爾．賀絲頓（Zora Neale Hurston）等作家將方言當作文學的素材，讓這本字典反映出，高階文化和低階文化之間的界限逐漸模糊。

一九六一年出版的《韋氏字典》，雖然並非第三版，但有時也被稱為《新韋氏國際字典第三版》（*Webster's Third New International Dictionary*）。這本字典引發了一場醜聞，因為它試圖納入方言，甚至還收錄ain't（am not的方言）一詞。

此時，字典編纂者在定義的語言，不再僅限於受過教育的康乃狄克州白人，而包含了所有人，內容囊括俚語、方言，和許多韋伯斯特必定會覺得低俗的字彙。《新韋氏國際字典第三

㉕主要位居美國西南部的美國原住民。

版》，以一種前所未有的方式，引用了棒球選手、電影明星的話語。

許多人譴責這版字典，甚至有位《紐約客》評論家表示：「這本《韋氏字典》，把英語堅實的結構，變成一團爛泥，鼓勵這門語言吞噬自己。」但當時的字典主編菲利浦．戈夫（Philip Gove）堅持自己的選擇，認為字典應該要容納一切，而非受規定約束。

戈夫希望《韋氏字典》能反映出一九六一年的口語和寫作方式。不僅有大學講座和經典小說中用到的英文，還要包含電視節目、康寶濃湯罐頭上的英文。到了二十世紀，《韋氏字典》會越來越接受各種文化，無論高雅或低俗，同時也會收錄英語使用者之間的地區差異。

於一九六〇年代，由語言學家佛雷德里克．卡西迪（Frederic G. Cassidy）領導的研究人員，為了編撰《美國區域英語字典》（*Dictionary of American Regional English*），在一千零二個社區中，採訪將近三千人。最終，第一冊於一九八五年出版。

《美國地區英語字典》為某些特定區域的字彙下了定義，例如，honeyfuggle意指以好聽的話欺騙他人，jugarum則代表一種棲息於美國東北部的牛蛙。

把這些字彙編入字典，等於認可了它們，甚至賦予了它們一股力量。無論是否為編纂字典，各種探討語言的計畫都開始接受這項事實：不僅口音，連使用的字彙本身，會因地區差異而有所不同。

這當然不代表來自不同地區的人，就完全不能溝通。波士頓人只需要多花一點時間描述何為rotary（環形交叉口），中西部人也只需要說明，他們口中的「pop」是指飲料，而非祖父，就可以理解彼此。

無論大家認為自己的語言多標準，在地域遼闊、文化迥異的美國，每個人的語言，仍都帶有其背景的標記。不過，社會上仍存在著受教育者說話方式的基準，即使這個基準，會因地區、情況不同而有所變化。

雖然很不公平，但位居康乃狄克州的教授，很可能依然認為南方口音代表著無知；在紐約的公司面試時，一個說話夾雜方言或俚語的人，也可能比較不吃香。

這也可能是韋伯斯特的遺產之一。美國人一直生活在極為多樣化的國家裡，但許多人將這個事實視為缺點。

就像韋伯斯特一樣，美國文化中，仍存在著一股情緒，他們認為多樣性和國家統一，在某種程度上不能互存。然而，儘管大家都在談論標準化，美國卻是世上少數幾個沒有官方語言的國家之一。

線上字典，一個無國界的詞彙世界

網際網路的出現，創造出一個無國界的詞彙世界。對美國英文母語者而言，這些口語和用字上的差異，只會進一步擴大，各個世代的語言隔閡也會越來越大。不僅語言影響著網路，網路也影響了人們使用詞彙的方式，甚至在實際生活中也是如此。

語言學家格雷琴．麥卡洛克（Gretchen McCulloch）在著作《因為網路》（*Because Internet*）中指出，迷因和簡訊縮寫，也常出現在口語中。人們有時會說「LOL」（Laugh Out Loud，放聲大笑），而不是直接笑出來。

連七十多歲的政客，也曾試著在競選活動中，使用網路語言來吸引年輕選民，但場面通常都很尷尬。希拉蕊競選總統時，也曾販售印著「Yaaas, Hillary!」㉖的競選上衣。

這就是為什麼，網路世界不斷變化的特性，可能會有點棘手。網路流行語看似出自時代精神（zeitgeist）㉗，但其實在網路上，很常看到詞彙被切除原有意義，再直接移植到別的背景，完全不顧原作者的身分；其中，很多被移植的字眼，本來源自黑人及LGBTQ社群。

《韋氏字典》也受惠於網路，每個月的網頁瀏覽量達到一億次，手機應用程式每年單字查詢量也高達二十億次。網路的民主，不僅拓寬了人們對語言的接受度，也促進了字典編纂者和使用者之間的交流。編輯們持續收到讀者來信，要求《韋氏字典》添加或刪除喜歡和討厭的單字。麥卡洛克說，因為即使到了現在，**《韋氏字典》中有沒有某個詞彙，仍是決定該詞語是否存在的關鍵**。

像索科洛夫斯基身為編輯，可以看到人們在查找什麼、於何時查找，進而了解人們實際上如何使用字典。每個人相信的事情，可能會因年齡、使用的應用程式，和政治立場而有所不同，但藉由線上字典，大家都能找到一座特別的溝通橋梁，並增強讀者與編輯間的交流。

就像字典在改變一樣，讀者也不斷變化。字典擔任了許多角色：參考指南、法官、老師……。在民族主義、基督教、美德，和社會流動方面，字典也是一名道德仲裁者，同時，這本書還能讓讀者學習何謂禮儀。

第一本純英文字典，於一六〇四年問世，作者是一名校長，名叫羅伯特·考德瑞（Robert Cawdrey）。他將這本字典獻給「女士、上流淑女，或其他仍對語言不熟練的人」。

從一開始，字典的存在就不單只是要教人們單字。字典編纂者會為單字貼上「不標準」、「俚語」等標籤，教導讀者在正式場合該用哪種語言，甚至還會告訴讀者，使用哪種語言時該感到羞恥。因此，我們也可以把字典看成自我成長書，適合想提升能力的人閱讀。

索科洛夫斯基說，《韋氏字典》的編輯，同時還得擔任現代讀者的朋友、導遊和哲學家，為大眾提供實用的回饋。

他還指出，在危機時刻，讀者會以意想不到的方式使用字典。九一一襲擊事件發生後，人們在韋氏線上英文字典上最常搜尋的字，不是rubble（瓦礫）、triage（檢傷分類）㉘，甚至不是terrorism（恐怖主義），而是surreal（超現實）一詞。數據顯示，在波士頓馬拉松爆炸案㉙和桑

㉖改編自俚語「Yas, queen」，yas從yes轉變而來，表示強烈贊同、鼓勵某人；此俚語源自LGBTQ社群中的變裝皇后文化（ball culture）。

㉗一個時代的整體智識、道德或文化氛圍。

㉘確定哪些病人情況最為嚴重，須優先處理。

迪胡克小學槍擊案㉚發生後，也出現了相同現象，「超現實」一詞再次被瘋狂搜尋。在《韋氏字典》中，超現實的定義是：以強烈不合理之現實為特徵的夢境。也許，《韋氏字典》的權威和定義，尤其在美國人覺得生活有如脫離現實的夢境時，安慰了他們。

隨著新冠疫情在二〇二〇年春天於美國擴大，同樣極不合理的現實又再度降臨。到了三月中，大部分城市都在準備宣布居家隔離政策，人們感受到的恐懼和不確定感，再度顯現在字典的數據之中。首先，很多人搜索了符合這段非常時期的單字，像是pandemic（疫情）、quarantine（隔離）、virus（病毒）等。

與此同時，許多哲學性詞彙也變得熱門，除了超現實之外，還包含了apocalypse（末日）、Kafkaesque（卡夫卡式）㉛、martial law（戒嚴）、calamity（災難）、pestilence（瘟疫）、contagion（接觸傳染）、well-being（安全健康）、hysteria（歇斯底里）、hoarding（囤積）、self-isolation（自我隔離）、vulnerable（脆弱）、unprecedented（史無前例）、triage、essential（必需品），以及poignant（令人痛苦的）。

索科洛夫斯基不斷告訴我，字典既不會指控誰，也不會評斷誰，我則認為，字典兩者都做得到。字典，可以理解所有人的心情，人們的擔憂、焦慮，以及現在流行的字眼，都顯現於這個互相連接的文字網路之中。

隨著時間過去，字彙的定義可能會產生細微的變化，但永遠都會有一個字，能夠描述我們尚未理解的東西，而且只要知道該去哪裡找，就能找到它的定義。

索科洛夫斯基說：「人們會去查字典，不是為了尋找真相，而是為了某種類似哲學的東西。為了理解一個想法或現象，人們就會去查字典，藉此找到最基本的定義，連『愛』這個字也不例外。」

梅里安－韋伯斯特公司每年收到成千上萬封信件和電子郵件，大多都是讀者來信詢問某些字的「現象」，也就是編輯們對這些詞語的想法或意見。

索科洛夫斯基說，他深刻記得一封於一九九〇年代收到的讀者信，那位讀者想詢問與「愛」一字相關的問題。由於梅里安－韋伯斯特公司會回覆每一封信，所以，其中一位編輯這樣子回覆：

> 感謝您寫信過來，但是，「愛能夠延續多久？」這個問題，恕我們無法回答。身為字典編纂者，我們的專長是定義詞彙。不過，若您想知道這個深層情感的性質及永久性，恐怕有點超出我們的專業範圍。

㉙在二〇一三年，發生於麻薩諸塞州波士頓科普利廣場，爆炸導致三人死亡、一百八十三人受傷。

㉚二〇一二年發生於康乃狄克州桑迪胡克小學的槍擊事件，共二十八人死亡，其中二十人為兒童；是美國史上死亡人數第二多的校園槍擊案。

㉛源自作家法蘭茲．卡夫卡（Franz Kafka）的寫作風格，形容生活中如惡夢般荒誕、離奇的現象。

韋伯斯特的第一本字典出版近兩個世紀後，在這個真理被當成謊言嘲笑、美國根基相當不穩定的時代，美國人再度讀起了《韋氏字典》，在其中尋找新的意義。讀這本字典的人，無論是在尋找慰藉，還是在搜尋真相，美國人都習慣在動盪不安的時刻，再度拿起這本書。

索科洛夫斯基說：「如果所有美國人，都在我們的資料庫中查找precedent（先例）、unprecedented、unpresidented[32]等詞彙，那麼，這個國家無疑是在向我們提問：『除了回答語言上的問題之外，《韋氏字典》還做得到什麼？』」

㉜二〇一六年，川普發了一條推特（現已刪除），將unprecedented誤拼成unpresidented；隔日，《韋氏字典》的帳號發文表示：「早安！今日的每日單字……不是『unprecedented』，我們字典裡沒有這個單字，這是個新字。」

第 3 章

任誰都能白手起家，連特斯拉老闆都深受影響

書名：**《富蘭克林自傳》**

出版年分：1793 年

作者：班傑明・富蘭克林

紀錄：美國第一本暢銷自我成長書，截至 1860 年再版將近 120 次。

一七二二年，當時十六歲的富蘭克林，生活百無聊賴。他住在家鄉波士頓，並在哥哥詹姆斯·富蘭克林（James Franklin）的印刷廠裡當學徒，他的工作又少又卑微。

富蘭克林的父親有十七個孩子，他排行第十五。年輕的富蘭克林只接受過兩年的正規教育，他覺得自己完全看不到未來。因此，他為自己創造了一條路。他開始用筆名塞倫斯·杜古德（Silence Dogood，直譯為沉默做善事），假扮成一位喜歡給人建議的寡婦，並寫信投稿至詹姆斯發行的報紙。

接下來一年內，詹姆斯將十五封寡婦杜古德的信件登在報紙上。這個虛構的寡婦，不僅成為波士頓的熱門人物，甚至有不少人想跟她求婚。當詹姆斯發現那個寡婦正是他弟弟時，兩人大打了一架，最後富蘭克林逃到費城。

在這一年的時間，富蘭克林不僅脫離為哥哥工作的命運，並逃離波士頓，這對兄弟的惡劣關係，也促使富蘭克林踏上前往費城的旅程。這一切將帶領著他，使富蘭克林從「美國文學史上第一個少年犯」，躍身為美國開國元勛。

富蘭克林一生中扮演過許多角色，像是政治家、發明家、成功的企業家等。他同時擁有許多身分，而他創造出的另我（alter ego）[1]，差不多可以組成一支足球隊了。

其中包括杜古德、窮理查（Poor Richard）、安東尼·艾福特維（Anthony Afterwit）、波利·貝克爾（Polly Baker）、愛麗絲·艾德堂格（Alice Addertongue）、西莉亞·肖菲斯（Caelia Shortface）、好事者（Busy Body），和瑪莎·凱爾福（Martha Careful）。

這些人物和筆名，就像一個放滿各種服裝的衣櫥。富蘭克林會根據特定情況，選擇最有利的服裝，有時候他是一個專門給愛情建議的寡婦，有時候又是兜售農民曆的過氣占星學家。富蘭克林是一位變身大師，寡婦杜古德只是其中一個很賺錢的身分。無論是為報紙專欄假扮成寡婦，還是化身為法國拓荒者，富蘭克林身分非常多變。

這位白手起家的開國元勛，雖然沒有繼承任何遺產，卻累積了一筆財富，完全憑著自己的意志力，來創造和改變自己。在長達兩個多世紀的時間內，他的自傳一直保持著暢銷書的地位，也是美國第一本如此強大的自我成長書。

富蘭克林這個名字，象徵著自立更生的人，這本書則引導著讀者，讓他們成為這樣的人。這本被後人命名為《富蘭克林自傳》的書，並沒有直白的描述富蘭克林的一生。在書中，**富蘭克林不僅美化了他早期的生活，也為讀者繪製出他通往成功的路線圖**。

他的出身，是美國第一個白手起家故事，當中結合了努力的汗水和「弄假直到成真」（Fake it till you make it）的態度，是美國生活最難以抗拒的神話之一。這是第一本將美國夢的確切含義，白紙黑字印出來的文本，也是第一本教讀者該如何實現美國夢的書。

幾乎每個學齡兒童，都大概聽過富蘭克林的生平，因此，他的觀點繼續塑造美國人對白手

①另一個自我，與原有性格有鮮明區別的自我角色。

起家者的觀念，即使沒有讀過他的書，也是如此。

誰都可以靠自己闖出一片天，這樣的想法在美國人心中根深柢固，並被視為客觀事實；這個概念在一代代的農民、移民和風險投資者身上不斷強化。

但是，就和所有故事一樣，這個夢想也是由某位作者寫出來的。雖然白手起家並非富蘭克林一個人的點子，但他的故事，塑造了美國人對財富和虛偽的認知。

一七九三年，《富蘭克林自傳》首次以英文出版時②，很快就在成千上萬名美國人之間引起轟動。於此之後，在大眾的眼中，富蘭克林立刻成為一名平易近人、樸實無華的美國人；這就是美國人心目中最棒的模樣，一個自學成才、溫和節制、愛國卻不過於狂熱的學者。

在十九世紀初期，美國人還在思考自己想成為怎樣的人時，富蘭克林提供了現成的模型。後來，因為十九世紀的新移民浪潮，美國人面臨了一個新的身分危機，於是，人們再次向富蘭克林的成功故事求救。

富蘭克林的英國編輯班傑明．沃恩（Benjamin Vaughan），在一封後來被收錄進《富蘭克林自傳》的信中寫道：

所有發生在你身上的事情，都和一個正在崛起的民族，及他們的行為和處境息息相關。我認為，閱讀凱撒（Julius Caesar）和塔西佗（Tacitus）③的作品，不會比判斷人類的本性和社會來得有趣。

這個不斷壯大、崛起的民族，確實在富蘭克林的書中，發現了一些值得誇耀的東西。在一七九四年到一八二二年之間，《富蘭克林自傳》已經出了二十二個版本，直至今日，它仍是十九世紀前相當稀奇的美國暢銷書。

《富蘭克林自傳》能被視為美國第一本受歡迎的自我成長書，也是早期美國身分的完整指南。**到一八六〇年，這本書已經再版了將近一百二十次**。值得注意的是，**這本書仍繼續吸引著二十一世紀的讀者。光是過去幾十年內，它就在美國大學的課程教學大綱中出現近兩千次。**

特斯拉（Tesla）執行長伊隆．馬斯克（Elon Musk）表示，他受到富蘭克林的啟發；在一百多年前建立梅隆銀行（Mellon Bank）的托馬斯．梅隆（Thomas Mellon），也表示受其影響。

其實，有太多未經授權的《富蘭克林自傳》在市面上流傳，因此無法查證自首次出版以來，總共售出了多少本。無論如何，它仍被稱為「有史以來最受歡迎的自傳」，成為數百萬名美國人的生活藍圖。尤其，在美國建立初期，美國連公立教育體系都還沒建立，更別說是熱愛文學的客群了，當時暢銷書本來就少之又少，但《富蘭克林自傳》正是其中一本。

於是，富蘭克林的故事成了白手起家者的典範：有權勢的人和被他們管理的人，都讀過這

②一七九一年，《富蘭克林自傳》在巴黎以法文出版。
③羅馬帝國執政官，也是著名的歷史學家和文學家。

本書。無論是剛解放的契約勞工、剛到美國的人，還是統治階層的精英，大家都在閱讀這本書。許多十九世紀工人階級讀者，會一直把這本書放在背包裡。當民間英雄大衛・克拉克（Davy Crockett）④在阿拉莫戰役⑤中倒下時，他身上唯一的書就是《富蘭克林自傳》。

在十八世紀和十九世紀的交界點成長的孩子，會讀的書就是《富蘭克林自傳》。這個白手起家的成功故事，對許多人產生極大的影響，因為這本書可能是他們在《聖經》、農民曆、學校初級教材之外，讀的第一本書。

英文系教授、富蘭克林專家卡拉・穆福德（Carla Mulford）寫道：

> 他的力量在於，身為一個有點神秘的公民象徵，他既能鼓舞美國排外主義⑥者，也能振奮新移民，讓不同的民族肯定自己，並認同大家共同的社會利益。富蘭克林的形象，被用來掩蓋國家團結神話下的差異。

別人得知道你在做什麼，你做的事情才算數

早在他成為亞當斯在社會上的競爭對手，以及數百萬名美國兒童熟知的那位開國元勛之前，年輕的富蘭克林在波士頓的貧困家庭中長大。

為了說明自己既沒有社會地位，也沒有繼承任何遺產，富蘭克林在自傳中，把自己描述為

「連續五代由老么生下的老么」。他的父親是製作蠟燭和肥皂的商人，而當時人們認為，蠟燭匠的社會地位比其他工匠還低，所以，他在波士頓度過了資源匱乏的童年。

十歲時，富蘭克林被迫輟學，到父親的店裡幫忙。儘管這種事情在當時很常見，連華盛頓受過的正規教育，也和他差不多。但後來富蘭克林參加大陸會議（Continental Congress）⑦時，與那邊的哈佛畢業生形成了鮮明的對比。

當其他開國元勛還在拉丁學校⑧上學時，富蘭克林日復一日的跑腿打雜、切燭芯、灌模。他的父母有太多孩子要撫養，每天還要努力謀生，沒辦法密切關心每個孩子。然而，在自傳中，富蘭克林總是把焦點放在獨處的快樂上。他可以閱讀自己喜歡的東西、探索這座城市、做各種自己想做的事情。年幼的富蘭克林，會和朋友在附近的鹽沼裡釣鰷魚（鰷音同條）。

有一次，他發現有人正在建一座新房子，因此，富蘭克林說服朋友去工地偷石頭，為他們的捕魚基地建一個碼頭。等晚上夜幕降臨後，他就把朋友們集合起來，一起去偷石頭。

---

④美國政治家、戰爭英雄。

⑤發生於一八三六年，為德克薩斯（德州）脫離墨西哥，獨立出來的關鍵事件之一。

⑥對外國人及外國製商品及思想，有排斥的思想傾向。

⑦美國國會的前身，由美國創始十三州組成的臨時性聯合議會。

⑧源自十四世紀至十九世紀流行於歐洲的語法學校，教學重點在於學習拉丁文的語法及其運用。

他們奮力拖著石頭，比較大塊的石頭，要兩個男孩合力才搬得動。富蘭克林在自傳中寫道，工人們第二天抵達工地時，發現石頭不見了，池塘邊卻多出一個新碼頭；於是，富蘭克林等人的父親，好好教訓了這群孩子。他寫道：「雖然我極力主張，我們做出的東西很實用，但父親告訴我，凡是不誠實的東西，都沒有用。」

然而，美國文學學者約翰．格里菲斯（John Griffith）指出：「從《富蘭克林自傳》中能看出，**富蘭克林利用實用性來判斷對錯，『真相』不是他的標準。**」

實用性，成為了富蘭克林的試金石，他以此檢驗什麼行為可被接受，因此，實用性也成為美國生活的核心信條。因為美國人是殖民者、先驅者、拓荒者，對這樣的人來說，有時唯一的目標就是生存。實用性，奠定了美國中產階級的生活基礎。

既貧窮、又抱有雄心壯志的富蘭克林，逃到賓夕法尼亞（賓州）後，對於成功抱持的信念，變得更為複雜；他認為，想要成功，不能缺少實用性和表演。他後來在自傳中寫道：「做個理性的人很方便，因為理性，能讓自己為了想做的事，找到一個理由。」富蘭克林利用他的理性，實現幾乎每一件他想做的事，其中有很多難以想像的事。

第一次抵達費城時，富蘭克林還是青少年。年輕的富蘭克林，身高約一百七十六公分，髮色為金色及淺棕色。根據他的另一名傳記作者卡爾．范．多倫（Carl Van Doren）所描述，富蘭克林體格強壯，像游泳選手或摔跤手一樣有肌肉，卻不像跑者那樣精實；他的瞳色為灰色，飽滿而穩健；而他的嘴巴很大，上脣則尖尖的。

富蘭克林身無分文，在費城的第一晚，他隨便在某間教堂裡睡了一覺。而且，他必須靠自己的能力來維持生計。當他選擇成為一名印刷工時，他很快就意識到外表的重要性。富蘭克林自己也承認，他一直假裝自己是一名成功的印刷工，扮演好久之後，才真正成為一名印刷工。他在自傳中寫道：

> 我不僅實際變得勤勞、節儉，還避免所有相反的情況出現。我衣著樸素，絕不遊手好閒，從不去釣魚或打獵。確實，書本有時會使我脫離工作，但這樣的狀況很少見，即使有，也很合宜，絕不會引起他人的閒言閒語。為了表現出重視工作的模樣，我有時會把買來的報紙放在花園推車上，推著推車回家。

他的書，展現出美國價值觀中不斷反覆出現的主題之一，此主題就像是一枚擁有兩面的硬幣，一面是創業精神等積極美德，另一面則是「欺騙」。

「別人得知道你在做什麼，你做的事情才算數」這種想法，似乎確實含有強烈的美式風格。**想成為一位成功人士，你的努力必須被大眾看見，因為必須由別人見證，這些事情才能成為現實**。

透過無所不在的《富蘭克林自傳》以及他的人生故事，富蘭克林開始為理想的美國人增添一層新樣貌。他把這種角色扮演，甚至是微妙的欺騙，加入成功所需要的特質之中。

讓資本主義，成為美國理想的一部分

富蘭克林曾用窮理查這個筆名，寫下：「你想要呈現什麼樣貌，就成為那樣的人。」這種冒險的舉動，無論有意還是無意，仍定義了富蘭克林大部分的成就。

在他二十多年的印刷生涯中，富蘭克林運用表演和偽裝的力量，逐漸成為整個州最成功的印刷商。富蘭克林完全體現了白手起家的精神，透過印刷報紙，為自己累積了巨額財富。

當一位名叫塞繆爾・凱默（Samuel Keimer）的競爭對手，竊取了富蘭克林的編輯想法，並創立自己的報紙時，富蘭克林再次利用假名擊敗對手。他以好事者這個名字，投稿到與凱默競爭的報紙，嘲笑凱默的《賓夕法尼亞公報》（*The Pennsylvania Gazette*）。

這些文章嚴重損害了凱默的名譽。最終，不僅報紙被迫停刊，他還以非常低的價格將報紙賣給富蘭克林。明明富蘭克林害一個人破產，但這種軼事，卻讓富蘭克林成為英雄，一部分是因為——他很誠實。富蘭克林利用坦誠的態度，預測並抵擋批評，在書中透過自嘲為自己解圍，儘管，他搞不好只是在表演罷了。

富蘭克林的書很具信服力，因為他讓讀者覺得，他一五一十的說出了真相，但是，跟其他回憶錄一樣，富蘭克林寫下的只是他自己的版本。他雖然批評自己，但在他的筆下，富蘭克林及美國卻成了故事中的英雄。

富蘭克林能夠擺脫批評，部分原因在於，他把自己的成功當成國家繁榮的必要手段。他的故事充滿著美國英雄主義，這也是他成功的原因之一。他不但變得富有，在四十歲出頭就退休，而且，他沒有繼承家產、沒有貴族身分，也沒受過什麼教育。

富蘭克林賺錢是為了退休，並投身於對自己和國家都有利的科學和政治事業，而他在四十二歲時便順利退休。富蘭克林賺得大量財富之後，便用這些錢開展社會福利項目、回饋都市。另外，他的自傳開始勾勒出一個看待金錢的新視角：金錢是集體利益，而非個人利益。《富蘭克林自傳》將個人的成功，與整個國家的成功連結了起來。

美國人今日談論金錢和成功的方式，與富蘭克林對這些事物的構想密不可分。他告訴讀者：「不要浪費。不要浪費時間、要常做有用的事、停止所有不必要的行為。」

富蘭克林對於財富和成功的想法，已經嵌入美國人每天的談話之中，他們會討論如何賺錢、如何留住錢，以及如何明智的花錢。他讓資本主義成為美國理想的一部分，富蘭克林不像法國貴族一樣囤積服飾，而把錢花在建立和強化小型社區。

在自傳中，他列舉出幾個將財富用於公益事業的例子，像是他建立了私人圖書館，又組成美國最早出現的其中一批消防隊。富蘭克林透過實例，證明真正成功的美國人，賺了足夠的錢之後，會再回饋給社區。

然而，隨著時間推移，這個想法變得越來越棘手，並以富蘭克林沒有預料到的方式變化。十八世紀後期，富蘭克林在寫作時，即使是美國最大的城市（當時為紐約和費城），居民也只有三萬多人。所以，像富蘭克林這樣富有的慈善家，的確能夠藉由建立社交俱樂部、圖書館、消防隊，來發揮實際的影響力。然而，在接下來的一個世紀裡，美國人口不斷成長，因此，私人捐贈能帶動的社會變革，則相對迅速減弱。

雖然隨著時間推移，個人財富屬於公共財富的觀念，變得越來越不正確，但還是一直存在著。只要看看下滲經濟學（trickle-down economics）⑨，就能看出這個觀點依然存在於美國流行文化和經濟模式中。

在今日貧富差距如此極端的社會中，就算有錢人心血來潮的建立慈善基金會，現今每個城市的人口都高達好幾百萬，所以這些有錢人的資助，無法引起太大的作用。

用成功自傳建立了美國人的原型——白手起家

儘管富蘭克林一生非常成功，也希望《富蘭克林自傳》能成為人們奮鬥的藍圖，但諷刺的是，他開始寫這本回憶錄時，剛好是他跌落人生谷底的時候。

富蘭克林於一七七一年開始撰寫自傳，在此之前，他花了幾年，在英國努力獲得職涯上的進展。當時，大眾認為富蘭克林對於極不受歡迎的《印花稅法》（*Stamp Act 1765*）⑩意見模稜兩可，因此為了報復，一群暴民前往富蘭克林位於費城的家，幾乎把他的整間房子都燒掉了。

除此之外，另一件更令他失望的事情是，他沒有被提名為外交特使。越來越多美國愛國人士，將富蘭克林視為保守派，認為他的改革精神不足。

正如富蘭克林在一七六八年的信中所哀嘆道：「我發現，我在這兩個國家都沒有獲得任何人的讚賞，只有讓自己的公正性受到懷疑而已。在英國，我太像美國人，在美國，我又太像英國人了。」

在一七七一年的夏天，大受打擊的富蘭克林撤退到英國鄉下。他和他的朋友喬納森．希普利（Jonathan Shipley）住在特威福德[11]南部的小村莊時，寫下了《富蘭克林自傳》的第一頁。當時，富蘭克林或許已經算是一名成功商人，但他在自傳前幾頁，將自己塑造成一名成功人士，仍有部分說謊的嫌疑。當然，他很富有，他的科學實驗在歐洲也越來越出名，但一七七一年可能是他事業和個人生活的低谷。

距離美國殖民地宣布獨立，還有五年的時間，而富蘭克林及他家鄉的未來，都變得越來越模糊。

他將自傳的第一部分，設計成寫給兒子的信，這點也與當時的狀況不符。他在書中所描述

---

⑨又稱滴流經濟學，主張對富人階級減免稅收，向企業提供經濟上的優待政策，可改善經濟整體，最終使社會中的貧困階層生活也得到改善。
⑩英國議會對美洲英國殖民地實行的稅收法案。
⑪位於英格蘭東南部伯克郡的村莊。

的「年輕」兒子，當時已是四十歲的紐澤西州州長。雖然富蘭克林在書中把他描述為「親愛的兒子」，但兩人經常爭吵，他當時也有七年沒見過兒子了。

從這個角度看來，這本書是富蘭克林修正生活的方式。接下來的二十年內，他斷斷續續的寫著這本書；身為一名老練的公關專家，即使這是他的人生故事，富蘭克林仍會超前進度，預先寫出還沒發生的事。

被後人銘記為偉人、革命家的富蘭克林，這種態度和韋伯斯特有許多相似之處。韋伯斯特很早就開始擔心，自己的名字會隨著歷史的發展而被遺忘；而的確，後來有很多人把他和美國政治家丹尼爾．韋伯斯特（Daniel Webster）搞混。

當然，富蘭克林還在世時，比韋伯斯特更出名，但富蘭克林的部分遺產，似乎正來自不知會如何被人們記住的焦慮，以及他對於推銷自己的不懈努力。

富蘭克林的傳記作家華特．艾薩克森（Walter Isaacson），稱他為「美國史上第一個偉大宣傳家」。於《富蘭克林自傳》中，富蘭克林推銷的產品就是自己，以及他對美國的願景。現在看來，我們可能會覺得富蘭克林已經確立了自己的地位，根本不需要以這種方式推銷自己，但正是因為他付出這樣的努力，他的思想、信念和生活模式，才會成為美國生活的精髓之一。

他把努力工作、成就和自我推銷結合起來，憑藉著意志使這一切成真。美國人印象中那位無害、愛國的富蘭克林，與面具之下那個複雜又陌生的人大不相同。他越來越成功，後來更是聲名遠播，但無論他的真實自我是什麼模樣，他都與各式各樣的面具緊密交織在一起。

印刷商、失敗的外交官、發明家、後來成功的外交官，這幾個截然不同的身分，目標和世界觀都大不相同。富蘭克林流傳下的信念中，有一個不可忽視的部分——欺騙。這一點，不斷重塑著他自己和美國人的生活。

在富蘭克林眼中，成功的美國人是一隻有才華的社交變色龍，能在低俗和高雅、英式和美式之間轉換自如，並追求不同類型的表演，可以同時擔任簡樸的肥皂工和一名知名科學家。

社會學家厄文．高夫曼（Erving Goffman）後來將富蘭克林的觀點整理成書，他指出，人生就是一場表演，生命中的演員得不斷變換面具。一個人在辦公室裡，被老闆盯著的時候，表現出的是一種樣子；和同事們單獨相處，感覺沒有人看管，或是很放鬆的時候，又會表現出另一種模樣。

每個人在對待同學、家人或戀人時，都會戴上稍微不同的面具。根據高夫曼的觀點所述，人根本沒有真正的自我，而這些不同自我的表演，也沒有正、負面的差別。你的用詞、穿著，甚至走路方式等儀態，都能夠改變，你可以隨時根據情況改變面具。

有些人指責富蘭克林不誠實，但也許，他只是比其他演員的表演技巧還純熟罷了。高夫曼表示：表演，不單是為了表演者，還為了促進整個社會的利益及安寧。富蘭克林的各種角色，例如店主、外交官、美國人、英國人等，只有當我們同時看到這些角色時，才會感到矛盾。

歷史學家麥可．哈特姆（Michael Hattem）說：「如果我們假設這些角色都是真實的，或是屬於他的一部分，那麼，沒錯，確實是有一些矛盾之處。但我認為，如果深入思考為什麼他會在這些特定時刻，扮演這些角色，你就會發現，他比十八世紀大多數人都更清楚，自己在投射什麼。」

這就是為什麼，這麼多研究富蘭克林的學者，都稱他為「面具背後的男人」。富蘭克林心目中的理想美國人，積極、勤奮，又仁慈，是個從貧窮與默默無聞的生長背景中，脫穎而出的人。這就是幾個世紀以來，一直存在於美國人心中的原型。

白手起家的富蘭克林，不僅從窮人變成富翁，還像《大亨小傳》（*The Great Gatsby*）中的傑．蓋茲比（Jay Gatsby）一樣，自己編織、創造出各種關係。富蘭克林寫這本書的目的，是為了告訴美國人民，生存的關鍵究竟是什麼。

在撰寫本書的過程中，他根據自己的喬裝能力，建立了一個身分、一個原型。《富蘭克林自傳》不只將這個原型編撰成書，更是美國歷史本身的典範，使美國人從各種神話和部分事實中，拼湊出理想美國人的身分。

美國開國元勛，也曾有蓄奴黑歷史

與歷史悠久的法國、英國、西班牙等君主制、已有既定社會階級的國家相比，十八世紀的美國，在政治、社會，和經濟等各方面，都很好塑形。

一個好表演，對於獲得真正的成功至關重要，因為表演就是一切。舉例來說，在法國這樣的國家，就算一個人能把貴族的角色扮演得很好，禮儀、用語、穿著都維妙維肖，但只要他們沒有貴族血統，那麼，不管表演得多成功，都沒有意義。

不過，在早期的美國，有一段與富蘭克林的人生差不多長的時間，在那段時期，人人都有機會。只要表演得夠成功，表現出符合理想美國人的外表、行為、用語，確實有機會過上更好的生活。

在社會秩序仍不斷變化的情況下，誰能夠成功順應持續改變的美國身分，就能夠得到金錢和影響力。但當然，即使在初始階段，能得到這些機會的人，也僅限於白人男性。唯有具備成為成功人士的某些條件時，角色扮演才會起作用，而當時的成功條件，就是「身為白人」。

絕大多數的女性和有色人種，世世代代都被排除在白手起家的可能性之外。甚至直至今日，在某種程度上，他們仍被排除在許多角色之外。長期以來，這個由富蘭克林及美國人代表的原型，一直局限於那些看起來跟富蘭克林一樣的人。

雖然，富蘭克林成為白手起家的典範，但這種形象忽略了最基本的悖論：他能成功，是因為他擁有兩種免費勞力。首先，他的妻子和女兒會負責打理家事。剛到費城的第一年，富蘭克林很節儉，為了買書，他甚至放棄吃肉；但在二十歲出頭，他娶黛博拉．里德（Deborah Read）為妻，並把家裡所有大小事都交給她掌管。

著有《自助公司》（*Self-Help, Inc.*）一書的社會學家米琪．麥吉（Micki McGee）說：「他的確幾乎完全靠自己。但結婚之後，他就有了妻子和女兒能為他做各種事情。」畢竟，當你不必煮飯、打掃，或做其他瑣碎的事情時，就有充裕的時間去做富蘭克林在書中鼓勵的活動，像是閱讀和個人發展。

在富蘭克林一生中大部分的時間裡，他都擁有兩個奴隸：喬治（George）和金（King）。富蘭克林在自傳中從未提及這件事，也許是因為就像當時許多人一樣，他不認為擁有奴隸，與他自己的成功故事有什麼關連。

但是，富蘭克林從發行報紙得來的巨額財富（之後用來建立圖書館、資助科學實驗），部分來自在《賓夕法尼亞公報》上，頻繁刊登的奴隸拍賣、追捕逃奴廣告。

歷史學家和大眾在奴隸這個議題上，越來越常談到華盛頓或傑弗遜所帶來的影響，富蘭克林卻幾乎毫髮無傷的逃過一劫。一般人只記得他是美國第一個白手起家的人，但他其實也依賴奴隸勞動。今日，富蘭克林在世人眼中的模樣，是一位古怪、甚至有點新潮的開國元勛，而不是一個從奴隸制中受益的奴隸主。

即使一些美國開國元勛一開始並不這麼認為，但「自力更生」和「擁有奴隸」，兩者是不能共存的。我並不是在用二十一世紀的道德，來評判十八世紀的行為，而是因為有證據顯示，十八世紀的美國人就已經知道，奴隸制與他們的建國理念並不相容。

麻薩諸塞州最高法院首席大法官威廉．庫欣（William Cushing），約在《富蘭克林自傳》出版的十年前就寫道：「奴隸制，和我的行為與憲法不一致。」他還補充：「理性的生物，不可能永遠被奴役。」甚至連韋伯斯特也主張廢除奴隸制，因為這與美國的建國價值觀不符，他寫道：「僅為了另一個人的利益而勞動，違背人類內心的每一項原則。」

富蘭克林後來也改變了路線，部分原因是他與廢奴主義者關係密切。於一七八五年，他成為某個位於費城的廢奴會會長。在一七九〇年，他還創造出最後一個筆名，並利用這個筆名，以慷慨激昂的語氣，揭露奴隸制的矛盾之處。

他寫下一封語氣諷刺的信件，投稿至《聯邦報》（*The Federal Gazette*），聲稱要印出十七世紀一名穆斯林領導者，關於奴役基督徒的演講內容：

讓我們不再聽到這樣可恨的主張，不要解放信奉基督教的奴隸。這麼做，會使我們的土地和房屋跌價、使善良的公民喪失財產，最終令大家都不滿。

最後，他以這段話總結：

搶劫、奴役基督徒的信條，一點也不正義，反而很有問題。不過，很明顯的是，為了保護本州利益，我們會繼續這樣做。所以，拒絕那些要求廢奴的請願書吧。

透過轉換角色，富蘭克林以諷刺的口吻揭開奴隸制的錯誤邏輯。最後，他在信尾簽下「史家」（Historicus）的筆名，代表歷史的聲音。

法國最著名的美國人，賺進百萬法郎

若說《富蘭克林自傳》的第一部分，是在充滿懷疑和掙扎的日子下完成的，那麼，富蘭克林撰寫第二部分時，則充滿了個人與國家的勝利。

美國獨立戰爭爆發後，富蘭克林為了說服法國國王為戰爭提供資金，便乘船前往法國。他待在法國的那段時間，可說是表現最為出色的日子，也是對美國的創立和生存，至關重要的一段時期。要是沒有富蘭克林，法國人可能就不會支持美國獨立戰爭；沒有法國的支持，新成立的美國，大概完全贏不了英國。

他在英國遭遇外交障礙的事，在當時已經過去了好幾年。此時，他日益高漲的愛國熱情，使革命者們相信，富蘭克林和他們一樣，也希望建立一個自由的國家。

一七七六年，富蘭克林去法國的時候，他已經是一個老謀深算、充滿智慧的七十歲老人了。他知道，自己就算打扮成貴族，也無法和法國傲慢的貴族抗衡，所以，他在法國下船時，打扮成法國人印象中美國拓荒者的模樣，穿著便服、戴著眼鏡，還戴著一頂從加拿大買來的貂皮帽。

穿著美式服裝的富蘭克林，一走進餐廳、咖啡廳，和裝飾華麗的飯店大廳，就立刻吸引了所有人的注意力。據說，連法國王后瑪麗．安東妮（Marie Antoinette）都被他迷住了。

他很快就成為法國最著名的美國人，人們甚至會站在街道兩旁，看著他抵達巴黎。法國人非常喜歡這個頭上戴著死動物的胖美國人，他那戴著皮帽的肖像，很快就成為巴黎大街小巷中隨處可見的裝飾，在鼻煙壺⑫和壁紙上，都能看到。

法國女士則爭相購買模仿他髮型的假髮，她們說這是「富蘭克林頭」。不久後，法國工匠也開始用黏土製作刻有富蘭克林頭像的紀念章、圖章戒指和其他紀念品。他寫給女兒莎拉·富蘭克林·巴奇（Sarah Franklin Bache）的信中也寫到：「銷售數字令人難以置信。這些照片、半身像、印刷品，使你父親的臉，像月亮一樣出名。」

富蘭克林第一次抵達法國，待了一年多，之後就帶著日用品、軍需品、一份官方條約，和一批法國艦隊回到美國。這個肥皂工的兒子、一個白手起家的怪人，居然能頭戴一隻死動物，就從法國人那邊騙走數百萬法郎，對美國人來說，這是個非常令人滿意的故事。

他在凡爾賽宮達到的成功，非常不可思議，尤其，路易十六（Louis XVI）似乎沒有意識到，他資助的是一場推翻國王的革命；這對法國異議人士來說，簡直就像一場演習，因為很快的，他們也會開始覬覦拿下自家國王的人頭。

⑫ 鼻煙為用鼻子吸入的粉狀煙末，鼻煙壺則用來盛裝磨成粉狀的鼻煙，由陶瓷、瑪瑙或象牙等材料製成，常被作為玩物或古董珍藏。

尤其，相較於像亞當斯這樣的典型美國清教徒，富蘭克林在法國能如此成功，要歸功於他的適應能力。富蘭克林不像亞當斯那樣，有著不可動搖的自我意識和道德感，相反的，他喜歡啟蒙時代的理性，和有意思的聚會。

他抵達巴黎時，已經是一位多產的發明家和科學家，但他的學術成就並沒有阻止他享受長達五小時的晚宴，和大量的調情。法國人會如此喜歡富蘭克林，可能也是因為他的道德觀非常隨興，很具法國特色。

法國人深受富蘭克林吸引，甚至承認他是他們的同胞。亞眠⑬的某家報紙的報導表示，富蘭克林（Franquelin，富蘭克林名字的法文拼法）在皮卡第大區⑭是一個常見的姓氏，代表富蘭克林的家族移民到英國和美國前，可能是法國人。

不過，富蘭克林在法國的日子，不能被概括為只是從法國國王那裡榨取金錢，那段日子，其實更加複雜。從各種紀錄中可看出，法國與富蘭克林其實兩情相悅，他在給女兒的信中，談到法國的食物、衛生和美麗，彷彿在描述一個情人；甚至把大家眼中非常無能的路易十六，形容為和藹、開朗、英俊。

富蘭克林也在給朋友的信中寫道：「這是地球上最文明的國家。」在書信和軼事中，我們並沒有看到一個拿下面具、原形畢露的人，反而像是面具在他沒有意識到的情況下，與他合為一體了。

儘管富蘭克林散發出樸實無華的魅力，但他擔任大使的期間，卻過著一點也不簡單的生活。他住在位於巴黎帕西⑮的複合別墅中，裡面有整齊的花園和可以俯瞰塞納河的池塘。

很快的，他就收藏了超過一千瓶葡萄酒，包含波爾多和香檳。如果不是因為後來有人謠傳，富蘭克林成了法國間諜，他很有可能會一直待在巴黎，直至去世。富蘭克林在法國上流圈擔任大使的愉快歲月，揭示了另一個巨大的差距：他明明應該是個既善良又誠實的美國英雄，但在現實中似乎不是如此。

走向成功的十三種美德，心靈雞湯的起源

一七八四年，富蘭克林在寫自傳的第二部分時，他已經在法國生活了將近八年。就在那時，他寫下了「克己修德計畫」（Plan for Attaining Moral Perfection），有時也被稱為「十三種美德」，這一章後來成為整本書中最常被引用、也最遭人鄙視的章節之一。

對他來說，巴黎是如此完美，這裡是寫下個人改變章節的完美地點。在他生命中的這個時

⑬ 法國北部城市。

⑭ 大區為法國行政區劃的第一級單位，下分為省；於二〇一六年，皮卡第與北部－加萊海峽合併為一個大區，名為上法蘭西。

⑮ 屬於塞納河右岸的巴黎十六區，是巴黎的傳統富人區之一，現今該地區有一條富蘭克林街。

刻，他所做的每一個舉動，包括他戴的帽子，都是為了達成某個特定目的而選擇的。

在這章中，富蘭克林列舉出引導他走向成功的十三種美德，例如節制、慎言、有序、節儉、正直、節儉和謙遜等。他還放了一張日曆表格，聲稱自己曾用這個表格，來記錄自己每天在每項美德上的進步，並鼓勵其他人走上同樣的道路。

這一章的特殊之處在於，他不只闡述他認為的理想美國價值觀，還提出了培養這些價值觀的具體策略，這或許也是美國史上第一次有人這麼做。他甚至還用自己的日常行程表來舉例，從早上四點起床開始，到晚上十點上床前要做的道德評估，都收錄於書中。

《富蘭克林自傳》是美國自我成長書的原型，具備了這種書的所有特徵，包括天還沒亮就要起床，和列了編號的步驟清單。富蘭克林的主要指導原則，是透過不斷的自我評估，讓自己逐漸進步。這也成為了許多自我成長書的參考內容。

克己修德計畫，是很聰明的人格逆向工程，它也為美國人留下了一個遺產：美國人對自我成長的痴迷。富蘭克林應該沒有想到，現在雜誌中竟會花上許多篇幅，記錄比爾・蓋茲（Bill Gates）和美國名媛克里斯・詹娜（Kris Jenner）等名人的晨間行程。

書店裡還有相當大的自我成長書籍區，使用極為相似的方法，依內容分為修改個人行為、長時間的小改變，及某名人的勵志故事等類別。這類建議的根本，是自上而下的強加某些行為，而不是提倡從根本改變信念的個人發展。

就像當今許多自我成長專家一樣，富蘭克林將日常習慣視為個人和道德改變的基石。他似乎把自己身體和智力上的非凡，歸功於一些微小、容易實現的改變。例如，不喝啤酒改喝水、只吃蔬菜等。

這本自傳，在改變微小的行為、道德特質，和職業成功之間，建立了令人難以置信的連結。富蘭克林始終強調，進步這件事，必須可以實現且能夠被分類，這是典型的新教倫理⑯。

透過自我成長，以追求道德完美（moral perfection），這個現象可以追溯到比富蘭克林更早的年代，一路回到早期殖民者的清教徒根源。

富蘭克林的父母是虔誠的新教徒，而他也公開寫道，他受到狂熱的獵巫牧師科頓．馬瑟（Cotton Mather）的文章所影響。他創造出的東西，超越了馬瑟的道德，反而比較偏向現代對於成功的概念，也就是個人權力（personal power）⑰。

美國人之所以熱愛設定目標、制定新年計畫、自我激勵，也許就是因為美國人較執著於成就。他們為自己是一個有能力賺多少就賺多少的人而自豪，而且還會努力爭取更多。美國人這樣的精神，至少有一部分要歸功於富蘭克林和他的自傳。

十三種美德這一節中，仍然包含富蘭克林的招牌自嘲，他提醒讀者，他自己也在努力實現

⑯新教的社會和經濟理論概念，奠基於喀爾文主義倡導的價值觀，強調一個人的義務和責任，在於透過勤奮和節儉取得成功。

⑰一種態度或心態，而不是操縱他人用的權力；奠基於個人在發展過程中，逐漸獲得的力量、信心和能力。

這些美德。甚至在一個朋友告訴他，大家都認為他過於驕傲之後，他就加上了第十三種美德：謙遜。富蘭克林承認，自己在追求道德完美上的不足之處，但他的自嘲，就像是一種文學工具，用來表明他和讀者沒有什麼不一樣。他把自己的故事，當作每個人都可以參考的例子，而不是講述自己有多麼非凡、古怪、全能，或獨一無二。

這樣做，其實是一把雙面刃，因為**他把自己努力工作、自力更生的例子，當作每個人都做得到的成就，卻忽略了一項事實：他在一生中取得的驚人成就，明顯並非所有美國人都能達成**。放風箏引電⑱的富蘭克林，在四十多歲就累積了足夠的財富並退休，還是影響美國建國歷史的重要人物；因此，他絕對不是美國人應遵循的準則，而是個例外。

除了他的成就難以複製之外，他同時還非常古怪。他曾經「洗空氣浴」，也就是裸體坐在一扇敞開的窗戶前，用空氣沐浴，因為他相信這樣可以預防生病。他還寫了一篇關於放屁的文章、發明了自己的字母表、追逐龍捲風……在他那個年代，這些事情都很反常。由此可知，他絕不是一個中規中矩的人。

然而，**自我成長書，通常不會考慮到失敗的可能性，甚至也會忽略平庸的可能性。這些書總是肯定的承諾讀者，會帶給他們更好的生活**，因此這種書一出現，就會在美國大受歡迎。

美國文化一直有種反權威的傾向，從國家誕生、發起革命，到簽下最初的社會契約——憲法的時候，這些事的主要功能，似乎都是在限制政府的權威。美國人以自由的名義發起獨立戰爭，並擺脫外來影響，而現在，美國人卻歡欣鼓舞的購買那些告訴讀者早上要幾點起床的書。

從某種意義上來說，自我成長書是最具美國特色的文學類型，因為它經常將個人成就與集體利益連結起來，同時把問題和解決方案都放在個人身上。

這些書持續減輕社會系統的壓力，將其重新推回個人身上。與此同時，自我成長書，尤其是《富蘭克林自傳》，實現了早期的許多價值觀：自我教育、個人主義，和精英主義（Elitism）⑲。甚至連「自我成長」這個詞，似乎也註定要出現在這個推崇自力更生的國家中。

後來，有許多評論家抨擊《富蘭克林自傳》，一部分是因為這類書籍普遍都有一個陷阱：雖然能幫助很多人，但很難幫助所有人，也不能把每個讀者都變成富蘭克林這樣的天才。

隨著歷史演進，美國經濟格局變得越來越取決於繼承的財富和驚人的貧富差距，這種現實也變得更加複雜。因為，如果像富蘭克林這樣的成功人士，因他們的成功而受大家讚揚，那麼，那些在美國掙扎的人，會因為他們的失敗而受到指責嗎？

富蘭克林並沒有明確指責沒成功的人，但他確實以周圍那些人的性格缺陷為例，說某個印刷業競爭對手、某個酗酒的朋友，在成功的階梯上跌跌撞撞。他指出他們道德上的不良和有缺陷的選擇，就像他描述自己的美德一樣。

---

⑱ 風箏實驗（kite experiment），富蘭克林利用掛在風箏上的鑰匙引來閃電，證明閃電和人為產生的電性質相同。
⑲ 認為應由具備知識、財富與地位的社會精英，來進行政治決策、主導社會走向。

《富蘭克林自傳》不只是一本自我成長書，十三種美德這一節，讓富蘭克林的書也能說是一本參考書。它鼓勵讀者一次又一次的打開這本書，反覆閱讀這些美德、檢查自己是否有進步，並發現新的智慧，就像《聖經》一樣。

讀者隨時都可以翻到這一節來檢查他們的進度，不需要閱讀前後內容，就像在字典裡查詢字彙一樣。在書中，富蘭克林沒有提到日期或歷史，十三種美德計畫不受時間限制。藉由這種方式，它也為各種使用類似框架的參考書、指導書奠定基礎，鼓勵讀者不要只讀一遍，而是要反覆閱讀書中的原則。

這本書仍然很難分類，因為**它既是自我成長書、回憶錄、快速致富書、公民指南，也是一本中產階級價值觀入門手冊**。節儉、努力工作、自力更生，這些是許多美國人所理解的中產階級價值觀；富蘭克林當然不是唯一提倡此價值觀的人，然而，他是早期美國人中，唯一把這些美德列成清單，並為這些成就提供衡量標準的人。

他留給美國人的遺產，還包括「中產階級」這個綽號，富蘭克林讓中產階級成為一種身分地位的標誌。當時，幾乎所有美國人都聲稱自己是中產階級，連極為富有的人也這麼說。

富蘭克林以自己是中產階級的一員為傲，他相信，這些白手起家的人，以及美國以努力為基礎的社會秩序，能取代英國死板的社會階級結構。

在這個有時喜歡宣稱階級不存在、且很少討論階級分類的國家，中產階級一詞涵蓋了所有人，迴避人與人之間各種真正的差異。也許這就是為什麼，無論年分或政黨，它似乎都是美國政治候選人最常用的詞彙。

某種程度上來說，許多人宣稱自己是中產階級，其實也很合乎邏輯。鑑於目前美國貧富差距的極端程度，很容易讓人覺得，大部分美國人都處於中間的某個位置上。正如某研究人員所指出，儘管它對許多美國人來說，已經不再是實際狀況，但中產階級一詞，已經變得像是一個品牌。

或許這就是為什麼，美國人仍然堅持著富蘭克林的願景。如果美國中產階級不再等同於養老金、假期，或良好的健保制度，至少他們仍可以選擇相信，它意味著節儉、誠實，和努力。

富蘭克林樹立的身分，是禮物也是詛咒

在十九世紀末和二十世紀初，越來越多英美知識分子，對富蘭克林留下的遺產感到不滿，而且主要都是針對十三種美德這一節。

在工業革命的背景之下，富蘭克林開始代表不受約束的資本主義和個體崇拜（cult of the individual）⑳，這些東西也成為美國世紀交替的象徵。

---

⑳由法國社會學家艾彌爾．涂爾幹（Émile Durkheim）提出，意指在分工日趨複雜、人們相互依賴的社會中，人與人之間的差異變大，造成個人意識的提升。

對富蘭克林的批評，不僅是文學差異上的問題，從唯物主義（materialism）㉑到自利（self-interest）㉒，他成了美國所有性格問題的代罪羔羊。

在這段時間內，抨擊過富蘭克林的作家，基本上就是當時文學界名人榜上的所有人。馬克・吐溫（Mark Twain）、赫爾曼・梅爾維爾（Herman Melville）、約翰・濟慈（John Keats）、D・H・勞倫斯（D. H. Lawrence）等作家，幾乎每個人都曾批評過富蘭克林。

在梅爾維爾的小說《伊斯雷爾・波特》（*Israel Potter*）中，他把富蘭克林描繪成喝醉酒的巫師。至於馬克・吐溫創造出那麼多歷久不衰、平易近人的美國形象，似乎非常符合富蘭克林的白手起家觀點，但是，在一篇談論《富蘭克林自傳》的文章中，他幽默卻刻薄的寫道：

這本回憶錄的主題，是一個邪惡的人。這個人早年利用自己的才華，發明了許多格言和警句，意圖為後來正在崛起的一代帶來苦難。他設計那些簡單的行為，也是為了讓男孩們永遠模仿他。這些男孩們本來能快樂的。

換句話說，馬克・吐溫是在怪罪富蘭克林，一手毀掉了他的童年。

這些作家對十三種美德特別不滿，嘲笑他控制慾太強，想精進自己、發展道德，這個方法未免過於簡單。勞倫斯指責富蘭克林，試圖把人變成「美德機器人」，於是，他改寫了十三種美德，把關於節制的部分修改為：「可與酒神巴克斯（Bacchus）一起吃喝，或和耶穌一起吃毫無調味的麵包，但坐下來時，身邊不能沒有神。」勞倫斯最討厭把人看作完美機器的概念。

然而，諷刺的是，富蘭克林可能是第一個承認自己也不斷失敗的人。針對富蘭克林的某些指控，確實有其道理，說不定連富蘭克林自己也會同意，因為他連在自傳中，都開玩笑的說，自己距離道德完美還遠得很。

這些批評者，把這本自傳看成充滿限制的作品，甚至具有壓迫性，怪罪富蘭克林在這個不斷變化的世界裡，為了將美國塑造成某種特定模樣，而要求大家要有一致性。也有人批評富蘭克林是無情的資本家，明顯因為他四十二歲就退休，可以去迎接他認為更有趣的挑戰。

這些負面評論中，自然有許多矛盾之處。但無論如何，曾經將美國人團結起來的統一敘事，現在成了讓人們不滿的東西。

有這麼多的作家認為，他們必須集結起來反對《富蘭克林自傳》，反而讓人看出這本書在美國文化中地位有多高。時至今日，它對馬斯克等公司領導人的影響，也顯示出這本書的效果有多久遠，尤其是在某些美國創業家身上。

《富蘭克林自傳》是美國第一個白手起家的故事，也是美國最基礎的神話之一。後來，它

㉑ 認為世界的本源是物質，世上萬物都從物質衍生而出。

㉒ 一個個體為自己的利益所作出的選擇，非貶義，為中性詞。

又變成一本自我成長書、美國價值觀指南，甚至也算是一本快速致富書。**對某些人來說，這本書代表了美國人最好的模樣，而對另一些人來說，它的意義恰恰相反。**

正如美國歷史學家哈特姆所述：「富蘭克林可以成為他想成為的任何人，但我們也把富蘭克林塑造成我們需要他成為的人。」

美國人現在對富蘭克林的認識，無論是好是壞，並不比二十世紀早期的實業家，或十九世紀的契約勞工對他的認識更為真實。富蘭克林是一名技藝精湛的表演者，他戴的面具沒有所謂真實或虛假，這些面具，不僅供他使用，也可由現在的美國人使用。

在他留下的遺產當中，最重要的大概就是「彈性」。美國人可以在卡內基、安娜・德爾維（Anna Delvey）㉓，或其他總統身上看到他的身影，卻也可以選擇不看到，而他們選擇看到的東西，主要反映的仍是自己，而非富蘭克林。

富蘭克林的故事，成了美國人拼湊美國歷史的範本。他們拼湊的方式，不是基於客觀事實，而是基於必要性。富蘭克林是像變色龍一樣的革命家，也是人們心中理想的美國人，但這並不是因為他就是這樣的人，而是因為在美國分裂、混亂、急需一個新領導人之際，他能締造這麼多事蹟。

㉓本名為安娜・索羅金（Anna Sorokin），因假扮為德國富商名媛行騙，於二〇一九年被判刑。

第 4 章

學校公民教育的起源，從《麥加菲讀本》開始萌芽

書名：《麥加菲讀本》

出版年分：1836 年～1837 年

作者：威廉・霍姆斯・麥加菲

紀錄：售出超過 1 億 3 千萬冊，年銷量一度高達 6 百萬本。

一七九〇年，富蘭克林因胸膜炎而去世時，美國只有十三個州，人口不到四百萬。到一八三〇年代，美國的州數幾乎翻了一倍，人口也增加了三倍多，超過一千兩百萬人。

當時，美國人民從農民和追尋財富的人，變成了白手起家的商人和新移民，他們都用一種不斷演變的新語言，分享著自己的故事。但是，由富蘭克林或韋伯斯特等人發展和傳播的神話，僅限於個人層面。

沒有普及的學校教育，人們只能在家裡用學校的初級教材、農民曆和《聖經》自學。但是，在家裡的壁爐旁講故事，並不是為這個新國家編織神話的好方式。許多美國人認為，美國接下來需要利用有組織的方式，傳播美國身分認同的轉變。他們需要一種工具，為這個崛起中的民族傳授共同的道德和價值觀。

美國人需要一個不只能教他們讀書，還能教他們如何投票、塑造未來的教育系統。而這個讓一億多名美國人接受教育的人，於一個小木屋中誕生，這種小木屋，大多坐落在美國西部沿岸。一八〇〇年，威廉・霍姆斯・麥加菲（William Holmes McGuffey）出生於美國邊疆，在由樹木搭建而成的小木屋中長大。

他在當時的美國西部邊疆（現在的美國中西部）長大。在他出生的前幾年，他父母一直在清理現在賓州和俄亥俄州邊緣的森林，準備開墾農地。在一七九〇年代，麥加菲的父親亞歷山大・麥加菲（Alexander McGuffey），是一名獵人兼士兵。

身為蘇格蘭移民，他父親加入一個軍旅，負責監視印第安部落。在推動美國向西擴張的過程中，美國政府試圖驅逐居住在俄亥俄河沿岸的許多部落，而在那場戰鬥中，麥加菲的父親在該地區變得非常有名。他父親不僅精通槍械和間諜活動，又非常勇敢，在攻擊當地肖尼族（Shawnee）、萊納佩人（Lenape）等部落時，他的手法幾乎可說是殘酷無情。

為了在西部邊疆存活下來，他們必須不斷砍柴、狩獵、耕種作物，所以，教育自然不是麥加菲一家的優先事項。對當時還很年輕的麥加菲來說，教育是特權，而不是權利；只有在家裡有閒錢和多餘的時間時，他才有辦法去上學。

像許多西部家庭一樣，大兒子一定得去田裡工作，所以，麥加菲夏天在田裡工作，冬天部分時間則到學校上課。但是，他的母親對教學非常有熱情，她採用傳統的方式，在家裡自己教育麥考菲，讓他背誦《聖經》的不同段落。

她甚至會用手指沾壁爐裡的煤灰，藉此教導兒子認識英文字母。據說，麥加菲長成一名年輕人後，便能背誦整本《聖經》和只聽過一次的布道。這名虔誠的母親，一直希望兒子長大後能成為一名傳教士。

麥加菲的童年，很受保守的長老宗（Presbyterianism）①影響，他的母親亦鼓勵他追求聖職。麥加菲擁有蘇格蘭誓約派（Covenanters）的血統，代表他隸屬於非常保守的喀爾文教派，連

① 其教會為長老教會，是西方基督新教喀爾文宗的流派之一。

跳舞、玩遊戲、唱歌，都被視為不道德的行為。

當麥加菲的祖父母剛落居於賓夕法尼亞州華盛頓縣時，他們和其他一百一十四個家庭，還簽下了一個宗教條約。這份文件約束他們，不能做「不道德的行為」。

例如，不能違反安息日、忤逆父母、誹謗他人、放縱惡念在腦中迴盪、聽信毫無根據的壞話、聆聽色情歌曲、說髒話、跳色情舞蹈、喝醉酒、詐騙、欺騙、奸詐、貪玩、賽馬、鬥雞、玩射擊遊戲、貪圖他人財產，和不知足等，這邊舉出的例子還不是全部。

學校倒閉，就自己創立學校、當老師

從麥加菲的童年環境來看，就能知道他對宗教非常嚴格。這個框架，塑造了麥加菲對上帝的信仰。他的母親會這麼想讓他受到教育，很可能也是出自宗教的影響，因為喀爾文主義者認為能認字非常重要，擁有這項技能，才能閱讀《聖經》，並藉此更接近上帝。麥加菲的母親把自己能教給兒子的東西教完後，便將他送到一個當地牧師管理的學校中。

他開始上課時，第一間校舍只有一個房間。作為男生，麥加菲必須走上六英里（一英里約為一．六公里）的路，才能抵達該校舍。當時，他能讀到的少數幾本書中，包含了韋伯斯特的藍皮拼字書。這本書很快就成為《聖經》以外，對麥加菲影響最大的一本書。這本拼字書不僅教導他如何閱讀，也為如何結合閱讀與道德，提供了強而有力的範例。他後來所寫的書籍，也都依循了藍皮拼字書的框架。正如麥加菲的女兒所述：

父親所受的教育，就是當時美國男孩所受的一般教育，但當然，也多不到哪裡去。他很喜歡學習和閱讀，會走好幾英里去向校長或牧師借書，到了晚上就躺在地板上，藉著爐火看書。他十八歲以前，從沒看過書寫用的石板。

不過，在一八一四年，管理這所學校的牧師去世後，麥加菲的教育也被迫中止。後來，年僅十四歲的麥加菲，取代那名已逝教師的位置，開辦了自己的訂閱制學校，在出租馬車的後座，教導四十八名學生。在那個時候，只受過初階教育的人擔任教師，其實相當正常。

在公共教育制度出現之前，學校採訂閱的方式付費，由農村裡騎著馬到處移動的老師們組織和帶領。那時，要在俄亥俄州成為老師，甚至不需要通過考試或取得證書。麥加菲會花幾年的時間教導學生，並利用不固定的上課時間和賺取的極少薪水，試圖持續他的教學生涯。

據傳，麥加菲的母親站在他們的小木屋外，哭著向神禱告，請求上帝為她的兒子提供教育，據說，因為上天聽見了她的禱告，所以有一天，牧師湯瑪斯·休斯（Thomas Hughes）騎馬經過時，就邀請年輕的麥加菲到他的學校「老史東學院」上課。

為了賺取學費，除了做家事之外，他只吃麵包、喝牛奶，一心只想持續學業。數年來，他斷斷續續的修習著正規教育，偶爾因繳不出學費而中斷。最後，**他在賓州的華盛頓學院完成學**

業，在那邊研讀哲學、歷史和古典語言（拉丁語、希臘語、希伯來語）。因為他幾乎負荷不了教科書的費用，所以他在華盛頓學院時，還持續教課一段時間。

此時，俄亥俄州牛津市邁阿密大學的校長，牧師羅伯特・漢彌爾頓・畢夏（Robert Hamilton Bishop）的遠房親戚，注意到在臨時搭建的教室裡教課的麥加菲，並把這件事告訴畢夏。畢夏得知此消息後，親自前去觀察麥加菲上課。結果，他只旁聽了一下，就立刻邀請這名二十六歲的年輕人，來他的大學擔任教授。

對教課充滿熱情，卻一直開除學生

麥加菲開始在邁阿密大學工作時，他已經教書超過十年了。當初那個住在邊疆的小男孩，已經成為一名信守教條、嚴守紀律的基督徒。

在一八二六年，他剛抵達邁阿密時，這個地方根本稱不上是校園。牛津這個地區，一直到一八一〇年才被合併，甚至在麥加菲抵達之後，老師們還得幫忙清理森林來建造學校。這個小鎮的人口為五百人，只有一些被森林包圍的大、小木屋。

幾年後，麥加菲將正式成為一名牧師，而這股熱忱，使他變得更加有動力。邁阿密大學當初僱用麥加菲時，是為了讓他教授古典語言，但他覺得自己的職責比教導語言還要廣大。他認為學生缺乏紀律，而更好的學校和書本，能夠解決這個問題。

平時，麥加菲個性彆扭、很常說些空話，但當他在臺上布道時，人們卻很愛聽。在麥加菲的職業生涯早期，他的布道就很受大家讚揚，後來，熱切的民眾甚至會在演講廳的天花板上鑿洞，從屋頂聽他講道。

他對教課的熱情，源自他對教育的理解。他認為，教育不僅能增長學生的智慧，還能提升他們的道德水準。每天，麥加菲望向教室外頭，就看到一種廣泛的國家弊病。在麥加菲的眼裡，西部邊疆的孩子們既野蠻又魯莽，迫切需要教育，而且，最糟的是——他們不信神。

不過，儘管麥加菲的布道很受歡迎，但他最引人注目的地方，是他的外表。他有著寬寬的眼睛和不對稱的容貌，甚至連一位親密的朋友也形容他「醜得難以忘懷」。他的長相和容易引起爭議的個性，使他在學生和同事之間都不討喜。

雖然有一些較嚴格、同是長老會教徒的老師，和幾位學生喜歡他，但麥加菲仍很快就樹立了不少敵人。一位同事稱麥加菲為「挑釁者」，因為無論是面對其他教授還是校長，他都一樣好鬥且好勝。

飲酒、說髒話等行為，麥加菲都認為應嚴厲懲罰，他嚴厲的態度，使學校裡的年輕學生都非常害怕他，他的怒容，甚至能讓最囂張的學生嚇得發抖。**有一年，他就開除了十一名學生，**當年整間學校裡也只有一百名學生。後來，他在俄亥俄大學教課時，也開除了很多學生，**以至於到了春天，只剩下一個大四學生能畢業**。

還在邁阿密大學教課時，麥加菲開始編寫一本初階入門課本，他希望這本書能為這個萌芽中的國家奠定道德基礎。自從麥加菲與校長畢夏產生衝突後，他就開始寫書。他認為，即使校長不贊同他的計畫，他也要為了美國新教徒的未來教育，親自寫下這本書。

早在一八三〇年代初，俄亥俄州辛辛那提的出版社楚門與史密斯（Truman & Smith）就與麥加菲接觸，建議他撰寫一系列學校初級教材。

這是一個戰略性舉動，因為新英格蘭的作家主導了教科書市場，但不斷擴大的邊疆，提供了更大、也更不同的客群，所以，出版社希望麥加菲按照這些新讀者的價值觀和日常經驗，寫下新的作品。

他們的宣傳口號是「讓西部人讀西部書」。尤其，當時一些以新英格蘭為基礎的入門教材，在廢除奴隸制等問題上的立場越來越明確，此時，一本避開政治的書，在邊疆和南方各州都賣得特別好。

在接下來的幾年裡，麥加菲編撰了《麥加菲讀本》（*McGuffey's Eclectic Readers*，第一集出版於一八三六年）②的前四集；之後，他弟弟亞歷山大·漢彌爾頓·麥加菲（Alexander Hamilton McGuffey）協助他完成最後幾集。

由於這家出版社當時幾乎破產，所以，他們給麥加菲的版稅算法為，麥加菲將從書中獲得一〇%的版稅，直到他獲得一千美元的預付款為止，在那之後，麥加菲將不再收到任何報酬。所以，由於麥加菲的書，這間出版社後來成了百萬富翁，當然，最後他們還是每年多給麥加菲一筆錢。

要建立統一的民族，先教孩子怎麼閱讀

要不是因為比徹③一家，麥加菲的書可能根本不會被楚門與史密斯出版。

一八三二年，萊曼・比徹（Lyman Beecher）帶著家人來到辛辛那提。從禁酒、教育到廢奴，他對各種改革運動都充滿熱情。他之所以來到辛辛那提，是為了在萊恩神學院（Lane Theological Seminary）擔任院長。

吸引萊曼來到美國邊疆的原因，一部分是因為他想建立學校，另一部分則是因為害怕天主教徒。眼看德國、愛爾蘭移民數量不斷增加，且其中多數為天主教徒，這些買下俄亥俄州便宜土地的移民，令萊曼心生恐懼④。

他認為，美國人必須在普通學校（common school）⑤教育這些天主教移民，否則，這個國家

---

② 不同集數的《麥加菲讀本》，在原文書名中會加上「第幾本」，由於在此指整個系列，故去除原文書名中的集數。

③ 比徹家族成員將被多次提及，為避免混淆，皆以名字而非姓氏稱呼。

④ 美國剛獨立時，居住於美國的天主教徒數量不多，約為三萬人，主要人口仍為新教徒；到了十九世紀中期，大量天主教徒從歐洲湧入美國，使新教徒受到威脅，導致反天主教情緒高漲。

⑤ 無論男女，所有兒童都開放就讀的公共學校。

的掌控權將落入教宗的手中。萊曼稱這些天主教移民為「一群士兵」，說他們已經在準備逐漸侵占美國的自由，並表示「天主教對自由有害」。萊曼在普通學校運動⑥中非常活躍。他認為，一個理想的美國人，不僅得是基督徒，還應該要是某種特定的新教徒，萊曼甚至把基督教其他派系視為美國的威脅之一。

麥加菲很快就和比徹一家建立起牢固的關係，也更加參與普通學校運動。在反天主教言論這方面，麥加菲本人比較低調，但是，幫助麥加菲拿到出版合約的比徹夫婦，卻直言不諱的談論天主教移民的危險性。

據說，楚門與史密斯出版社，是先找上凱薩琳・比徹（Catharine Beecher），也就是著名作家哈麗特・比徹・斯托（Harriet Beecher Stowe）⑦的姊姊，提出要寫一系列教科書的計畫。因為凱薩琳忙於女性教育運動，所以她向出版社推薦了麥加菲。萊曼的布道和演講中的幾段節選，後來有被收錄進《麥加菲讀本》中，其中包括廣為流傳的反天主教演講〈為西部呼籲〉（A Plea for the West）。

麥加菲花了幾年時間擬出草稿，同時在普通學校運動中越來越活躍，還參加了最早的美國教師協會會議，最後，他總算完成了前四集讀本。

讀本的第一集，專為學習閱讀的兒童所設計，每集的程度會逐漸提高，到了第四集，已經是中學生的難度。在前面幾集中，主要為關於農場動物的簡單句子和圖片，而到了第四集，就會蒐集英美作家納撒尼爾・霍桑（Nathaniel Hawthorne）、羅勃特・白朗寧（Robert Browning）等人的文章，以及《聖經》中的段落。

《麥加菲讀本》前兩集於一八三六年出版，隔年再出版後兩集。這些書剛好在正確的時間點，出現在正確的地方。俄亥俄州就和美國西部其他地方一樣，從麥加菲出生的時候開始，就以驚人的速度擴張，廉價的土地吸引了來自東部各州的移民和美洲商隊。

一八〇〇年，麥加菲出生時，俄亥俄居民為四萬五千三百六十五人；三歲時，俄亥俄州正式成為美國的一個州；一八三六年，他撰寫並出版《麥加菲讀本》的前兩集時，俄亥俄州的居民已超過一百萬人，其中將近一半並非出生於美國。

《麥加菲讀本》第一集，在美國獨立戰爭結束後不到五十年就出版了。雖然「美國人將成為什麼樣的人？」這個問題仍有待討論，但對麥加菲來說，這個問題的答案其實很簡單：美國人是新教徒。

他拒絕涉及奴隸制或政治問題，將注意力集中在由長老會神學引導的共享價值觀上。基督教教育家羅伯特．林恩（Robert W. Lynn）寫道：「要教育國家的思想和心靈，最重要的是從眾多民族中，形成一個公共、統一的民族。」

---

⑥ 美國十九世紀上半四十餘年間所興起的教育運動。

⑦ 又稱史杜威夫人，為美國作家、廢奴主義者；最著名的作品《湯姆叔叔的小屋》（*Uncle Tom's Cabin*），被稱為引發南北戰爭的導火線。

天主教徒只是這些積極分子眼中的威脅之一，這種威脅呈現的形式，是不斷變化和增長的民眾。要如何將一個不斷擴大、日益多樣化的公民群體結合起來並美國化？答案就是：透過公有事業。麥加菲的書，作用遠遠超過教人識字，《麥加菲讀本》和美國公立學校的存在，都是在教美國公民如何成為美國人，或是說，成為麥加菲眼中最理想的美國人。

美國人能從《麥加菲讀本》中，認識他們所繼承的遺產。這些書也告訴兒童，他們的文化祖先不只是美國革命家，還包含了清教徒。這些基礎教材，將擔任麻薩諸塞灣殖民地總督十二年的清教徒約翰·溫斯羅普（John Winthrop），和開國元勛亞當斯集於一體。

在接下來的一個世紀內，**《麥加菲讀本》的銷量達到一億兩千兩百萬冊，這本教導美國人如何閱讀的書，比當時的任何書，都更為成功**。即使到了現在，這些書在極端保守的家庭教育者中，有了第二次生命。在過去的一個世紀裡，又賣出了幾百萬本。

麥加菲在課堂上建立了上帝的傳統，而這個傳統將繼續流傳好幾個世代。

小學初級讀本——宗教色彩濃厚的基督教文本

《麥加菲讀本》在美國非常普及。自首次出版以來，不僅**售出約一億二千萬冊**，而且幾乎每一本都是由多個孩子在家庭或學校裡共用，也就是說，**要估計有多少人讀過《麥加菲讀本》，一億二千萬其實是個相當低的數字**。

這系列讀本與塑造美國身分息息相關，也是因為這些書都不只被讀了一遍。十九世紀的教學方法等同填鴨式教育，而過了幾十年之後，許多小時候使用《麥加菲讀本》學習的成人表示，他們能夠憑記憶背誦出裡頭的故事。同時，《麥加菲讀本》也一度反映出美國文化將如何被塑型，因為這些讀本教導下一代年輕美國人如何閱讀、思考，和想像他們未來在國家裡的角色。

《麥加菲讀本》出現的時候，美國的公立學校正開始占據主導地位，為下一代美國兒童提供某些人眼中的完美新教書籍。結合了新教道德觀和閱讀理解技巧的《麥加菲讀本》，一夕之間就成為暢銷書。

在經歷了短暫的爭議和剽竊指控之後[8]，麥加菲的出版社修訂了某些章節，並繼續將其確立為美國內戰前最重要的教科書。才出版了一年多，就售出六百萬本。

從布魯克林到特雷霍特[9]，有數十名教師撰寫了推薦信，為《麥加菲讀本》的品質作保證。一八四〇年代，芝加哥公立學校的一群教師表示：「這是我們見過最好的系列讀本，對教師的益處難以衡量。」賓州一所學院的負責人將其描述為「最純粹的道德」，萊曼亦表示這些讀本堪稱完美。

⑧ 麥加菲遭指控，剽竊由薩繆爾．伍斯特（Samuel Worceste）撰寫的初級教材。
⑨ 美國印地安納州西部的一座城市。

大部分媒體對《麥加菲讀本》好評不斷，《全國媒體》（*The National Press*）將其形容為「無價」；匹茲堡的《晨報》（*The Morning Chronicle*）則寫道，這系列讀本，比市面上其他教科書還要優秀。

《麥加菲讀本》代表了麥加菲看這個國家的方式，但這系列的成功，也源自麥加菲能將美式風格置入內文、引起讀者共鳴的能力。**這些書是了解美國神話、道德，和社會習俗的指南**。它們教學生記住開國元勛華盛頓的生平和美國政治家派屈克．亨利（Patrick Henry）的演講，而不是柏拉圖（Plato）或古羅馬哲學家西塞羅（Cicero）的著作。

縱觀全書，可以看到幾乎所有優秀美國人的原型，從革命時期的愛國者，到白手起家的人，再到樸實的農民。強調努力工作是在美國成功的關鍵，也是最重要的主題之一，而他在讀本中收錄的作者，也反映了這種風格。

例說，麥加菲特意指出，某首詩的作者約翰．格林里夫．惠蒂埃（John Greenleaf Whittier）一開始是個農場男孩，接著成為一名鞋匠，後來又成為一名編輯和作家，躋身美國第一批詩人之列。麥加菲把好孩子描繪成努力工作、自力更生、積極向上的人，他們的努力會得到回報。然而，那些沒有實踐這些理想的人，會受到同等程度的懲罰。

《麥加菲讀本》第四集中有一個文章標題是「懶惰的後果」，講述一個不認真的學生，一輩子都很懶惰，在學校也從不努力學習，後來上了大學，卻被勒令休學，最終慘遭退學。「人人都鄙視他，他變成了一個貧窮的流浪漢，沒有錢也沒有朋友。」麥加菲警告讀者，這就是遊手好間的下場。這篇文章的解析詞彙是「後果」。

第四集讀本更新了長老宗對於遭天譴的定義。在《新英格蘭入門讀本》等傳統喀爾文主義書中，將遭天譴描述為「永入地獄」（eternal damnation），而麥加菲則描述成「後果」。就像壞孩子會得到極端的懲罰一樣，好孩子在現世和來世，都能得到回報。麥加菲把不努力工作的風險，提高到了生死攸關的程度。

麥加菲讓新教價值觀成為美國價值觀，其中包括服從、紀律、節制，以及對家庭和社區的責任。讀本中猛烈抨擊了暴飲暴食、過度富有，和懶惰等惡習。那些為家庭、國家、上帝努力工作的孩子將得到獎勵，不服從的孩子則會受到懲罰。

麥加菲的道德世界非常嚴峻。逃學的男孩甚至可能會意外溺水；犯了道德錯誤、違抗父母命令的孩子，則可能被馬車輾死，或凍死在雪地裡。

這個框架不僅將老派的新教傳統融入到課堂裡，也融入到更廣闊的美國視野中，讓美國人理解，種什麼因，就會得什麼果，你可能得到成功和救贖，也可能遭遇失敗和詛咒。

對麥加菲和他的盟友來說，新教信念勾勒出民族文化的骨架。麥加菲從《麥加菲讀本》第一集的第一課開始，就創造出新教主義和愛國主義的有力結合。一些文章段落直接取自《聖經》，且包含明顯反猶太或反天主教的內容。

麥加菲使用貶義的詞彙稱呼天主教徒或天主教，比如「papist」（對羅馬天主教徒侮辱性的稱呼），甚至用愛爾蘭姓氏為酗酒的角色命名。在有關子音的章節中，有一項練習要求學生覆誦這句話：「他不能容忍天主教徒。」到一八五〇年代，許多這樣的內容都被修改或完全刪除，但這些內容在最初的《麥加菲讀本》中占了很重要的地位。閱讀理解的部分，還包括這樣的問題：「基督是凡人嗎？」

麥加菲在第四集的序言中寫道，他認為，在書中插入基督教元素沒什麼不對。他表示：

在作者所選的材料中，沒有比《聖經》更豐富的了……在一個信奉基督教的國家裡，如果有人在今日，還公開反對把上帝的話語和精神灌輸給年輕人，這種人應當受到憐憫。

對麥加菲及許多像他一樣的美國人來說，《聖經》是一種無教派、符合普世價值的文本。他使用《聖經》的方式，完全展示出這本宗教文本的另一種意義，因為麥加菲把《聖經》當作國家教材，將愛國主義和某派系的基督教，更加緊密的連結在一起。

引發流血衝突的聖經之戰

若想把某種特定類型的美國故事，傳播給數百萬名美國人，《麥加菲讀本》就是最有力的範例之一。但是，麥加菲並不是唯一思考該如何透過學校，來創造國家文化的人。

在一八三〇和一八四〇年代，美國大多數州都在努力適應公立學校系統。在這個系統裡，窮人和富人的入學權利是平等的。教育改革家的意見很常分歧，但他們幾乎一致認為，學校的作用，是為了教育更多未來公民，而不只是教孩子如何閱讀和算數。

若要挑出普通學校運動中的代表人物，一定不能漏下麻薩諸塞州的改革家賀拉斯・曼（Horace Mann），他被後人稱為美國公立學校之父。雖然他在提倡公立學校方面具有巨大的影響力，尤其是在美國東北部，但他的觀點既不主流，也不太被他的同胞接納。

他認為，讀《聖經》應是學校教育的一部分，所以《聖經》段落即使不加上注釋或解釋，也不會冒犯到任何人。同時，他想傳達的平等主義（Egalitarianism）[10]、無特別宗派之訊息，和美國人現今對於學校制度的理解較為類似。

更複雜的事實是，**許多幫忙建立美國教育體系的人，將其視為傳教工作**。對他們來說，這是按照他們自己的宗教觀念改革美國精神的方式，他們建立公立學校系統時，**不是基於民主和包容，而是基於排斥和統一**。

在紐約大學研究美國教育的歷史學家兼教授詹姆斯・佛雷澤（James W. Fraser）告訴我：「在美國，幾乎所有與曼扮演相似角色的人，都是福音派基督徒。對他們而言，建立基督教文化和基督教國家，和改變社會一樣重要。」

---

⑩主張全人類平等的學術思想。

普通學校運動中的福音派，將公立學校視為主日學校⑪的代名詞。在這個時代蓬勃發展的公立學校，和今日的美國小學完全不一樣。課堂上使用《聖經》讀本，以及後來的《麥加菲讀本》，都充滿了《聖經》的內容、聖歌，和明確的新教色彩。

為了這個基督教國家的未來，許多改革家不斷爭吵、無法得出結論。十九世紀中期，開啟了一場關於學校教材中是否該放入宗教內容的激烈鬥爭，現在被稱為「聖經之戰」。他們爭論的問題，不在於學校裡是否該閱讀《聖經》，而是應該使用哪本《聖經》。在辛辛那提、波士頓、費城和全國各地的城市，人們藉由演講、布道和專欄文章，針對學校教材裡的《聖經》內容，和天主教移民逐漸滲入的影響，展開激烈的辯論。

使聖經之戰和普通學校運動更加火熱的，主要是恐懼：對移民、部落主義⑫及文化分裂所抱持的恐懼。就像韋伯斯特一樣，這些革命家的主要動機，是對於他人的疑心，而韋伯斯特、麥加菲等作家的作品，就是為了去除這些潛在威脅。

這場為美國公立學校的靈魂而起的戰爭，甚至嚴重到有人開始打鬥、犧牲生命。於一八四四年，在費城，有人要求允許天主教學生在課堂上閱讀《杜埃聖經》（*Douay Bible*，普遍被視為天主教譯本），而非新教的《欽定版聖經》（*King James Bible*），反移民的新教徒對此感到憤怒，於是爆發了真正的暴動。

當這些所謂的「本土主義者」（聲稱自己代表在美國出生的美國人）發起一場公開抗議時，有人從附近的房屋裡朝他們開槍，很快的，一場全面爆發的動亂開始了。在接下來的幾天，暴力行為演變成用刀和玻璃瓶碎片進行的肉搏戰，雙方互相開槍，共二十人死亡，許多教堂和房屋被夷為平地。人們還在自家大門寫上「本土美國人」，希望藉此能避開這場災禍。

最後，政府動用五千名民兵才平息暴亂。費城和其他地方的暴力衝突，揭示了美國人對自己身分的兩個基本謬誤：宗教自由和政教分離⑬。在美國，宗教自由一直是選擇性的。這場關於《聖經》的暴動，讓美國人明白，他們的公共教育體系形成的方式，並非民主協定，而是暴力和黨派的騷動。

雖然《麥加菲讀本》，可能也將喀爾文主義偽裝成中產階級價值觀，但這些讀本用一種比費城的炮火更微妙的方式，傳達了這個資訊。一八三〇年代初次出版的《麥加菲讀本》，很明顯屬於福音派，但在接下來的四十年裡，它的宗派色彩會逐漸減少。尤其，和之前出過的教材相比，《麥加菲讀本》就沒有《新英格蘭入門讀本》那麼極端。

在十七世紀和十八世紀早期，《新英格蘭入門讀本》是長老會教徒的標準拼字書，自一六八八年在波士頓出版以來，已售出數百萬本。雖然麥加菲也是一名虔誠的長老會教徒，虔誠到認為跳舞是一種罪，也擔心新教文化崩潰，但與《新英格蘭入門讀本》相比，《麥加菲讀

⑪為兒童（有時也有成人或青少年）施行宗教教育、道德教育所辦的學校。
⑫以部落的方式生存，或對自己的部落抱持強烈忠誠。
⑬國家政府權力與宗教機構權力的分割。

本》就顯得溫和許多。

例如，用《新英格蘭入門讀本》學習字母表時，學生們學到字母「A」時，例句是：因亞當（Adam）的墮落，我們全都有罪。而在《麥加菲讀本》中，A的例子為斧頭（axe）。

儘管麥加菲本人有宗教傾向，但他那些關於邊疆兒童、農場動物和美國革命者的故事，在當時的背景下似乎是一種統一的慰藉。特別是在修改了極端的反天主教、反猶太主義段落之後，作為統一的工具，麥加菲的書就更具吸引力了。

事實上，他將《聖經》的段落混合到書中，反而更吸引新教教徒，就像用特洛伊木馬把《聖經》偷偷帶到學校裡一樣，不需要針對不同版本，和他人展開激烈的辯論。麥加菲的書強調統一，專注於編撰一套共用的故事，意圖就是要吸收和統一新來者。

使用韋氏拼字法，讓韋伯斯特也成粉絲

《麥加菲讀本》收錄了大量美國作家、故事和歷史，這些讀本甚至打動了韋伯斯特。而且，在韋伯斯特的拼字法還未普及之際，麥加菲就選擇使用韋氏拼字法。

韋伯斯特寄了一封信給他（但奇怪的是，他把收件人寫成亞歷山大．麥加菲），感謝他使用了他的拼字法。韋伯斯特還抓住機會遊說麥加菲的出版社，為中西部讀者印刷他的拼字書。

韋伯斯特向麥加菲抱怨道：「很遺憾，美國學校沒有統一的拼字法，我只希望美國能充滿

真理和正義。我大部分的人生都在改善教育，但競爭者、剽竊者剝奪了我應得的一大部分報酬。」韋伯斯特和麥加菲之間的交流顯示，美國的共同文化，有很大一部分是由極端的行動者和偶然的機遇累積而成。

麥加菲碰巧使用了韋伯斯特的拼字書，如果他當時使用的是別的拼字書，那他可能就會使用不同拼字法。韋伯斯特的拼字法之所以能傳承下來，一部分也要歸功於麥加菲。如果銷量高達一億三千萬本的《麥加菲讀本》，使用的是英式英文，那麼，韋伯斯特的拼字法和理念會變成什麼樣子？

美國文化具有草根性和民主性，可能是因為創造這些文化的不是國王，而是普通公民，尤其在十九世紀末，決定這些文化的人，是一小群類似的男性。

麥加菲的書顯示出，美國神話和故事能得到推廣，很大程度上是基於偶然性和實用性。這本超過一億美國人閱讀的書，是作者個人的產物，而不是一本內容被大眾普遍接受的美國身分指南。尤其，由他弟弟編撰的進階讀本，將華盛頓和富蘭克林等傳統美國英雄，和福音派新教徒融合在一起。《麥加菲讀本》經常提到清教和清教徒，稱他們為「我們的父親」。

雖然清教徒已經成為美國傳說的一部分，但美國人並非全都這樣看待他們，其實，直到南北戰爭之後，感恩節才成為全國性的節日。在將清教徒神話傳播到南方的過程中，《麥加菲讀本》發揮了很大的作用，原本有許多南方人一直抵制感恩節，認為這個節日等同把北方文化強加到他們身上。

美國神話和起源故事是被刻意建構起來的，因為它們能夠團結人民，也能被寫進暢銷書之中。多年來，這些關於清教徒或富蘭克林的故事，越來越像是歷史真相，而非刻意建構的神話。它們的意義，不在於內在本質，而是某些美國人的投射，這些人認為，為了生存，就必須相信這些東西。就像夜空中的星座一樣，這些神話的意義，只是負責描出現實的輪廓。

麥加菲認為，擁有共同文化，是生存的必需品。這個想法會如此吸引人，是因為它並不一定要依賴共同的文化遺產或傳統。只要相信相同的事情、熟悉相同的故事，就能成為美國人。

那些塑造了美國人的神話，例如，誰建立了這個國家、代表著什麼意義、為什麼要這麼做，以及這些故事是有用的還是有害的，取決於使用這些神話的方式。對這些神話的熟悉和認同，不在於故事本身是好是壞，**神話不過就是一種社會貨幣，一種證明誰是「我們」、誰又是「他們」的方式**。

人們可以利用這些神話，來達到自己的目的，無論是促進和諧，還是強制民眾遵守。就這個意義上說，早期美國之所以能生存下來，似乎與美國人的特質沒有太大的關係，反而與他們是否能說服自己和他人，去相信某種美國特質有關。

白人、黑人，誰才是真正的美國人？

談論一八三〇年代和一八四〇年代的民族文化是一個挑戰，因為當時美國還不到七十歲。

在一個地域多樣、分散又遼闊的國家裡，民族文化比較像是想像，而非現實。

然而，從奴隸制、宗教表達方式等問題上的分歧，和麥加菲這樣的新教徒感受到的恐懼中，我們能看出，許多人確實覺得自己失去了一些東西。如果人們不認為自己有國家意識，那麼，也不會對外來者和他們的信念、儀式、習俗感到如此受威脅。

共同文化，就像當時的美國西部一樣人人都可以爭取。事實證明，麥加菲不僅是一名作家或教師，他還是文化的塑造者，因為他在早期提出了一個可行的框架。麥加菲試圖用一套共同的價值觀和故事，把人們組織起來，有效控制了美國面貌的變化。

共同文化（獲得的東西）和共同遺產（出生就有的東西）之間的區別，似乎被麥加菲模糊了界線。但是，難以忽略的事實是，在十九世紀，及美國歷史上大部分的時間裡，成為美國人與成為白人並沒有什麼區別。對黑人、原住民，和十九世紀末的新移民，如華裔美國人來說，這是件不可能的事。

舉例來說，義大利移民剛來到美國時，被視為非白人的種族，人們用皮膚黝黑、有著非洲頭髮等方式形容他們，在路上，他們還會被稱為南蠻子和拉丁佬。然而，隨著時間過去，他們就像更早抵達美國的愛爾蘭人一樣，逐漸失去外國人的元素。許多人的穿衣風格、飲食習慣已經被同化，有一些義大利天主教徒，甚至改信新教。只有在發生這些轉變後，他們才被視為美國人。

長期以來，大眾所認為的美國人，指的是出生在美國的白人新教徒，而到了二十世紀，這個族群逐漸被更新為中產階級白人。

《麥加菲讀本》從來沒有提到任何正在發生的人口變化，這些讀本引導一代又一代的孩子，經歷內戰、重建，和那個世紀的各種移民浪潮。但是，讀本的內容，仍存在於一種非歷史的新教烏托邦之中。這可以說是《麥加菲讀本》成功的部分原因。在內戰前夕，政治變得越來越難以控制之際，讀著麥加菲的書，讀者就不用討論思考任何種族或民族議題。

一八三〇年代的奴隸制、大屠殺，和美國大部分地區的原住民遷移，都是《麥加菲讀本》從未提及的內容。許多麥加菲的傳記作者都感到困惑，到底是麥加菲本人支持奴隸制，還是他只是遵從出版社的命令，讓他的書迎合南方讀者的口味？

他周圍都是很出名的廢奴主義者，包括比徹一家，但值得注意的是，他從未發表過任何支持他們的聲明。

麥加菲在書中收錄了莎士比亞作品《威尼斯商人》（*The Merchant of Venice*）中的一段節選，而其中一個角色夏洛克（Shylock）就反對奴隸制，但麥加菲的編輯刪除了此部分內容。同時，他的編輯也刪去了英國廢奴主義者威廉·威伯福斯（William Wilberforce）的演講內容。

另外，一八三〇年簽署的《印第安人遷移法案》（*Indian Removal Act*）⑭，導致美國原住民幾近滅絕，但是，儘管麥加菲的父親曾無情殲滅美國部落，但麥加菲的父親和叔叔，似乎都對原住民部落的困境，表現出令人驚訝的深厚同情心。

《麥加菲讀本》第五集由麥加菲的弟弟亞歷山大編撰。其中，「切羅基人的前景」和「孤獨的印第安人」等故事，也充滿同情的講述部落失去土地的過程。

但諷刺的是，《麥加菲讀本》的讀者，正是在西部邊疆擴張地區的人，他們的存在，正快速取代亞歷山大所歌頌的原住民。在十九世紀末，《麥加菲讀本》甚至被翻譯成克勒斯文，也就是現在新墨西哥州克勒斯普韋布洛人（Keres Pueblo）的語言。

長老會傳教士使用這些書，讓原住民改信基督教。因此，麥加菲將他所謂的美國化影響力，施加於遠在麥加菲的家族抵達美國之前，就存在於北美大陸的民族身上。

就這個意義上說，**公立學校是一種政治工具**。它用**一些共同故事來激勵美國人，但這些共同故事，卻往往使許多不同民族被邊緣化**。關於公立學校課綱的爭論，激起了許多強烈情緒，因為在其核心，這是一場關於價值觀和文化的爭論。從麥加菲的時代開始，對於課綱的爭吵，就一直持續到今天。

所有教科書，尤其是《麥加菲讀本》，都會談到關於美國人的身分認同最基本的問題：美國人是因信念而團結在一起的民族嗎？什麼信念？移民者需要放棄他們的部分文化嗎？美國人的身分，需要一定程度的一致性嗎？

⑭ 法案通過後，印地安人被迫遷移到政府劃定的印地安領地，由於印第安人大多徒步遷徙，因此途中飽受寒冷、飢餓和疾病的折磨，甚至有許多人在旅途中喪生。

美國人常說自己的國家是一個大熔爐，但儘管他們有民主理想，某種形式的文化霸權，卻始終存在。屬於「我們」的人民，隨著時間推移慢慢增加，從擁有土地的白人新教徒，到白人男性，再到白人，再擴張到一個不斷擴大的種族群體。

但即使到了今天，許多美國人仍堅稱某些族群不是「我們」，而是「他們」。在美國，關於公立學校的辯論，一直和美國人想成為怎樣的人或民族有關。

大多數自學家庭中，都有一套《麥加菲讀本》

在接下來的一個世紀裡，麥加菲的價值觀和故事，將會教育美國一些最有名、最有權勢的人。《麥加菲讀本》的影響力，超出了閱讀的總人數。從美國作家蘿拉・英格斯・懷德（Laura Ingalls Wilder）到福特汽車（Ford）創辦人亨利・福特（Henry Ford），這本書傳達的資訊，成為許多總統、作家和商人的道德指南。

從威廉・亨利・哈里森（William Henry Harrison）⑮到哈瑞・杜魯門（Harry Truman）⑯，《麥加菲讀本》也幾乎教育了這段期間的每一位美國總統。

福特非常著迷於麥加菲，在一九二〇年代時，他還重印了數千本《麥加菲讀本》，並開辦一所麥加菲學校，甚至花錢在密西根州迪爾伯恩市重建了麥加菲童年的小屋。根據某位傳記作者所述，麥加菲的原則對福特的性格造成了深遠的影響，使他成為了一個勤勉的人。福特也是一個狂熱的反猶太分子，他花了數百萬美元，捍衛他所認為的美國白人文化，因此，福特的另一位傳記作者認為，福特的執迷，有部分源自於《麥加菲讀本》的反猶太主義。

到了二十世紀中期，由於各州法律越來越嚴格的將宗教與教育分離，因此《麥加菲讀本》基本上已經消失於公立學校中。在一九八〇年代，它們曾短暫出現在維吉尼亞州的公立學校中，引發幾家報紙所說的「麥加菲復興」。

在一年內，教育部收到一百多封詢問信，希望公立學校可以使用《麥加菲讀本》。除了保守的懷舊情緒之外，我們並不清楚，到底是什麼推動了這股復興。出版社告訴《紐約時報》，是因為父母們想念美國過去的美好時光。

基於同樣的原因，麥加菲復興也蔓延到今日極端保守的基督徒家庭中。有很多出於宗教原因，決心讓孩子在家自學的母親，會在部落格上撰寫關於這些書的文章。《麥加菲讀本》經常出現在自學家庭的必讀清單上，甚至還出現在基督教自學家庭 YouTuber 的家中，教導觀眾該如何利用這些一八三〇年代的書，親自教孩子閱讀。

YouTube 上受歡迎的自學家庭頻道，訂閱數通常為三、四千人，他們會教觀眾各式各樣的事

⑮ 第九位美國總統，於一八四一年上任後，就職僅三十一天就因病去世。
⑯ 第三十三位美國總統，任期為一九四五年到一九五三年。

情，像是如何為十五個孩子製作蘋果奶酥、策劃大學預備課程等，許多頻道裡，都有如何使用《麥加菲讀本》的教程。

雪莉．海耶斯（Sherry Hayes）在她的 YouTube 頻道 Mom Delights 中，做了一支關於《麥加菲讀本》的教學影片，於影片中，她充滿愛意的說：「麥加菲是一個非常棒的基督徒，他想把基督教的道德準則寫在這些書裡。」

麥加菲支持者亞倫．賈格特（Aaron Jagt）也告訴我：「大多數自學家庭中，都有一套《麥加菲讀本》。」三十二歲的賈格特，經營著 Dollar Homeschool 網站，上面販售《麥加菲讀本》系列的紙本書和電子書。賈格特在保守的家庭教育中長大，是六個孩子中的老大。他和弟弟妹妹們，在密西根州的家中接受母親的教育，他從六歲就開始閱讀《麥加菲讀本》。他的父親是家庭教育圈的推銷員，兜售保守基督教的羅賓遜課程。

該課程設計者亞瑟．羅賓遜（Arthur Robinson）認為，公立學校對孩子的靈性、道德，和心理健康造成威脅。對於賈格特等人來說，公立學校太危險了，他們從來就沒有考慮要讓孩子讀公立學校。

他說：「公立學校的學生，和在家接受教育的學生，價值觀上有很大的差異。他們想要實現的目標和價值觀完全不一樣。」我繼續問他，這種價值觀上的差異，具體來說是什麼，而他總結為一件事——上帝。他引用查爾斯．達爾文（Charles Darwin）和一些他所謂的「反上帝」資訊，說道：「我認為，一個真正的基督徒不可能去那些學校上學，或允許孩子讀那些學校。」

麥加菲的復興，代表了對「失落美國」的嚮往，這樣的美國，一部分為真實，一部分為想像。賈格特說：「《麥加菲讀本》提供了一種歸屬感，讓讀者覺得，這才是美國，這才是美國人。」根據他的說法，這種美國人自力更生、勤奮，且敬畏上帝。賈格特告訴我，一些現代的自學家庭，非常懷念過去的美國，他們飼養牲畜、種植作物，試圖回到自力更生的時代。

對他們來說，麥加菲在邊疆時代展現的智慧，只是一場大規模運動的其中一個層面，而這個運動，就是要回到他們想像中那個過去的美國，一個看起來單純又美好的時代。

賈格特和他在家庭教育運動中的同伴，都高度保守，且大多為白人新教徒。他們曾經占美國的多數，而現在他們卻覺得自己被邊緣化了。這股失落中，有一股明顯的痛苦，他說：「美國社會曾經屬於基督教。」同時，他們也感受到想像的落空。

談及麥加菲時代的普通學校時，賈格特似乎認為當時沒有造成任何衝突，而是由盡責的家長組成的小社群做決定，再按照他們自己的理想建造學校。

在某種程度上，這種現實確實存在於小型城鎮中。但是，就算不提當時聖經宗派的暴力衝突，只要從十九世紀中期關於普通學校的激烈辯論就能看出，在美國，公立學校的和平協定從來就不存在。

不過，由麥加菲等人領導的辯論，的確為美國公立學校，打下數十年激烈分歧的基礎。從美國重建時期[17]南方學校的誕生、一九二〇年代的猴子審判[18]、一九六〇年代關於閱讀聖經的新一輪辯論，到一九八〇年代和一九九〇年代出現的文化戰爭（culture war）[19]。

與其說美國人是團結的民族，不如說是一群為了某些共同目標，暫時走在一起的人。美國的思想基礎，包含兩黨制，在民眾之間都不斷分歧。麥加菲的力量，在於他有能力以共同的原則，讓一部分的美國人團結起來，即使效力只有短短幾十年。

人們持續爭論著，教科書該由誰寫、該討論哪些主題，以及要如何呈現給學齡兒童，這些話題的熱度，代表在身分認同的問題上，講故事仍然非常重要。從禁止有爭議的書籍，到納入或排除氣候變化、性教育等議題，家長、老師和學生至今仍不斷爭論著。

將不同作家納入學校課程，也是一項持續進行中的談判，這議題不僅限於課程大綱，還涉及到美國人的身分。當美國身分只有一種定義時，受影響的不僅是少數族群，而是所有人都會受到影響，美國作家奇瑪曼達．恩格茲．阿迪契（Chimamanda Ngozi Adichie）稱之為「單一故事的危險」。而納入不同作家，就是一種補救方式。

諾貝爾文學獎得主湯妮．莫里森（Toni Morrison）、華裔女作家譚恩美（Amy Tan）、多明尼加裔作家胡莉亞．奧瓦瑞茲（Julia Alvarez）、非裔美籍作家賀絲頓、為種族問題和性解放運動發聲的詹姆斯．鮑德溫（James Baldwin）、女詩人兼散文家珊卓拉．西斯奈洛斯（Sandra Cisneros）等，若是融入了這些作家的聲音，美國神話將變得更為堅固。

美國人這個廣泛的類別，在擴張的時候並不會消失，而是會讓美國的經驗變得更加豐富多彩。美國公立學校的歷史，一直都在努力解決這些問題：誰才是美國人，美國人想成為什麼樣的人？

麥加菲可能不會用現在多數美國人的方式，來回答這些問題，但他以一種真實而公開的手法試圖解決這些問題。明明麥加菲在普通學校運動中這麼活躍，現在卻有許多支持在家自學的十字軍們，一手拿著《欽定版聖經》，一手拿著《麥加菲讀本》，讓人不禁感到有點諷刺。

麥加菲是他那個時代的產物，他花了一生的時間，為公立學校的必要性不懈奮鬥，這麼做，美國人的後代就不必再接受孤獨又不完整的教育了。對他來說，學校似乎既是一個宗教計畫，也是一個社會兼國家計畫。

教育歷史學家約翰・尼姆（Johann Neem）說：「公立學校的存在，是為了讓我們團結在一起。如果我們不把自己視為這份計畫、這個國家的一部分，那我們就會有部落主義，也許還會出現暴力。在這之中，我們能找到平衡。」

---

⑰ 一八六五年到一八七七年，南方邦聯與奴隸制度一併被摧毀後，試圖解決南北戰爭遺留問題的時期。

⑱ 一九二五年，美國田納西州頒布法令，禁止老師在課堂上講授達爾文等人提出的演化論；於是，美國公民自由聯盟（ACLU）找到一位教師，刻意違背此法令，因而展開訴訟。

⑲ 社會群體之間的文化、社會思想衝突，在西方國家指不同意識形態之間的鬥爭。

第 5 章

家政也能成為職業，女權意識的崛起

書名：《家政論》
出版年分：1841 年
作者：凱薩琳・比徹
紀錄：狂銷 15 個版本，第 1 本美國政府認可的相關主題教科書。

書名：《美國女性之家》
出版年分：1869 年
作者：凱薩琳・比徹、哈麗特・比徹・斯托
紀錄：入選美國史上最具影響力的 100 本書。

一八二二年，凱薩琳．比徹痛苦的躺在床上。三天來，她幾乎無法動彈，讓她煩惱的，不是塵世的疾病，而是「皈依的痛苦」。二十二歲的她，還沒有信仰宗教，而她所在的喀爾文主義環境中，規定女性必須要有宗教信仰，而且時間已經不多了。

凱薩琳準備嫁給耶魯大學的年輕教授亞歷山大．費雪（Alexander Fisher），而她的父親，信奉教條的牧師萊曼，敦促她趕快皈依某個宗教，為結婚做好充分準備。然而，在凱薩琳走上紅毯之前，她將被另一種痛苦侵擾。

在前往歐洲的途中，她未婚夫的船在愛爾蘭多岩石的海岸觸礁，這位二十四歲的教授和船上數十人都溺水身亡。他的身體也許已經永遠消失在海中，但他悲傷的未婚妻，最為他的靈魂擔心，她怕費雪會因為還沒有得救，而受到折磨。

費雪剛去世時，凱薩琳寫信給她哥哥：「噢，愛德華（Edward），他現在會在哪呢？這樣一個高貴的心靈，是否註定要遭受永久折磨，還是，他現在正和我們的母親，一起生活在幸福的莊園裡？」

費雪的死，改變了她的生命。她的人生從那刻起，就完全與婚姻和孩子背道而馳。也許凱薩琳不想玷汙過世的情人留下的遺物，也可能她對費雪和婚姻的態度都很矛盾，但不管是什麼原因，在凱薩琳七十七歲的人生中，她一輩子保持單身，從未結婚，也沒有自己的孩子。

然而，她卻在所有美國女性心中，成為具有母親形象的人。她的目標，不只是改革一個人或一個家庭的靈魂，而是改革整個國家的不朽靈魂。

為了挽救她生命的廢墟，凱薩琳致力於世界各地的道德教育。在費雪去世之前，她就是女性教育的宣導者，但在費雪去世後，她將更多精力投入到這項任務中，幾乎接近狂熱的程度。她開始相信，因為有著妻子、母親和教師的身分，所以她們才是美國道德命運的真正守門人。她提倡在全國各地建立女子學校，確保所有女性都能勝任這項龐大的任務。凱薩琳過於投入在這個目標中，導致許多見過她的人，包括潛在投資者，甚至是她的家人，都難以忍受她的個性。

她所有的兄弟姊妹，都形容她野心勃勃、善於操縱人、強硬、自我中心。她的妹妹哈麗特、也就是《湯姆叔叔的小屋》的作者，曾這樣描述凱薩琳：「我認為她古怪、神經質、愛幻想，而且情緒相當不穩定。」

雖然她缺乏社交技巧，但凱薩琳孤獨的作家生涯反倒最為成功。凱薩琳的靈感並非來自廚房或一段不存在的婚姻，而是來自法國思想家亞歷西斯・德・托克維爾（Alexis de Tocqueville）的作品。閱讀托克維爾的作品時，她意識到美國這個地方，在民主和不斷擴大的社會自由中，可能會產生混亂，或形成一個持續動蕩的環境，尤其是在這個廢除奴隸制、移民，和階級流動日益盛行的時代。

雖然凱薩琳出身於著名的廢奴主義家庭，但她反對一八三〇年代、一八四〇年代的廢奴運動，尤其反對女性參與廢奴運動，因為她認為挑戰現狀，可能會帶來的暴力和混亂。

為了使自己的影響，超越女子學校，直接進入女性的家庭，凱薩琳寫了一本內容廣泛的女性教育手冊，名為**《家政論》（*A Treatise on Domestic Economy*）。在《麥加菲讀本》第一集出版的五年後，《家政論》出版於一八四一年。當時正是人口急速擴張的時候，加上經濟導致的一八三七年大恐慌，讓美國人對未來既害怕又焦慮**。因此，《家政論》立刻就成為暢銷書。

後來，她在書中添加內容，並以《美國女性之家》（*The American Woman's Home*）的書名，於一八六九年再次出版；而這本書能順利完成，也要感謝妹妹哈麗特的幫助。

這兩本書，從煙囪的正確通風方式，到如何在日常家務中活出耶穌教導的模樣，涵蓋了當時女性必須知道的家務知識。

強調女性主義，卻反對女性有投票權

《美國女性之家》出版於美國內戰結束的四年後，在這本書中，凱薩琳提出了她對家庭的看法。她認為，家庭是能讓國家團結起來的治癒膏藥，所以，美國人對政治、消費文化，和日益增長的多樣性所感到的不安全感，都能被家庭解決。

若說《家政論》出版於一個變化快速的時代，那麼，《美國女性之家》則是在南北戰爭之後，動蕩更加劇烈時出版。許多美國人渴望得到答案，以及一張關於保護某種生活方式的具體藍圖。

凱薩琳的書**不只提供實用的家政技巧，還提出了新穎且完整的哲學理念，將女性置於美國**

道德命運的中心。她認為，女性透過在家庭中扮演護士、教師和購物者的角色，實際上擔負維護整個國家的身體、道德和經濟健康之責任。**她深信女性必須待在家裡，所以一輩子都反對女性擁有投票權**，甚至在《美國女性之家》第一版中，收錄了一封語氣激烈的反對投票權信件。

透過在美國計畫中，賦予女性重要的角色，凱薩琳可以在這個快速變化的時期，提出一種有效的社會控制①形式，同時在國家命運中，重新定義她自己的角色。

與賣出數千萬本書的麥加菲和韋伯斯特相比，凱薩琳的書雖然不是超級暢銷書，但確實在幾代美國女性心中，留下了不可磨滅的印記，尤其影響了在她死後，開始受到關注的家庭主婦、教師、作家，和許多家政學家。

在那個時代，有許多撰寫居家生活書籍的作家，而凱薩琳也是其中之一。這一章與前幾章不同，這裡討論的是十九世紀流行的居家生活指南，在這種類型的文學中，凱薩琳可以說是最著名的作家。

在十九世紀，居家生活指南變得非常受歡迎。那些識字能力增長，卻沒有辦法上學的女孩，就能夠閱讀這些書。居家生活指南與烹飪書的不同之處在於，它們更著重於創建、管理家庭的規畫方式，例如，裝飾房屋、維護家庭成員健康、教育孩子等，甚至還包含哲學理念。

---

①透過社會機制或政治過程，來規範個人及團體行為；利用社會控制，可以凝聚共識、鞏固統治力量。

尤其自工業革命後，出現了許多新機器，使某些家事變得簡單，有些卻變得更複雜。有一些家事非常累人，也很具挑戰性，比如，光是洗衣服，可能就得花上三天。

與此同時，在美國歷史的這段時期，做家事也成為一項明確、具象徵性的任務；建立一個良好的家庭、煮飯、打掃，和照顧孩子，都不再是單純為了生存。從壁紙的選擇到廚房的格局，什麼都可以成為基督教和愛國心的象徵。

數千種居家生活指南、期刊、小說，當然也包含凱薩琳的書，都在宣揚類似的資訊，十九世紀作家將「居家生活熱」（cult of domesticity）②，融入女性的日常生活中，並將其提升為流行文化的一部分。

當時美國仍然按地區劃分，所以每個州可能都有自己的居家生活指南，但它們通常都抱持著相同的目標，就是為女性提供關於家事的專業知識、提升家務的價值，以及藉由性別角色，創造國家穩定性。

雖然凱薩琳本人從未當過母親或妻子，但**她很早就意識到，撫養孩子和管理家庭有多具挑戰性**。凱薩琳是九個兄弟姊妹中的老大，母親去世後，十六歲的凱薩琳就成了一家之主。她的弟弟妹妹，幾乎都由她撫養長大，包括當時還不到一歲的老么。雖然凱薩琳從未接受過家務訓練，但她仍自己學會如何煮飯，並培養縫紉技能。

她從對父親的忠誠中，找到了動力，她寫道：「他激發了我的抱負，讓我能接替母親的位置。」父親再婚後，凱薩琳似乎覺得自己被冷落了，所以很快就離開家。

一八二一年，她成為一名學校教師。而到了一八二三年，她就在康乃狄克州哈特福開了一所女子學校，當時她才二十三歲。

在二十五歲時，凱薩琳已經決定好，要一輩子投身於宣導女性教育，並鞏固女性教育者的地位。然而，這個決定似乎仍有點令人訝異，因為這位將畢生奉獻給女子學校的女士，曾說教學是件苦差事。

一位研究凱薩琳的學者提出理論，認為凱薩琳只是為了糾正她在自己受教育的經驗中遇到的缺陷，才設計出一個詳盡的理論基礎。女孩子接受的學校教育，因地區而異，有些女孩學習數學和閱讀，有些則更注重禮儀和學習法語。

凱薩琳努力讓女孩子既能學習拉丁文和代數等傳統科目，也能修習家政。而這邊所謂的家政，不只包括照顧病人、烹飪健康食物，甚至還得帶領全家人做有氧體操。

如果沒有比徹家族的名聲，凱薩琳可能永遠也不會有這樣的舞臺。她的父親家喻戶曉，不僅是麥加菲的朋友，也是一名堅守教條的公立學校改革者。她父親可說是十九世紀最著名的傳教士之一；在布道時，她父親總會堅決反對奴隸制和酗酒行為，這個特點更是使他聲名遠播。

她的弟弟亨利・沃德・比徹（Henry Ward Beecher）也以演說家、傳教士，和社會改革家的

---

②一種價值系統，強調女性氣質、女性在家庭中的角色，認為女性應虔誠、單純、服從，且致力於家務。

身分活躍於社會上；最小的妹妹伊莎貝拉・比徹・胡克（Isabella Beecher Hooker），也是支持女性選舉權的重要人物之一。

當然，還有因《湯姆叔叔的小屋》而出名的哈麗特，她們兩姊妹共同撰寫了《美國女性之家》。比徹家族可說是十九世紀最著名的家族，曾有學者將他們與甘迺迪（Kennedy）家族，甚至是現今在真人秀、時裝設計等領域享有盛譽的卡戴珊（Kardashian）家族相比。

凱薩琳成年後的早期生活，與她在書中描寫的生活有著強烈的對比。在一八三〇年代，**她主張女性應該要待在家裡，然而，她一生中大部分的時間，都是一名公眾人物**，還經常巡迴演講，到美國各個城市傳播她的理念。

她在演講時大聲遊說，要求美國人發展、尊重女性的專長，並賦予女性權力，然而，她的許多觀點卻與十九世紀蓬勃發展的女性運動不一致。在她漫長的一生中，她都非常堅持反對女性擁有投票權。

凱薩琳在一次著名的公開對話中，告訴廢奴主義者格林姆凱（Grimké）姊妹，女性不應參與政治辯論。但是，她自己卻發起了一場全國性的運動，以阻止一八三〇年的《印第安人遷移法案》。凱薩琳和美國作家莉迪亞・西格妮（Lydia Sigourney）協力發起運動，許多人說這是第一場全國女性請願運動。她不斷向國會發出請求，要求推翻將印第安人驅逐出家園的決定。

基本上，凱薩琳可說是**美國最早出現的女性活動家之一**。但是，她卻花了很多時間告訴其他女性，她們不應該成為活動家。打從一開始，凱薩琳的世界觀就非常矛盾。

當凱薩琳著手撰寫她最暢銷的書籍《家政論》時，她幾近破產。凱薩琳跟隨父親來到俄亥俄州，試圖把關於女性教育的訊息，帶到她眼中尚未開化的西部。

當她父親和麥加菲召集西部民眾，宣導普通學校運動時，凱薩琳就提倡女子學校和女性教師的必要性，但通常都沒有得到什麼迴響。她在辛辛那提開辦了一所女子學校，幾年後就以失敗收場。

一八三七年的經濟大恐慌，將該學校推向財務崩潰的邊緣，而且凱薩琳的難搞個性，對這件事一點幫助也沒有。她沒能贏得潛在投資者的支持，例如，來自辛辛那提的紳士愛德華．金（Edward King）就認為凱薩琳傲慢得令人難以忍受，他在給妻子的信中說道：「告訴凱薩琳．比徹，她在我們家是客人，不是董事。」

凱薩琳的勢利態度，使其被辛辛那提的社會排斥。她還試圖以社會舉止來區分東部人和西部人，因而引起當地居民的憤怒；凱薩琳甚至投稿至當地報社，將學校的困境歸咎於城市過於落後，使當地居民更加排斥她。

學校在短短幾年內就倒閉了，凱薩琳設法把剩下的一點錢留給自己，讓妹妹哈麗特承擔大部分的經濟損失。

因為經濟拮据、與手足越來越疏遠、在辛辛那提找不到立足之地，所以，凱薩琳開始寫作。她不希望自己對家庭生活的遠大願景功虧一簣，最後僅以未婚阿姨的身分度過餘生，於是，在一八三〇年代後期，她開始動筆寫下《家政論》。

改善女性生活的最佳辦法：把家政變成一種職業

凱薩琳期望《家政論》能成為女性教育的新型教科書。在這本教科書中，女性負責的工作，像是撫養孩子、煮飯、組織家庭等，都將受到重視。

《家政論》不僅是一本教導知識的指南，它同時也在傳達這個訊息：女性的工作相當複雜，需要專業知識才能做好。比如說，該如何用沒有調節溫度功能的烤箱烘焙、教孩子閱讀寫作和思考、裁縫，或是替衣服染色。

尤其，在十九世紀初，當時女性從事的工作，現在變成由一群專業人員完成，從裁縫、護理師，到學校教師等職業皆為如此。凱薩琳認為，**女性的工作混和了道德、學術、體力和家務，這個工作極具挑戰性，沒辦法單純透過觀察母親就自然學會**。

她覺得，**女性之所以不喜愛她們註定要從事的工作，是因為她們沒有做好準備，也沒有受到尊重**。於是，她的解決方案就是把**家政變成一種職業**，像醫師、律師、商人等當時男性才能做的工作一樣。她說，女性不需要離開家、去做男性的工作，因為她們本來就適合做家務。但是，**就像律師需要法學院一樣，女性也需要職業培訓**。

凱薩琳有充分的理由認為，讓女性的工作變成一個職業，是改善女性生活的最佳辦法。因為她發現，自從農業在學校當成課程來學習後，務農就迅速從卑微的勞動，轉變為科學的一部分。一般來說，**當一個工作被「專業化」時，就會變得有價值**，所以，凱薩琳想要帶領這一代女性，步入她們註定要做的工作。

另外，她在宣揚女性教師思想這方面，也造就了很深遠的影響。在十九世紀初，大多數小學老師都是男性，而到了十九世紀末，大多數則都是女性，這樣的趨勢，一直持續到今天。這件事的功勞，有很大一部分要歸功於凱薩琳，但是，女教師的薪水比男教師少這個現象，她也有責任。

一八四一年，《家政論》首次出版時，關於女性在美國未來有多關鍵的內容，引起越來越多婦女的共鳴。無論在東北部，還是迅速發展的西部（即現在的中西部），這本書都大受歡迎，甚至出到第十五版。《家政論》的內容非常詳細，涵蓋十九世紀的妻子和母親需要知道的一切，也有許多她們可能不需要知道的事。

舉例來說，《家政論》中幾乎沒有提到烹飪，只有在家庭健康的部分，有提到必須製作營養均衡的飲食，才不會養出懶散、不道德的美國人。書中包含嬰兒護理、健康烹飪、一般傷口治療等基本知識，還有如何種植水果的農業技巧、建造房屋的建築課程等。有一章還在談論運動的重要性，對當時的女性而言，這是個很新的想法。

從一開始，《家政論》就不單純是在指導女性，而是要提升她們的地位，讓她們成為鞏固美國的道德仲裁者。她寫道：

母親塑造男人的性格、姊妹使男人成長茁壯，而妻子，能左右男人的心。她們的力量，可以改變國家命運，無論是朝好還是壞的方面前進。如果，國家教育出的女性都既聰明又有美德，那麼，男人一定也是如此。讓一個男人受到適當教育，能保障他自己的健康安樂，但教育一個女人，能使整個家庭的利益都得到保障。

換句話說，只要教育女性，就能保護整個國家的命運。當時的女性管理家庭的方式，將決定美國計畫的成敗。凱薩琳認為，**她們端上桌的菜餚、打掃房屋或洗衣服的方式，能使美國前進，也可能害美國退步**。

女性主義者琳達・科柏（Linda Kerber）稱這種態度和想法為「共和主義母性」（Republican motherhood），也就是認為女性在社會中扮演著至關重要的角色，因為她們養育並塑造了男性，讓他們能投票、制定法律，並領導國家。

從一些早期美國女性觀念看來，女人一直存在於幕後。美國女性的存在，是為了確保美國男性能領導這個國家，就像一顆顆齒輪，讓這個更大的機器繼續運轉，她們甚至得培養出更多愛國、信奉基督教的年輕男性，來改善這臺機器。

比起其他傳播居家生活熱的人，凱薩琳的確更為激進。**她似乎把女性位於幕後這件事，變得更加極端**，她認為，女性應該要像舞臺劇的工作人員一樣，雖然看不見，但實際上卻主導這場演出。

和麥加菲一樣，凱薩琳看到一個構建美國穩定性和國家認同的機會。凱薩琳是她那個時代的產物，但她也以一種前所未有的方式，讚揚了女性在國家建設中的作用。

在書中，她放入許多麥加菲和其他暢銷書作家曾寫過的價值觀，包含愛國主義、新教道德觀、自主學習和職業道德等，只為讀者做了些許調整。凱薩琳更新了職業道德的部分，告訴支持美國文化及制度的女性，她們不應認為勞動是一種恥辱。

她譴責那些一直在模仿歐洲人的美國人。從某種意義上來說，凱薩琳希望能在禮儀、家政方面，做到韋伯斯特在拼字、語言方面的成就。在《家政論》中，她寫道：

> 我們應該在社會習俗中，以領導者的身分，取回我們有權享有的地位、阻止貴族入侵的潮流，並將民主自由和平等的真正原則，貫穿於公民、政治、社會及家庭之中。

根據凱薩琳的說法，家這個地方，要展現出美國與其他國家不同的特質。這些習俗，能把社會轉變成全新、但本質上仍屬於美國的東西。這是很理想的美國例外論，在其中，女性被要求領導國家。

從最樂觀的角度看來，這本書就像是《美國獨立宣言》的附錄，為女性重新樹立一個不受歐洲各國影響的美國身分。至少在名義上，《家政論》包含了那些長期以來，只為男性保留的精英政治、公民自由、平等等價值觀。

為母性角色的形塑奠定基礎

在凱薩琳的世界裡，身為新英格蘭家庭的後裔，家庭生活是一種將她所理解的新英格蘭價值觀，強加到美國人身上的一種方式，尤其是西部邊境的居民和新到來的人。要如何以最佳的方式，塑造出領導國家的人？凱薩琳不僅想到了他們應該是怎樣的人，也思考過他們不應該是怎樣的人。

當時，對移民的恐懼主導了她的思想，尤其是天主教移民。像她的父親一樣，在一八三〇年代，她常常說：「成千上萬名墮落的外國人，和他們無知的家庭，一起湧入這個國家。」隨著美國迅速擴張、向西延伸，並吸收越來越多德國和愛爾蘭移民時，像凱薩琳一樣的人都在擔心，這種人口結構上的變化，會殺死美國新教的靈魂，因為這些移民大多都是天主教徒。她擔心在不久之後，就會變成由天主教的教宗決定誰是美國總統了。

除此之外，當時美國國內有投票權的人數也在增加。從一八二八年總統選舉開始，任何白人男性，無論是否擁有財產，都可以投票。她又開始擔心，過沒多久之後，說不定大部分選民都不再像她一樣，是受過良好教育的中產階級新教徒，而是一群文盲、無知者，和天主教徒。

這樣的恐懼，不只推動了普通學校運動，也為凱薩琳對家務教育的熱情增添了燃料。在寫完《家政論》幾年後，談論到文盲和沒上學的兒童時，她寫道：

如果這些孩子以目前的無知狀態長大成人，美國將多出三百萬名要管理這個國家的成年人，但他們卻連憲法都不會讀，也不會讀《聖經》，或報紙、書籍上的任何一個字。

就像韋伯斯特一樣，凱薩琳雖然提倡「美式行事風格」，但在她心中，最好的做事方式，似乎仍是新英格蘭的老派做法。凱薩琳認為，沒有教育，男人就不能領導國家；沒有女性，就不可能有適當的教育。四年之後，她又寫道：「美國女性有能力拯救自己的國家。」

因此，她的家庭計畫其中一部分，就是美國化計畫。那些關於洗衣服或室內植物、看似無害的書籍，其實目的都是在教女性如何成為美國人，說得更具體一點的話，是為了教她們成為凱薩琳眼中最好的美國人。

凱薩琳和麥加菲一樣，渴望將更多人融入美國新教文化，而她的書，正是這個宏偉目標的一部分。然而，她寫的書一開始的目標，並不是要改變愛爾蘭天主教徒的信念。她原本的構想是，跟她同樣階層的女性，會向像她這樣的專家學習，以便教育自己的孩子。不過就像麥加菲一樣，凱薩琳的文本成為了一種公民信仰，專門帶出凱薩琳心中理想美國女性的模樣。

雖然，她可能比她的同胞更激進，但她不過是撰寫居家生活指南的眾多女性之一，只是，這些指南將幫助十九世紀美國女性，理解自己在家庭和國家中的角色。這種給予家務建議的書籍，在十九世紀中半隨處可見，內容都充滿著相同的主題和觀念，就是美國女性應精進符合基督教的美德和愛國精神。

莉迪雅．瑪麗亞．柴爾德（Lydia Maria Child）的著作《美國節儉家庭主婦》（*The American Frugal Housewife*）出版於一八二九年，這本書被視為美國最早出現的居家生活指南之一。而且，在接下來幾年，它一直是凱薩琳的主要競爭對手。

柴爾德更新了美國的理想，將節儉、努力工作等原本屬於男性的理想，應用到女性在家庭中的角色上。在書中，她一開始就寫下「時間就是金錢」這句看起來很現代的話語，讓這本書變得像一本自我成長書或快速致富書，給人一種讀者群為男性的感覺。

透過強調女性做家務所代表的價值，柴爾德同意平常沒在管理家務的人，的確會忽略家務的重要性。就像富蘭克林一樣，她強調要縮減開支、存錢，並堅持每樣東西、每一個人都必須是有用的。柴爾德甚至在第一章引用富蘭克林的話語。她警告讀者，不要花太多錢在生活用品上，然後引用富蘭克林的字句：「我們不想要的東西，都不便宜。」雖然我們至今仍不清楚，這是否真的是富蘭克林說過的話。

像這樣的書籍，創造了一個女性原型，儘管可能充滿瑕疵和限制，但美國女性的生活，總算被添加了一些核心價值。

這些要讓女性成為理想公民的書，有一大部分還使作者成為社會運動的活躍分子之一。例如，柴爾德寫下《美國節儉家庭主婦》，是在為她的家庭賺錢。後來，這本再版三十五次的書，讓她創立了自己的廢奴協會。就這樣，這些無害的指南，也可能成為激進的政治對象，倡導婦女選舉權、原住民權利的事業。

這些書的作者，大部分都是家庭主婦、妻子和母親，但她們的書，往往以自己賺錢的權利和激烈的政治參與為基礎。

在短短幾十年內，家庭文學迅速擴大，位於維吉尼亞州首府里士滿、康乃狄克州首府哈特福的女性，閱讀的家庭手冊可能不同；然而，她們閱讀的書籍，往往具有相似的意識形態框架，也就是：女性透過家務，可以創造出道德更高尚、更公正的美國。

其中，許多作者可能不像凱薩琳一樣，如此在乎美國白人新教徒，但她們的書往往會吸引類似的白人中產階級女性，以及那些想成為她們的人。

十九世紀早期的男性，可能希望按照富蘭克林的自傳，和他八十年來的冒險、實驗和社會變革，來塑造自己的生活；**家庭文學有時則在告訴女性，她們一生的使命，就是養育像富蘭克林一樣的男人**。

同時，居家活指南的哲學基礎，其實更為複雜。這些書的部分成就，是將女性置於美國計畫的中心，讓她們的工作受到重視，使她們和男性一樣成為公民，而非僅是男性的工具。

當然，這些作者並不是這種母性觀念的發明人，就像韋伯斯特沒有發明美國民族主義一樣。但是，這些書將其編成容易理解的形式，以某種區域版本或意識形態條文，將其放入所有美國識字婦女的家中，讓她們每天翻閱、從中尋找答案。

儘管凱薩琳在書中加入了她的意識形態，同時，她也是因為有家族的聲望才能做到這些事，但是，這些作者們的線索，編織出家庭意識形態的結構，每個人都放大了共同的價值觀，或加入了自己的思想。這些作者，**共同為今日以仍某種形式存在的母親角色，奠定了概念上的基礎**。

女權運動第一波浪潮興起

數百萬名美國女性熱情的刷洗碗盤的形象，與十九世紀中期開始出現，更加複雜的女性形象之間，存在著一定的差距。

雖然居家生活熱在美國內戰發生之前，可說是美國主流文化的一部分，但是，凱薩琳的「男主外、女主內」教條，絕對不是普遍的觀念。那是一種理想化的家庭生活，一部分仍為想像，像凱薩琳這類的書籍，只是在陳述她們心中美國的模樣，而不是描述現實。

其實，到了十九世紀中期，許多女性，尤其是移民、有色人種，和勞工階級，就已經在外面工作了。事實上，提供這些工作機會，並將生產從農場轉移到工廠的工業革命，就是一開始導致男主外、女主內之教條的因素之一。

在居家生活指南如雨後春筍般不斷出現的時候，美國作家兼女權運動先驅伊麗莎白・卡迪・斯坦頓（Elizabeth Cady Stanton）正在寫下另一種與之競爭的美國女性形象。和凱薩琳相比，斯坦頓晚出生十年多。談到女性在社會上的角色時，她抱持著與凱薩琳幾乎相反的觀點。

她支持女性選舉權，以及後來被視為女權運動第一波浪潮的其他權利，像是由女性控制自己的薪資，甚至擁有財產。

雖然這兩位活動人士，看似來自不同的年代，但她們的生活幾乎平行。一八四八年，在《家政論》出版七年後，斯坦頓和路克瑞莎・馬特（Lucretia Mott）③在紐約塞內卡福爾斯④召開了第一屆婦女權利會議。

一八七〇年，凱薩琳的另一本書《美國女性之家》出版一年後，斯坦頓在講座中指出，女性把生命浪費在家務事上。斯坦頓、馬特，和蘇珊・安東尼（Susan B. Anthony）⑤等人，可能代表了少數女性，但並不表示男主外、女主內的爭論已經不存在。隨著十九世紀的發展，這樣的聲音只會越來越大。

與此同時，凱薩琳的一些思想很激進，同時也賦予女性相當大的力量，儘管這些思想，與我們今日所認為的女權主義不相符。她認為女性應該待在家裡，這樣的想法看似很陳舊，但同時，她也在展望未來。

在女性幾乎沒有機會進入好的小學時，她就為她們設想到了工作和大學。在正在萌芽的普

---

③ 廢奴主義者、女權活動家和社會改革家。
④ 位於美國紐約塞內卡縣的小村莊。
⑤ 美國民權運動領袖，在十九世紀美國女性爭取投票權的運動中，扮演了關鍵角色。

通學校運動中，「家」就成了這種運動的平行機構，因為家也是一個教導道德、知識的地方。

這就是為什麼，她非常積極的提倡建立普通學校和女子學校，她很有先見之明，很早就意識到女性接受高等教育的必要性。到了一八五〇年，女孩和男孩的小學入學率總算平衡，而女孩的高中入學率甚至超過男孩，因為許多男孩被迫離開學校去工作。

《家政論》大受歡迎，比起她還在新英格蘭的時候，觸及了更廣泛的讀者，這要歸功於她自己，她總是努力不懈的宣傳自己的思想，寫這本書時，凱薩琳也積極參與女子學校的運動。

許多被派往西部的老師，都抱著凱薩琳的信念，甚至還隨身攜帶她的書。凱薩琳的思想，並沒有被局限於她的社會階層。正如歷史學家南希．科特（Nancy Cott）所指出，這個時代的新英格蘭中產階級女性，通常是為所有女性創造機會或強加約束的人。

由於凱薩琳在一八三〇年代和一八四〇年代經常演講，所以，書籍只是她宣揚居家生活熱的管道之一。《家政論》非常成功，甚至成為了第一本被州教育委員會認可的相關主題教科書。凱薩琳的傳記作者凱薩琳．基許．斯克拉（Kathryn Kish Sklar）寫道：「在接下來三十年內，凱薩琳無論走進美國任何一個社區，幾乎都被視為讓家政這門神祕藝術，變得更簡單、更好理解的女英雄。」

在某種程度上，凱薩琳把家庭當成宣揚愛國主義的工具，把家庭主婦當作衡量美德的尺規。這些主題在美國歷史上會反覆出現，尤其是在動蕩不安、戰爭不斷的時期。在她看來，美國女性的身分，比她們是北方人還是南方人更為重要。

在南北戰爭的預備階段，家庭意識形態透過各種書面形式，接觸到女性讀者。在短短幾十年的時間，這種家庭文學，從小手冊擴展成幾十本書籍、數本女性雜誌，和一些關於家庭生活的暢銷小說。根據一位歷史學家所述，到了一八五〇年代，居家生活熱幾乎達到顛峰時，家庭小說領域，出現了一股名副其實的浪潮。

到了一八六〇年，男孩和女孩的識字率幾乎相等。即使是距離書店很遠的女性，也能接觸到越來越多期刊，例如，《弗蘭克．萊斯利的女士刊物》（*Frank Leslie's Lady's Gazette*）、《格雷厄姆的女士報紙》（*Graham's Ladies' Paper*）、《戈迪的女士之書》（*Godey's Lady's Book*）和《女士的朋友》（*The Lady's Friend*）等。

與凱薩琳同時代的美國作家莎拉．約瑟法．黑爾（Sarah Josepha Hale），也體現了這種對共和黨母性和家庭生活的奉獻精神。三十四歲的黑爾是一名有五個孩子的寡婦，而她靠寫作養活自己。在一八二八年，她成為美國第一位女性雜誌編輯，擔任波士頓《女性雜誌》（*Ladies' Magazine*）的主編，這本雜誌後來與《戈迪的女士之書》合併。

女性刊物非常受歡迎，而《女性雜誌》的發行量，甚至超過十五萬本，涵蓋時尚、音樂、園藝、文學等各個領域。

黑爾同時非常支持建立女子學院，她發布關於家庭生活和女性角色的訊息，在內戰前夕和內戰期間，都很受大眾支持。甚至有人說，是黑爾說服了林肯總統，使感恩節成為全國性節日。《時代》（*Time*）後來稱《戈迪的女士之書》為內戰前出版的雜誌中，最為成功的一本。

南北戰爭爆發，女性開始離家出走——自立與工作

儘管關於廢奴的爭論越來越多，但在家庭文學中，通常只會含蓄的帶過這個事實。奴隸為家務勞動付出非常多，許多美國南方家庭的廚房，都是由被奴役的女性所打理。但是，居家生活指南裡囊括的中產階級白人觀點中，並沒有寫入這項事實。

較早期的手冊，如一八二四年出版的《維吉尼亞家庭主婦》（*The Virginia Housewife*），含蓄的闡述了奴隸制的現實。這些手冊的讀者，是剛新婚的白人女性，她們不知道如何煮飯，因為她們從小就在有奴隸的環境中長大，廚房的事情都是奴隸在打理。

這些書通常會收錄一些被奴役的廚師所開發的食譜，但這些廚師從未得到肯定。某些黑人作家，則懂得利用家庭文學的巨大需求，例如，圖尼斯·坎貝爾（Tunis Campbell）是自由的黑人，也是社會運動人士兼喬治亞州參議員，他甚至為從事家政服務的人寫了一本指南，名為《飯店服務生、領班與管家指南》（*Hotel Keepers, Head Waiters, and Housekeepers Guide*）。

食物歷史學家芭芭拉·哈伯（Barbara Haber）寫道：「當時，大眾認為有色人種應生活於美國主流社會之外，他們的最高榮耀，就是管理其他僕人。」藉此，每個州之間的隔閡，及整個國家對於奴隸制的依賴，成了居家生活指南中不言而喻的潛臺詞。

隨著南部蓄奴州組成美利堅聯盟國（簡稱邦聯），比徹家族立刻譴責南部的分裂，並團結北

方的美利堅合眾國（簡稱聯邦）。凱薩琳有兩名同父異母的兄弟入伍，分別為詹姆斯（James）和湯瑪士（Thomas）；其中，湯瑪士一路行軍至紐約北部，鼓動士兵捍衛聯邦。

凱薩琳的弟弟，知名牧師亨利也用激動人心的話語布道，呼籲大眾支持聯邦、提供援助。於一八六一年四月，也就是邦聯成立兩個月後，教徒擠進布魯克林的教堂聽亨利演講、根據當地新聞報導描述，他的講道讓聽眾的血液中，充滿了愛國熱情。

教徒們全神貫注，聆聽亨利的這席話：「邦聯這七個州，不僅靠政府的決議，還孤立了自己人民的權利和習俗，他們放棄自己的國家，並發起了戰爭！我們該怎麼做？前進？現在是愛國主義的時刻！」

亨利熱情洋溢的演講，使整個教會唱起〈為妳，我的國家〉（*My Country, 'Tis of Thee*）。他將繼續發表許多類似的演講，激勵北方人成群結隊的入伍。

對凱薩琳來說，內戰似乎只為她的家庭計畫，注入了新的活力。針對這些社會和政治問題，她提出的解決辦法一直是：回歸老式的家庭生活。她仍然認為，家庭結構和性別角色，是南方與北方唯一的共同基石。然而，南北戰爭的發生，使女性不適合外出工作的觀念，遭遇強大的挑戰。

至今，南北戰爭仍是美國歷史上死傷最慘重的衝突，至少有六十萬名士兵死於戰場上。為期四年的武器衝突，使每日平均死亡人數高達五百零四人。如此驚人的死亡人數，導致許多士兵只能被簡單的埋葬於沙場上。內戰不僅代表了對美國主權的暴力挑戰，也與婦女不適合外出工作的觀點，形成強烈的矛盾對比。

這個情況，在之後的多次戰爭中都適用。尤其，在一戰和二戰時，女性承擔了更多的責任，且意識到了自己的能力；在戰爭結束後，她們更為了爭取更多自主權而到處遊說。到了一八六〇年代，凱薩琳的許多觀點開始過時。

然而，戰爭並沒有讓她放慢腳步，似乎反而給了凱薩琳新的機會，因為她試圖改變自己的想法，以適應新的未來。

於一八六五年，戰爭達到高潮時，凱薩琳以更大的熱情，書寫關於家務需要專業知識的文章，她在《哈潑雜誌》（*Harper's Magazine*）上，發表了一篇關於「將女性的職業，從恥辱中解放出來」的文章。她寫道：「我們國家的緊急情況，導致成千上萬名女性，因婚姻而永遠與自己的家庭隔絕。」這一代女性，許多人發現自己成為寡婦，或因為男性急遽減少而無法結婚。

在這次失敗中，凱薩琳看到了一個機會。她主張，婦女能建立公共生活區，並在那裡集中家務勞動並收養孤兒。凱薩琳開始利用傳統的居家生活熱，來主張更加激進的理念。

麵包和美德有何關聯？如果你是女性，就得會做麵包

內戰結束後，凱薩琳搬到哈麗特和她丈夫那裡，幫助他們管理家務，並與妹妹修復關係。他們住在康乃狄克州哈特福努克農場的一間農舍裡。

當時，南北戰爭結束才沒幾年，比徹一家遠離被夷為廢墟的南部城市，前去享受寧靜的田園生活。在這個廣闊的半鄉村天堂裡，坐落著知識分子的夢想之家。凱薩琳會在這個地方，開始撰寫《美國女性之家》。

那時，《湯姆叔叔的小屋》已經賣出了數百萬冊，哈麗特和丈夫加入了一個由律師、演員，和記者組成的社區。每一間農舍，都是一名精英的家，他們的餐桌和後院，變成了討論投票權、重建時期及最新小說的沙龍，遠離了戰爭的死亡和破壞。

幾年後，山謬・克萊門斯（Samuel Clemens）建造出他夢想中的家，那是一座有十九間房間的莊園，每個星期他都會舉行撞球比賽，房子距離廣闊的鄉村公園，也只有幾戶之隔。

克萊門斯是誰？他更為人所知的名字，是馬克・吐溫。他在這裡安頓下來後，宣布：「我認為，在我去過的城鎮之中，這裡的房屋最好，也最漂亮。」

努克農場有一種烏托邦式的自治性質。這是一個符合理想主義的好地方，也很符合比徹姊妹夢想的模範家庭結構。到了一八六八年，她們開始寫《美國女性之家》時，哈麗特已經是美國最著名的女性之一。不過，雖然封面上有哈麗特的名字，但凱薩琳才是書中絕大部分內容的作者。

在她們開始描繪自己的理想女性形象時，斯坦頓等競爭對手已經領先她們了。當時，距離女性獲得選舉權，還有五十年的時間，但在一八六九年，女性都開始思考她們在家庭之外的社會角色。

比徹姊妹的書出版那年，斯坦頓和安東尼成立了全國婦女選舉權協會，目的是為女性爭取投票權。比徹家最小的妹妹伊莎貝拉，是一名狂熱的女性參政支持者，她甚至幫斯坦頓和安東尼組織舉辦於哈特福的大會。斯坦頓等人，包括比徹家的小妹，都支持女性進入當時仍由男性主導的政治圈；至於比徹姊妹，則為美國女性提出另一種未來。

《美國女性之家》在一八六九年出版時，書中提出的願景，與《家政論》中的願景極為類似，事實上，《美國女性之家》中許多內容都取自《家政論》。

書中穿插著建築草稿和幸福家庭的插圖，試圖恢復人們對早期家庭生活的信心。除此之外，還有關於縫紉、禮儀，和家庭裝飾的章節，以及談論哲學理念、建立基督教家庭和社區的章節。書中還指出，女性不需要接觸男性的工作，反之，女性需要被訓練，並珍惜家政工作。在前言中，有這麼一段話：

這本書的目的，是強調女性既艱難又神聖的職責，並提升女性所有工作的榮譽和報酬，從而使女性的職業，像男性最受尊敬的職業一樣，也受人們渴望和尊重。

如果家務是一種職業，那麼，《美國女性之家》就是最專業的手冊，比《家政論》還多出將近一百五十頁。《美國女性之家》融合了基督教和愛國的責任，有效提升家庭生活的重要性，使其成為一種道德責任。特別是在南北戰爭之後，比徹姊妹把家庭是否健康，當作更具象徵意義的試金石，來檢驗美國是否能得到拯救。

就像韋伯斯特的拼字書和後來的字典一樣，《家政論》雖然讓凱薩琳成為暢銷書作家，但《美國女性之家》才是她思想上的最大成就。至於這本書到底賣了多少本，目前還沒有確切的數據，但這本暢銷書不僅在當時廣受歡迎，也在歷史上占有一席之地：美國國會圖書館⑥將此書列入美國歷史上最具影響力的一百本書之中。

這本書表明，女性在家庭中的工作，比以往任何時候，都更具實際性和象徵性，代表著這個國家的愛國主義和基督教精神。這本書出版的時機也至關重要。在大眾對於「怎樣才是好美國人」的共識最為薄弱的時候，比徹姊妹為了維持居家生活熱的持久性，規畫出嚴格又令人信服的藍圖。

這本書的書名《美國女性之家》，不只講述了最好的家庭生活方式，這還是最適合美國人的生活方式。在書中，美國人一詞共出現七十六次，比徹姊妹作者描述了美國最好的餐桌、美國家常菜、美式奶油、美國的禮儀，還有美國的美德。

舉例來說，關於料理的章節，主要集中在麵包的重要性，以及麵包與美德的關連，其中有一段寫道：

---

⑥美國的國家圖書館，位於華盛頓特區。

這種綠色、黏牙、口味刺激的東西，叫做軟餅乾，是今天許多可敬的共和主義者不得不吃的東西，但共和國的男女們，完全不應該吃下這種東西。優秀的愛國者，不應該這樣被拒之門外，他們值得更好的待遇。

「共和國」這個詞，在此之前，不曾在關於麵包和奶油的文章中，搶了如此大的風頭。哈麗特則在關於裝飾的章節中指出，就連窗簾和植物也在傳達關於美國價值觀的資訊。比徹姊妹認為，女人做的每一件事，從什麼時候起床、選擇哪塊地毯，到如何整理廚房，都是美德的象徵。

哈麗特．比徹．斯托社（Harriet Beecher Stowe Society）的副社長艾麗森．史倍徹（Allison Speicher）表示，組織一個「由女性統治的國家」，是將不斷擴大、因南北戰爭而分裂的美國人，納入陣營的方式。史倍徹說，地區分裂既是戰爭的原因，也是結果。這場戰爭使北方人、南方人和西方人，都被推入了他們的地區陣營。戰爭也對美國的食物、社會經濟階層和社會結構，造成重大變化。

比徹姊妹試圖在這本書中，以適合她們這種女性的方式，重新組織這些觀念。現在，女性不再有奴隸為她們做飯，比徹姊妹亦警告，不要僱用過多僕人，她們嘗試說服讀者親自承擔這些家務工作。就這樣，她們賦予食物的階級含義，一直深深貫穿於此書中。

比徹姊妹在這本書中，以強烈的宗教信念來傳遞訊息，而且她們對家政的看法，甚至比在《家政論》中更為明確。在第一章〈基督教家庭〉（The Christian Family）中，她們說，男人只負責從事戶外勞動，女人則負責形成並引導不朽的心靈。

比徹姊妹甚至引用耶穌的話：「誰願為大，就必作你們的用人；誰願為首，就必作眾人的僕人。」⑦而她們表示，答案就是女性。她們在這一章中寫道：「家庭，是天國在塵世間的例證，而女性，則是天國的主要使者。」即使是為了提升女性在家庭中的角色，這種說法，在當時仍相當激進。在她們的家庭觀念中，女性是精神和道德的領導者，能夠引導家庭走上更好的道路。

在《美國女性之家》出版之前，比徹姊妹甚至在一篇文章中，稱女性為「家庭的使者」和「上天指派的基督使者」。在書中，她們則將女性擔任主要使者的想法，發揮到了極致。

在第二章〈基督教住宅〉（A Christian House）中，比徹姊妹設計的住宅，一部分是教堂、一部分是校舍，門上掛著一個十字架。而這棟住宅，再搭上女性使者，可說是美國基督教的縮影。美國女性不僅負責塑造每位公民的個性，讓社會變得更好，書中更指出，她們還創造了所有美國人的不朽靈魂。

---

⑦ 出自《馬可福音》第十章第四十三節至四十四節。

烤麵包、縫紉，做手工藝……在動盪時期，家就是避風港

對比徹姊妹來說，家不僅是一項政治宣言，就像今日一樣，家應該要是個避風港。這是在美國歷史上，一直反覆出現的主題。在產生變化、經濟混亂，或動盪不斷的時期，人們往往會回到自己的家中，開始烤麵包、縫紉，做手工藝等，從事自己有興趣的活動。只要看看二〇二〇年新冠病毒大流行的狀況，就會發現，這種情況至今依然存在。

《從凱薩琳．比徹到瑪莎．史都華》（*From Catharine Beecher to Martha Stewart*）一書的作者歷史學家莎拉．萊維特（Sarah Leavitt）說：「無論在哪個時期，居家生活建議都很重要。其中一個原因是，當你無法控制外在因素時，它讓你知道，哪些事情是你能控制的。」

尤其，在科技變革或政治動盪的時期，外部世界代表著混亂、骯髒的威脅。所以，萊維特說，家是一個可以把這一切拒之門外的地方，家已經成為用於自我表達、擺放植物、揮灑色彩，和感到和諧的空間。

而且，凱薩琳肯定完全無法想像，新冠疫情竟讓女性在短時間內，變得如此符合《美國女性之家》中的形象。因為教堂和學校都關閉，生病的人又很多，所以，母親變身老師和護士，並在虔誠的家庭中，帶領家人進行主日敬拜。

在凱薩琳流傳下來的理念中，把家當成避風港，只是其中一部分。從揮之不去的性別角

色，到把家當作達成一致性的工具，這些理念重複出現歷史上的不同時刻，像一九四〇年代二戰期間就是如此。她的理念甚至還顯現於食譜上，例如，我們將於第八章談到的《貝蒂．克羅克圖片食譜》（*Betty Crocker's Picture Cookbook*，一九五〇年）。

如今，凱薩琳幾乎已經被美國歷史課程所遺忘，現在會提到的，都是她家族中更有名的成員，除此之外，前面提到的柴爾德、黑爾，和其他居家生活指南作者，也幾乎都被忘記了。然而，她們仍對美國文化造成了很大的影響，尤其在女性生活和教育方面。

凱薩琳的居家生活指南，教導好幾代女性，應該成為什麼樣的美國人。從維多利亞時代開始的居家生活熱，一直到十九世紀女性教育興起，才正式告終。而凱薩琳的數十本著作，正好介於這兩段時期之間。

她既激進又活躍，引導非常多女性成為老師，到現在，某些學者在解釋為什麼K－12⑧仍由女性主導時，都會將源頭指向凱薩琳。但是，因為凱薩琳的理念既複雜又矛盾，而且一點也不討人喜歡，所以，美國人其實並不清楚，她對美國文化的影響力有多大。

凱薩琳的部分影響力，也必須歸功於受到她激勵的眾多女性。凱薩琳過世後，這些女性繼承了她的理念，延續她在女性教育和家政領域的工作。如果沒有凱薩琳、女權運動家艾瑪．威

⑧幼兒園、小學和中學教育的統稱，多用於美國、加拿大及澳洲。

拉德（Emma Willard）、美國女性教育先驅者瑪麗・萊昂（Mary Lyon）等人的努力，女子學校和家政學就不可能出現。

而且，她們也是維多利亞時代的家庭生活，和二十世紀家政運動之間的橋梁。舉例來說，如果沒有凱薩琳先前的努力，那麼我們很難想像，為家政學奠定基礎的艾倫・絲瓦羅・理查茲（Ellen Swallow Richards）⑨，在今日是否能擁有同樣的地位。**到頭來，家政學之所以能成為公立學校課程的一部分，也得歸功於凱薩琳等人預先鋪好的道路。**

現代人可能會認為，凱薩琳的思想既老舊又過時。然而，第一波家庭文學浪潮，卻催生了一堆書籍，那些書告訴女性，她們的角色很重要，而且只有她們能勝任妻子和母親的角色，所以，她們的國家需要她們待在家裡。

一個女性的價值，與房子的整潔度、孩子的外表和烘焙出的甜點品質等有關的觀念，搞不好永遠不會消失。今日的女性，可能不會像以前那樣，被局限於凱薩琳對家庭生活的看法之中，但是，凱薩琳在美國建立的家庭基礎，至今仍尚未完全崩潰。

---

⑨於一八七〇年代，在麻省理工學院畢業的化學家，同時是首位進入理工學院的美國女性。

第 6 章

人的舉止會說話，教導社交的第一本書

書名：《社會、商業、政治和家庭中的禮儀》（簡稱《禮儀》）

出版年分：1922 年

作者：艾蜜莉・波斯特

紀錄：占據暢銷榜一年，截至 1960 年再版 89 次。

一九〇五年夏天，紐約金融家艾德溫・波斯特（Edwin Post）與二十多歲的歌舞女郎結束一段戀情後，小報《小鎮話題》（*Town Topics*）的一名編輯前來拜訪他。

這家小報，不僅印刷報紙，同時還有一個副業，就是敲詐紐約市的上流人士。編輯告訴艾德溫，他得花五百美元（在今日約等同一萬三千美元）買該報社的一本書，否則，下一期《小鎮話題》上，就會有關於他出軌的文章。

艾德溫拒絕被敲詐，反而去找警察。他只是紐約上流社會中，被勒索的其中一人罷了，而艾德溫被激怒後，決定起身反抗。

但也有另一個版本的故事，說他生意失敗，所以身上拿不出五百美元。總而言之，那年夏天，艾德溫一直跑法庭，與這家小報展開一場公開的法庭鬥爭。

和他一起出庭的，是他的妻子艾蜜莉・波斯特①。在他們十三年的婚姻中，她早就知道丈夫外遇的事，但為了面子，她一直隱忍。

現在，她所受的恥辱，全被報導在《紐約時報》和當地每家報紙的頭版頭條中，每天都在講述這段婚外情的每一個骯髒細節，使她完全沒有空間喘息。

艾蜜莉拒絕躲在位於圖克斯多公園（Tuxedo Park）②的奢華公寓中，反而穿著一套剪裁精美的亞麻套裝，戴著一頂鮮紅色的帽子，大步走進法庭。

她抬頭挺胸的坐在丈夫身旁，翹起鷹勾鼻，睜著淨澈的藍眼睛，聽法官講述她丈夫和一名穿紅皮鞋的美麗女郎，做了哪些不檢點的行為。在這場歷時長久、不斷被媒體渲染的審判中，沒有多少關於艾蜜莉的報導，只有一名記者，將身高一百七十五公分的艾蜜莉，形容為「身形矮小」而已。

審判結束後六個月內，艾蜜莉就申請離婚。結果發現，艾德溫已經近乎破產，因此，艾蜜莉也沒有向他要贍養費，她只想從被當眾羞辱的記憶中解脫，並正式面對餘生可能都要依靠母親的命運。

艾蜜莉開始尋找新的收入來源，她後來寫道，擁有她這種背景的女性，唯一適合的職業，是畫肖像畫、教書，或寫作。她對前兩項都不感興趣，於是，她開始寫小說。

在她的婚姻剛開始瓦解時，艾蜜莉就著手撰寫小說《飛蛾的飛行》（*The Flight Of A Moth*），而她的第二本書，則在敲詐審判進行時出版。這些書深入探討她所在之階級的社會風俗和陰謀，尤其剖析了婚姻制度。

她把自己的個人悲劇寫成了小說，描寫出軌的丈夫，和在他們身旁受苦的妻子。根據《紐約客》報導表示，在當時，大眾認為她的小說非常辛辣，這些作品甚至被比作伊迪絲・華頓（Edith Wharton）③的社會故事。

---

① 波斯特家族成員將被多次提及，為避免混淆，皆以名字而非姓氏稱呼。
② 位於美國紐約州東南部奧蘭治縣的一座小村莊，名稱源自美國原住民萊納佩人的語言，意指彎曲的水。
③ 美國女作家，代表作為《純真年代》（*The Age of Innocence*）。

處女作《飛蛾的飛行》的靈感，大致來自她獨自陪同一對年輕夫婦去歐洲旅行時，寫回家的一系列信件。

但事實上，艾蜜莉去旅行這件事，令丈夫越來越嫉妒，於是艾德溫假裝生病、把她叫回家，刻意縮短這趟旅行。當她回到家時，發現他不但身體健康，還用她的錢買了一艘一百二十九英尺長的遊艇。

艾蜜莉和《飛蛾的飛行》的主角有許多相似之處，她們都是聰明、美麗、有教養的女性，但她們有一個重要的不同之處：女主角葛蕾斯（Grace）是一名寡婦。

在小說中，葛蕾斯在給朋友的信中寫道：「法國人說，女人最理想的條件，是生下來就是寡婦，我的情況也有點類似，因為我的新人生，現在才剛開始。」

婚姻的終結，確實造就了艾蜜莉的重生，不僅改變了她的生活方式，似乎還影響了她的態度。她踏上了新的冒險，不僅到歐洲和美國各地旅遊，也開始關注各種社會問題，像是禁酒令（Prohibition）④和難民安置問題。

在書中，艾蜜莉還說：「我寧願做一隻燃燒的飛蛾，也不願做一隻爬行的蟲子。就算我被燒焦了，至少我已經飛到我的終點，而不是在地上爬。」而艾蜜莉這輩子什麼都做了，就是不肯沒尊嚴的在地上爬行。

艾蜜莉寫出的社會規則，不斷打破二十世紀初最基本的社會契約。她不僅離婚，還自己工作賺錢，在女性能投票之前，她甚至自己開車橫跨美國。

學習禮儀，通往美好生活的門票

艾蜜莉找到了自己的天職，她不要描寫自己所在階級的輕率行為，而是要糾正它們。於是她寫了一本關於禮儀的書，並因此出名，還賺了一筆小錢。在一九二二年，艾蜜莉出版了《社會、商業、政治和家庭中的禮儀》（此後簡稱《禮儀》），從如何求愛到如何使用文具，囊括了各式各樣規則，其中，有將近一百頁在描述何謂浪漫禮儀。

她在書中舉出源自第一手經驗的例子，而且絲毫不加掩飾，甚至直接提到現實生活中的社交名流，因為她的家庭在五十年前從巴爾的摩搬到紐約時，這些紐約名流就一直冷落他們。

這本將近七百頁的書，是一部名副其實的「巨」作。艾蜜莉將這本書獻給她的競爭對手，稱他們為「最好的社會階層」，她寫道：

> 我的朋友們，在這些內文中，你們的身分被偽裝成虛構人物，我把這本書獻給你們，再合適不過了。

④從一九二〇年至一九三三年，美國推行全國性禁酒，禁止釀造、運輸、銷售酒精飲料。

儘管這本書一開始瞄準的客群是曼哈頓的精英，範圍看似非常小，但卻在很短的時間內就大獲成功。一九二二年出版之後，就**在暢銷榜上停留了整整一年**，在這段時間內，**因應讀者需求，甚至再版了八次**。

沒過多久，她就擁有了一個關於禮儀的報紙專欄，在全國兩百家報紙上聯合發行，共有兩百萬人閱讀。一九三〇年，她又與NBC合作，開了一個廣播節目，使她的名字家喻戶曉。

艾蜜莉非常擅長做廣播，總統富蘭克林．羅斯福（Franklin Roosevelt，小羅斯福）曾說，他在爐邊談話⑤中得到的最大讚美是：「你和艾蜜莉．波斯特一樣厲害。」

艾蜜莉於一九六〇年去世時，《禮儀》已經再版八十九次。當時的她，或許是因為自己的人生遭遇危機，才寫下這本書，但她創造的東西，卻引起許多人的共鳴，包含移民、暴發戶，以及各種剛抵達城市的人。這些人，夢想著被邀請觀賞歌劇，或參加富有的洛克斐勒家族（Rockefeller）所舉辦的晚宴。

《紐約客》特約作家伊麗莎白．寇伯特（Elizabeth Kolbert）問道：「在美國這個應該沒有階級之分的社會裡，為什麼會有這麼多人，對餐桌禮儀感到煩惱？」然而，不可否認的是，美國人確實會為這些問題而煩惱。雖然**美國以沒有貴族而自豪，但社會行為準則卻讓很多人非常焦慮**。

關於美國禮儀的書籍，早在這個國家出現之前，就已經存在了，美國人還因此被許多歐洲人嘲笑，因為歐洲人認為美國人根本不懂禮儀。也許正是因為指導方針比較模糊，美國的統治階級又不能單純被「高貴」等頭銜定義，所以人們才更渴望得到社會的明確性。

艾蜜莉和她那一代階級相同的許多人一樣，都擔心一九二〇年代社會價值觀的轉變會導致混亂，而人類和動物之間唯一的差異，就是人類能擁有良好的禮儀。同時，中低階層的人則認為，禮儀是社會流動的手段之一，等於是通往美好生活的門票。

這本書為艾蜜莉和那個年代的混亂生活，賦予了秩序。為了緩解她自己的恐懼和不安，**她的書完美的結合了上流社會的恐懼，和下層階級的渴望，創造出一種新的現狀**。

隨著時間過去，這本書會帶著讀者，走過迅速轉變的二十世紀中期，教導他們如何擺設餐桌，和該怎麼迎接罹患創傷後壓力症候群的軍人。在美國重建時期出生，並於約翰．甘迺迪（John F. Kennedy）競選總統時過世的艾蜜莉，是十九世紀和二十世紀、居家生活熱和現代社會之間的橋梁。

像凱薩琳一樣，她也教導女性該如何生活，並透過這些行為準則，來尋找美國人的同質性，但是，**她的禮儀書同時代表著，那個充滿家庭主婦書籍的十九世紀已經過去了。女性的生活，已經不被局限於家中，她們可以去餐廳、聽歌劇，之後甚至可以進入職場，而艾蜜莉的書則反映出這個改變**。

---

⑤小羅斯福於總統任期中舉辦的晚間廣播。

艾蜜莉的書，是為新世紀寫出的新書，不僅定義了女性的角色，也定義了男性和女性在職場、家中，及任何地方的行為。

婚姻是社會義務，離婚是違規行為

在艾蜜莉成為禮儀的代表人物之前，她在一八七二年出生於巴爾的摩，原名為艾蜜莉·普萊斯（Emily Price），母親繼承了家產，父親是建築師。

儘管人們總把艾蜜莉和二十世紀連結在一起，但她仍是由上一個世代養大的孩子。就像比徹姊妹的《美國女性之家》，雖然在艾蜜莉出生前三年出版，但這本書對女性、家庭生活和社會階級的觀點，都屬於十九世紀。

於鍍金時代（Gilded Age）⑥，許多家庭變得非常富有，而艾蜜莉就出生在這樣的家庭之中。她的童年，包含了家庭教師、社交舞會和茶會，到了夏天，她還會去由父親設計、既古典又奢華的圖克斯多公園別墅中避暑。長成一名年輕女人後，她曾參加馬克·吐溫的七十歲生日聚會，並和心理學家西格蒙德·佛洛伊德（Sigmund Freud）在同一個小木屋度假村度過夏天。

她是父母親唯一存活下來的孩子，所以，從很小的時候開始，艾蜜莉就成了一名小大人，喜歡花時間與身為建築師的父親相處。在她還小的時候，父親就會帶她去現場參加客戶會議，還會為她準備繪圖桌和工具，這樣她就可以和他一起「工作」。大部分家人都認為，如果她晚出生一個世紀，可能就會成為一名建築師，而不是作家。

後來，他們一家從巴爾的摩郊區搬到紐約。當其他孩子在中央公園嬉鬧，或在街上打棒球時，她就在參加下午茶會或試穿衣服。有時她會和父親一起，從曼哈頓南端乘船去拜訪父親的朋友法蘭西斯・霍普金森・史密斯（Francis Hopkinson Smith）⑦，她都叫他法蘭克叔叔。

大人們在聊天時，艾蜜莉就在法蘭克叔叔的建築專案旁轉來轉去，探索其核心的祕密房間，假裝自己是被鎖在城堡裡的公主。而這個建築專案，就是當時炙手可熱的政府合約——自由女神像的底座。連續好幾個星期，艾蜜莉都把雕像的底座當作她的娃娃屋。

法蘭克叔叔會帶艾蜜莉搭上他的拖船，去檢查支撐梁，還讓十一歲的艾蜜莉看他的素描。隨著年齡增長，她持續在任性和獨立之間尋求平衡，並在她所屬的社會階層中，扮演一名孝順的女兒。

儘管她喜歡和父親一起工作，但她所做的事，基本上都是別人期望她做的事。她唯一一次失態，是在四歲的時候，那年的聖誕節，一位男親戚收到一套火車模型，艾蜜莉卻收到一套完整的兒童尺寸瓷器茶具組。她一打開那份禮物，就抱起茶具組，跑到外面的花園，把整個禮物

---

⑥約為一八七〇年到一九〇〇年，為美國經濟迅速成長的時期。
⑦美國作家、藝術家、工程師，他設計了自由女神像（Statue of Liberty）的底座。

砸在石頭上、摔成碎片。

儘管她家也算有錢有勢，但若和紐約那些繼承巨額家產的有錢人相比，普萊斯家族還不夠富裕。當然，她的家世可以追溯到五月花號（Mayflower）⑧，但她的家族財富源自煤炭生意，而與紐約上流人士和他們時髦的妻子相比，普萊斯家族比較像是暴發戶。所以，為了真正融入紐約社會，她必須嫁給紐約上流人士。

突然之間，有著一頭金髮、出身貴族的紐約人艾德溫出現了。那時，艾蜜莉在戴爾莫尼科餐廳（Delmonico's）的社交舞會上，和另一個舞伴跳著華爾滋時，艾德溫吸引了她的目光。艾蜜莉穿著一襲黃色緞質洋裝，襯托出她深藍色的眼睛和柔軟捲曲的深色頭髮。她將他們兩人的相遇，以及當天第一次跳波卡舞⑨的情景，形容為一見鍾情。但艾德溫對整件事情的敘述，倒沒有那麼浪漫，他只認為，這個身材姣好、容貌標致的吉布森女孩（Gibson girl）⑩很適合他。

雙方父母都質疑孩子的選擇，尤其，艾蜜莉的父親布魯斯・普萊斯（Bruce Price）認為，艾德溫只不過是個投機商人，靠購買破產時被沒收的房產賺錢；而艾德溫那滴酒不沾的母親，似乎覺得普萊斯一家完全不遵守社會守則，看到餐桌上的葡萄酒和門廳裡的裸體雕像，令她非常震驚。

兩家的訂婚派對，最後以一場關於當地政治的激烈爭論告終，但婚禮還是照常舉行。畢竟，在當時，婚姻是一種社會義務。

艾蜜莉後來寫道：「在這方面，女性應該要符合家庭對她們的期望。個人選擇並不重要，重要的是符合他們的理想。」這是金錢和頭銜的完美結合，艾蜜莉的後代稱之為「家庭交易」，與其說是幸福快樂的美好結局，不如說是一場生意。

如果她的婚姻沒有在大眾面前宣告破裂，艾蜜莉很可能一輩子都在養育孩子、管理女傭，並為階層相同的朋友舉辦晚宴。然而，離婚讓她走上一條截然不同的道路。

她在一九〇六年離婚，在那個時代，對她那個社會階層的人來說，自己煮飯、領工資，是一件很陌生的事。她的第一個「違規行為」，也就是離婚，引發了連鎖反應，讓她在那個世紀交替的時代，至少擺脫了一部分束縛眾多女性的枷鎖。

雖然，當時已經出現第一次女權主義浪潮的聲音，但女性的選擇還是很少。在紐約這樣的城市裡，貧窮女性只能在市中心的工廠裡製作衣服和裝飾品，並讓住宅區的女性購買之後，穿戴著這些東西參加無聊的社交活動。

艾蜜莉的兒子，後來把這個時代形容為「大浪費時代」，因為**當時與艾蜜莉同階層的女性**，

---

⑧於一六二〇年，從英格蘭搭載清教徒，前往美洲殖民地的客船。

⑨一種捷克的民族舞蹈。

⑩查爾斯·達納·吉布森（Charles Dana Gibson）畫出的女性形象，成為一九一〇年代美國非常流行的女性審美標準。

除了基本教育之外，沒有再受更多教育的機會；她們的未來，被局限在養育孩子以及與其他媽媽交流之中。

第一次世界大戰，對美國和全世界都造成了嚴重的傷害，艾蜜莉的長子也差點戰死沙場。她的長子，小名為奈德（Ned）的小艾德溫．波斯特（Edwin Post Jr.）在二十三歲時入伍。一從哈佛畢業，奈德就接受飛行員訓練，很快便被派往歐洲。在法國時，奈德駕駛的飛機竟在空中著火，但他設法單手降落飛機，同時用另一隻手抱著珍貴設備，在墜機前一刻逃離。

兒子從軍這幾年，艾蜜莉肯定在家裡焦急的等待他，為了得到關於兒子的消息，每天都查看信箱、關注新聞。她的剪貼簿中，貼著關於兒子與死亡擦身而過的新聞，其中一篇新聞標題為：「美國飛行員的冷靜，溫暖了法國人的心。」

奈德屬於比較幸運的那群人，他並沒有在戰爭中喪命，戰爭結束後，奈德便回到母親家中。此時在歐洲，戰爭已經害死了數百萬人，包含超過十萬名美國人。

在一九二〇年代，第一次世界大戰結束才沒幾年，艾蜜莉剛開始寫《禮儀》時，美國女性已經可以只穿著一條短襯裙，搖擺著沒穿束腹（又稱馬甲）的身體，在煙霧瀰漫的夜店裡跳舞了。同時，美國女性剛投下她們的第一張選票，幫助華倫．哈定（Warren G. Harding）當選總統。因為禁酒令的關係，她們不能在公共場合喝琴酒，但她們可以跳舞、調情，並享受獨立的滋味。有些女性甚至把頭髮剪短，並和那些從戰場歸來的男性抽同樣的菸。

然而，在一九二〇年代中，仍有一股失落感，徘徊在哈林區的舞廳和曼哈頓的地下酒吧裡。讀者們渴望理解，美國人該如何應對世界大戰所代表的劇變，畢竟，除了因戰爭而喪生的士兵之外，還有成千上萬名在戰場上埋葬了部分自己、甚至對人性喪失信心的軍人。從約翰・多斯・帕索斯（John Dos Passos）、歐內斯特・海明威（Ernest Hemingway）那一代作家的書中，我們可以看到第一次世界大戰，破壞了多少文明生活的重要邏輯。

在這場戰爭中，似乎各種規則都被打破了，在政治、文學、社會等各個領域中，我們都能看到一個新的美國。這個美國，將是個全新的國家，但是，伴隨而來的是人們對混亂及社會結構解體的恐懼。

教人禮儀的書，卻在圖書館裡第一常被偷

一九二〇年的某個夜晚，艾蜜莉在位於公園大道⑪的公寓裡，舉辦了一場週六晚宴，邀請了十二名賓客參加。此時四十多歲的艾蜜莉，已是一名成功的小說家，她的身邊多出了經紀人、編輯和文壇人士，包括美國文化時尚雜誌《浮華世界》（*Vanity Fair*）的總編輯法蘭克・克勞寧希德（Frank Crowninshield）。

⑪位於紐約市曼哈頓的一條南北向大道。

眾人對禁酒令的哀嘆，很快就變成了對個人自由和公共空間的廣泛討論。當其他賓客在叫計程車時，克勞寧希德仍在甜點旁徘徊，並抨擊許多寫得很差的禮儀書。

然後，就像頭上突然有燈泡亮起來一樣，他向艾蜜莉說：「不如你來寫一本關於行為舉止的書吧！」艾蜜莉覺得這個主題很愚蠢，並表示她沒興趣教人們該用什麼叉子。

幾個星期後，他又打了好幾通電話給她，除了不斷恭維她之外，他還表示，在一戰之後，美國的戰爭新娘⑫、新移民，和暴發戶，是多麼迫切的需要她的建議。據說，在克勞寧希德連續奉承她幾個星期、甚至幾個月之後，艾蜜莉才終於點頭。

然而，連她的後代，今日經營著艾蜜莉．波斯特研究機構（The Emily Post Institute）的莉茲．波斯特（Lizzie Post）和丹尼爾．波斯特．森寧（Daniel Post Senning），也懷疑這個故事的真實性。

艾蜜莉的傳記作者蘿拉．克拉里奇（Laura Claridge）發現，艾蜜莉會寫禮儀書，根本就是因為自己對禮儀感興趣。她曾寫一封信給經紀人，懇求她的經紀人為她找一份職缺，讓她擔任以禮儀為主題的月刊雜誌專欄作家。

那麼，艾蜜莉對禮儀這麼感興趣，背後的原因是什麼？從寫一本關於禮儀的小說，到寫一本關於禮儀的指南，看似非常自然。

然而，幾乎所有與她親近的人，從經紀人到兒子，一概認為這個案子有失她的身分，覺得這可能是她跟時代脫離太久的跡象。

其實，她的熱情來自其他地方，既有個人的原因，也有一部分是為了盈利。從她的寫作生涯開始的那一天起，她的作品，似乎就被對於明確性和控制的渴望所驅動，而禮儀這個主題，正好能滿足這兩個欲望。

除此之外，儘管她不願意承認，但她仍需要錢。艾蜜莉開始寫這本書時，其實已經是一名成功的作家了，但她的收入主要來自雜誌上的零散文章，小說也不確定是否賣得出去，她偶爾也會做一些建築模型賺外快。

寫一本關於禮儀的書，既是賺錢的方法，也可以說是一種解藥，因為她發現身邊出現越來越多不懂禮儀的人。一開始撰寫《禮儀》，她就完全投入其中，從每天早上六點半開始，就坐在床上，一邊喝咖啡、吃吐司，一邊寫作。

她開始詢問朋友，甚至還會問正在排隊等計程車的陌生人，他們認為最適當的行為舉止是什麼模樣。她的工作室裡，貼滿了關於這本書的筆記，艾蜜莉用圖釘固定許多小卡，上面寫著旅行、初次見面、婚禮和發音等標題。

在寫書的兩年間，她的生活作息幾乎都是如此，只有在圖克斯多公園俱樂部吃午餐，或週日與兒子們見面時，才會出門。最後，她交出一份超過六百頁的手寫初稿。

---

⑫ 戰爭後，與其他國家的軍人結婚的女性。

《禮儀》出版時，出版社對這本售價四美元（於今日約為六十二美元）的書，期望並不高。但是，這本書卻再版了十七次，讓艾蜜莉聲名遠播。

從蒙大拿州、內布拉斯加州，到北卡羅萊納州、俄亥俄州、麻薩諸塞州和紐約市，這本書在全國各地的商店販售。《禮儀》的廣告，被刊登在美國四十六州的一百多家報紙上，**總發行量達兩百零九萬六千四百四十七份**。

出版後的幾年內，艾蜜莉收到成千上萬封粉絲信。到了一九三〇年，她的禮儀專欄已經擁有兩百萬名讀者，其中，大多數不是來自她的社會階層。這本巨作，從為新娘安排單身派對的規則，到如何進入上流階層的明確建議，內容包羅萬象。

《禮儀》會如此成功，一部分原因是，人們覺得讀起來很有趣。在二十世紀初，人們開始向市中心遷移時，數十本來自鍍金時代的禮儀書都很受歡迎。

但是，許多早期的禮儀書，都既無聊又充滿說教意味，相較起來，艾蜜莉的書則插入了一些有趣的角色，例如吉丁（Gilding）家族、肯哈特（Kindhart）家族、泰德林頓・德・普斯特司（Titherington de Puysters），和沃迪太太（Mrs. Wordly）。這些角色，特別吸引艾蜜莉的社交圈，因為他們都代表著來自紐約上流家族的真實人物。

儘管這本書價格不菲，但它還是被各種社會階層的人閱讀。在二十世紀，這本書幾乎是圖書館裡，第二常被偷的書，僅次於《聖經》。她的後代丹尼爾打趣道：「偷一本禮儀書也很過癮，還有比這更美國化的現象嗎？」

想融入上流社會，社交是重要的線索

艾蜜莉從報紙和雜誌上，剪下了十幾篇不同的文章，貼在剪貼簿中。在這些文章中，《禮儀》被稱為公共圖書館最受歡迎的書籍之一。人們讀這本書的感覺，就像在讀一本自我成長書，讀者在書中，看到通往美好生活的藍圖，以及越來越多人渴望成為的美國人。這類型的美國人，不僅知道什麼時候該脫手套和帽子，而且，無論在各種社交、商業場合上都能感到自在。對於想進入上流世界的人來說，《禮儀》就是他們的通行證。

艾蜜莉在書中寫道：

若把「最佳社會」（Best Society）⑬比作兄弟會，把避免使用看似不重要的字眼，當作認可的標誌，不是一個很好的比喻。奢華世界的人，會使用某種特定的表達方式，並本能的避免使用其他表達方式。因此，當一個陌生人使用了「應該迴避的詞彙」時，就表示他不屬於這裡。

---

⑬艾蜜莉於書中，把擁有更好的生活、被接納為上流社會的一員，稱為加入最佳社會。

《禮儀》用這種方式讓人知道，社交，是一系列微妙的線索，而這些線索，可以讓一個人更接近被認可，也可能讓他離「最佳社會」更遙遠。在這個充滿地雷的社會中，這種書成為一張不可或缺的地圖。禮儀書不僅提供概括的建議，還包含了想攀附上流者的人，需要知道的所有資訊。

現代主義（modernism）一詞，第一次出現可能是在一九二二年，《紐約時報》後來將這個詞彙描述為「清洗傳統的屍體」。對一些年輕人來說，舊規則似乎不再適用，但是，對於那些想要往上爬的人來說，規則永遠適用。

我們可以想像，史考特・費茲傑羅（Scott Fitzgerald）筆下的蓋茲比，透過閱讀《禮儀》來模仿上流社會。費茲傑羅本人深受艾蜜莉的書吸引，甚至根據艾蜜莉書中的原則，寫出了一個完整故事，因為他明白想要打破規則的人，必須先知道規則是什麼。

在一九二二年，有一則宣傳《禮儀》的廣告，上面寫著：「人的舉止會說話，能看穿男人，也能看穿女人。」根據一個人的舉止是禮貌、還是粗俗，可以決定他會被平等接納，抑或被拒絕。

因此，**想當一個成功的美國人，你必須「被他人視為同類」**。在作者的眼中，雖然對某些人而言，禮儀是與生俱來的，但也可以靠行為達成。艾蜜莉的書，為這種美國建制派⑭的願景，提供了讀者需要知道的一切。

現在，原始手稿已經公開，所以任何能上網的人，都可以去看看這數百張手稿。這種好美國人的願景，在整個國家裡越來越普及，但似乎更適合為社會地位奮鬥的人，而不是本來社會地位就高的人。

《禮儀》所作的承諾非常特別。這本書說，美國人要像蓋茲比一樣，可以愚弄任何人，只要記住幾百條規則和行為，就能讓他們以為自己屬於那個世界。這做到這點，必須付出大量的努力，但這只是願不願意付出的問題，而不是特權，甚至無關運氣。

丹尼爾解釋：「在我的印象中，《禮儀》非常適合那個時代。從最好的角度來看，美國是一個由精英領導的社會，我覺得這很好，希望我們能繼續這樣子看待美國。而且，這種精英領導制度，理論上來說，代表任何有意願和能力的人都做得到。」

在上面這段話說，「理論上」一詞是關鍵。正如艾蜜莉後來的行為所顯示，美國看待自己的方式，和美國的行為方式，往往是兩件完全不同的事。

艾蜜莉設想的好美國人，願意付出很大的努力，來改變自己的行為，同時又會盡力將這種努力隱藏起來，就像鴨子在水面下瘋狂划腳，水面上看起來卻很平靜一樣。

《禮儀》打的廣告特別強調，書中有一整章的主題是提升社會地位，章名為〈一個人在社

⑭支持主流與傳統，主張維護現有體制的政治勢力。

區中的地位〉（One’s Position in the Community）。這一章教導讀者，外來者能如何獲得社會地位，和外人該如何進入社交圈；然而，這部分其實只有少少幾頁，相較之下，艾蜜莉竟用了將近四十頁的篇幅，講述如何撰寫、回覆邀請函。

還有另一個章節警告人們，不要假裝隨意的提到權威人士的名字，藉此自抬身價，因為對那些生活在社會頂層的人來說，這樣子瘋狂攀附權勢，看起來既荒唐又可笑。

這就是這本書奇怪的地方。這本書的內容，似乎是為了完全不同的讀者所準備。仔細想想和艾蜜莉階級相同的人，根本不需要透過讀書，學習去餐廳該穿什麼衣服。然而，《禮儀》卻堅持，在不同社會階層移動，其實非常簡單，並強調「非常」這兩個字。她寫道：

> 你們這些在樹立自己地位的人，無論是一個年輕的丈夫，還是一個陌生人，如果精靈一定會實現你的願望，你會希望人們因為你的財富和優雅，而敬畏你嗎？
>
> 還是，比起權力能帶來的恩惠，你反而希望因為你是個有同理心的夥伴，而被他人敬愛？這兩個願望，並非任何人都能實現。這單純是將一張將有價值的證券，存入人生這個銀行的問題。

有了良好的禮儀，良好的生活就成為「人生的銀行」。即使一般人認為，禮儀是讓人們放鬆、創造和諧社會的必需品，但**從根本上來說，禮儀是一項交易**。所以，在當時，**若想在美國**

取得成功，你需要融入他人的能力，而不是獨創性。

有越來越多人接受了這個想法，而這些人通常剛搬入市中心，或是突然發財、成為暴發戶，因為這兩種人都想融入美國上流社會。

移民及非白人種族，永遠無法爬到上流社會

《禮儀》中不言而喻的潛臺詞，是種族和移民問題。這些問題在一九二〇年代中期，幾乎變成一股狂熱。大量移民的湧入，使歸化的美國人，和在這個國家出生的美國人開始思考，誰是真正的美國人，誰又不是。

就在《禮儀》出版的前幾年，總統西奧多．羅斯福（Theodore Roosevelt，老羅斯福）在一場著名演講中表示，他認為沒有所謂的愛爾蘭裔美國人、德裔美國人。老羅斯福認為，美國人就是美國人。

他說：「我們所有人，無論父母來自哪片土地，無論以何種方式崇拜我們的造物主，在美國都必須肩並肩、團結在一起。」因此，定義美國身分的新方式，就是走向國家統一；而根據羅斯福陣營的說法，要達成國家統一，可能就必須放棄種族身分。

艾蜜莉小時候當成玩具的自由女神像，現在已經吸引近一千四百萬名移民來到美國。尤其，來自義大利、捷克、愛爾蘭和波蘭的新移民，都在紐約活動，檢驗這個所謂的大熔爐，能

否發揮作用。

與此同時，種族問題，也就是美國黑人問題，也逐漸浮上檯面。他們雖然不是移民，卻被當成局外人對待。在這個時代，吉姆・克勞法（Jim Crow laws）⑮、優生學和暴力，不斷被施加在黑人的身上。

一九二〇年代中期，三K黨（Ku Klux Klan）⑯再起，估計當時成員人數在三百萬到八百萬之間。一九二五年夏天，數萬名三K黨成員，在位於華盛頓特區中心的賓夕法尼亞大道上公開遊行，中途還在離白宮不遠的地方野餐。

在艾蜜莉的社交圈中，種族和民族的問題也在社交活動、聚會，甚至婚禮上日益顯現。艾蜜莉在圖克斯多公園的一位鄰居奇普・萊茵蘭德（Kip Rhinelander），娶了一名年輕女子為妻，但據傳那名女子的父親是有色人種。

這樁婚姻引發的醜聞，被稱為萊茵蘭德醜聞，在紐約社會引起軒然大波，因為在艾蜜莉的社交圈中，許多人認為這是「異族通婚」或種族混合，在當時大多數州中，包括紐約市，這種行為是非法的。接下來的兩年，這段婚姻成了《紐約時報》數十篇報導的素材。

在萊茵蘭德以「種族欺詐」為由，申請解除婚姻後，艾蜜莉於一九二五年寫了一封信給《社交界名人錄》（*Social Register*）⑰，敦促他們從裡面刪除新娘的名字。她寫道：「為了種族，也為了你所維護的社會風化，請好好解釋你們的行為。」艾蜜莉很晚才接受，跨種族婚姻也能屬於「最佳社會」的一部分，並收錄在修訂版的《禮儀》中。

儘管她表示自己想藉由《禮儀》這本書，讓人們輕鬆學會上流社會的儀態，但是，若是涉及她個人的事情，艾蜜莉又會將行為規則，當成一種排斥工具。

《禮儀》中的民主願景，只適用於可以被視為精英成員的人——白人，而且只適用於特定種類的白人。正如過往好幾代的情況一樣，**向上的社會流動具有選擇性，刻意跳過了黑人和某些移民社區，只因為他們的膚色不同**。

若落入居心不良的人手中，即使於現今，禮儀也能成為排斥他人的藉口，或掩護偏見的方式。與其直截了當的說，某人因為膚色或父母出生的國家，而沒有受邀參加活動，反而可以找藉口，說那些人會被排斥，是因為他們不知道規則，或是沒有受過正確的「教育」。

同樣的，性別角色也是《禮儀》的盲點之一。明明艾蜜莉非常厭惡，因自己的階級和性別，而被強加在自己身上的限制，但是，身為一名離過婚的職業婦女，在她的書中，幾乎從未提到關於離婚或女性在外工作的現實。

對於一個出生在一八七〇年代的女性來說，這也許還能理解，但對於一本出版於一九二二

---

⑮ 對美國南部各州的有色人種，主要為非裔美國人，實行種族隔離制度的一系列法律；種族隔離指在日常生活中，按照不同種族分割人群。

⑯ 簡稱ＫＫＫ，奉行白人至上主義運動和基督教恐怖主義的仇恨團體，也是美國種族主義的代表性組織。

⑰ 每半年出刊一次的出版物，記錄美國上流社會的成員。

年這個「新女性時代」的書來說，就讓人不太能理解了。雖說在這個時期，大多數外出工作的美國女性，都在工廠工作或負責其他粗活，但這似乎仍是一個疏忽，因為《禮儀》原本瞄準的客群並非勞工階級。

艾蜜莉用了幾十頁的篇幅，講述恰當的浪漫禮儀，包括求愛和結婚，然而，艾蜜莉卻幾乎沒有提到離婚這個話題，明明在一九二二年時，美國有近十五萬對夫婦離婚。她只用了很短的篇幅談論離婚，其中一部分是：

> 作為一名不快樂的妻子，她的尊嚴要求她，無論丈夫如何在大眾面前冷落或冒犯她，都不要反對他。如果她不幸嫁給了不是紳士的人，一直注意他的行為，只會使她與丈夫一樣低級。如果真的到了要離婚的地步，她自然會和父母、兄弟，或任何與她親近又聰明的親戚討論她的處境。但她會避免公開，並盡量不和直系親屬以外的人討論自己的事情。

當時的理想美國女性，遇到不公平待遇時，必須守口如瓶，甚至完全保密。艾蜜莉在自己的生活中，或許打破了當時的性別規則，但當女性積極挑戰關於性別、金錢、社會生活的角色時，艾蜜莉在《禮儀》中講述的內容，卻強化了這些規則。

雖然在一九二二年，一切都在變化，但某些規則仍然不變。其實至今，社會階層和與其相關的標誌仍然存在，而且仍可以決定美國人在社會、職涯上的成功與否。以前排斥他人的依據，是餐桌擺設或文具，現在人們則可以根據語氣、衣著，或其他與社會背景緊密相連的信號來排斥他人。

社會學家安德莉雅・沃耶（Andrea Voyer）專門研究禮儀和不平等之間的關係，她告訴我：「當我們散發關於自己階級的線索時，是具有一定的影響力的。這種線索，會影響面試的結果，和他人對我們的評價。在某種程度上，我們可以說，我們對禮儀的態度是民主的，但這與我們在日常生活中做出的判斷未必相符。」

沃耶花了幾年時間，探索禮儀對三個「民主空間」——公立學校、教會、社區委員會，會產生什麼樣的影響。然而，她發現，禮儀與其說是讓這些空間更具包容性，人們反而會根據階級、性別、種族和移民身分等微妙線索，產生不同類型的排斥。

我們每個人都在持續傳達關於自己出生背景的資訊，而且通常是無意識的。她解釋道：

> 這些世俗的期望，通常會影響人們做出的決定，比如他們坐在誰旁邊，或是支持誰進入公司董事會。基本上，就是在這個社交世界中，判斷誰是「我們」、誰不是「我們」。
>
> 在社交世界裡，如果直接說「我們不和窮人來往」或「我們的社交圈不接納有色人種」，這是很不恰當的行為；但是，如果說「她看起來在生氣」或「我真的不認為她有時間加入我們」，那就合理許多了。

隨著禮儀變得更加民主，往往只會變得更為複雜，而不是更具包容性。在今日，有些人可能會抱怨，美國社會中已經沒有禮儀可言，但是，沃耶的研究顯示，這些規矩不僅依然存在，而且也變得越來越難以解讀。

現今社會，可能已經超出美國人對禮儀的理解，但當代社會仍然無法創造出《禮儀》一書所建議的理想。《禮儀》書中的民主本質，特別吸引美國人，他們渴望以成就、金錢，和各種爭取得到的東西為基礎，來看待這個世界。

不過，像沃耶做的研究，和艾蜜莉自己在種族問題上的失誤一樣，它們揭示了《禮儀》核心的缺失：有些人，無論多麼努力、不管他們記住了多少規則，就算知道該用哪支叉子、怎麼寫感謝函等，但就是沒有辦法往上爬，也無法進入艾蜜莉的階層。

也許是因為膚色、性別或父母的工作，總之，他們的社會階層，就是被限制在一個特定的高度。我們不可能知道艾蜜莉試圖從《社交界名人錄》中刪除的女人，是否知道該用哪支叉子用餐，但可以確定的是，就算她知道，也不會有什麼差異。

有時，跟隨群體規範，可以讓你獲得更好的生活；但是也可能，不管那個人是否禮儀良好，都因為先天上的差異，而無法提升社會地位。或許，禮儀的存在，並不是為了促進社會流動，而是為了讓那些處於頂端的人更舒服。

雜誌《城鎮與鄉村》（*Town & Country*），在一九二三年發布了一篇關於《禮儀》的評論，指出這本書對於有錢、但不清楚社會規則的大量第二代移民非常有用。這位評論者的語氣，充滿了貴族的優越感，文章寫道：

> 這種書，是美國化的一部分。我們的祖先希望外國移民來到我們身邊，身為他們的子孫，我們利用這本書來安撫克爾柏洛斯（Cerberus）⑱，努力恢復約在四十年前，令人嚮往的溫柔藝術。

艾蜜莉的書，被扔去安撫冥界大門前的三頭犬，這個畫面恰好說明了一切。這篇評論表達的，可能不是艾蜜莉的本意，但肯定是《禮儀》在上流社會如此流行的部分原因。

這些上流人士的禮儀，不是為了讓每個人都感到舒適，也不是為了幫助其他人變得更好，而是為了確保他們的生活方式不會受到挑戰。

這麼一來，美國的上層人士，就成了貴族的替身。其實，學習禮儀，就是表現得像有錢人一樣。我們會繼承我們認為正確的行為規則，但**這些規則，可能不是源自最好的做事方式，而是有錢人的做事方式**。

如果《禮儀》真的是進入上流社會的入場券，那麼，這本書對那些已經生活在上流社會的

⑱俗稱地獄三頭犬，希臘神話中看守冥界入口的惡犬。

人來說，應該是一種威脅。不過，他們對這本書如此歡迎，更加說明了這本書具有雙重目的。

把禮儀當成一種道德標準，而非繁瑣的規定，艾蜜莉就能進一步說服人們，告訴他們禮儀有多必要，並將社會流動的新想法，與古老的種姓觀念結合起來。從某些角度看來，艾蜜莉是一座橋梁，把上流社會和那些想成為他們的人連接起來，也連結起鍍金時代的禮儀，和現代社會對禮儀的排斥。

以《愚人船》（*Ship of Fools*）一書獲得普立茲獎的凱薩琳・安・波特（Katherine Anne Porter），說艾蜜莉是上流社會的「翻譯員兼辯護者」，形容她為紐約社交界和美國人之間的聯絡員。

在最悲痛的時刻，禮儀能撫慰人心

艾蜜莉並沒有沉浸在飆升的銷售數字及各界好評中太久。一九二七年，她的小兒子布魯斯（Bruce）突然抱怨肚子痛，後來，她在二月二十五日強迫他去醫院檢查，才發現布魯斯的闌尾破了。

送到醫院後幾小時內，布魯斯就過世了，年僅三十二歲。艾蜜莉八十七歲的一生中，一直承受著各式各樣的悲傷：丈夫偷吃、離婚、父親的癌症、母親在車禍中頭骨破碎並突然離世，而失去兒子，讓她受到更大的打擊。據她的大兒子奈德所述，艾蜜莉躲在家裡好幾個星期，拒絕接受布魯斯已經死去的事實。

雖然艾蜜莉一輩子都很低調，也很少公開談論自己失去親人的經歷，但在一九二二年出版的這本書中，她針對失去某人的悲痛，提供了一些見解：

當我們被遺棄，站在所愛之人離去後剩下的黑暗邊緣時，這是靈魂最為莊嚴的時刻。在這種時刻，我們最不可能向看似矯揉造作的禮儀尋求安慰；然而，在最悲痛的時刻，禮儀發揮著最重要、最真實的作用。所有為社會禮儀制定的規則，都以「順利的」和他人交往為目的，而在為死者舉行的莊嚴儀式中，最需要的就是順利。

禮儀這個陳舊的僕人，拉上窗簾、壓低鐘聲，使屋子保持安靜，使人們的說話聲、腳步聲、喧鬧聲都消失。禮儀站在帶有善意、卻糾纏不休的局外人，和喪親者的隱私之間，它下令讓最後的儀式順利進行，讓喪禮美麗而莊重，並盡可能的減輕悲痛和辛酸。

也許，**禮儀是為了突然闖入的悲傷留出空間的方式**。禮儀可以在喪親者和試圖安慰他們的人之間，發揮緩衝的作用。我們可能會認為，社交規則是用來隱藏真實想法及感受的方式，但在這種情況下，它們似乎為這些情緒騰出了空間。

這段令人心酸的話語，只可能出自一個熟知「黑暗邊緣」的人口中。這段話撫慰了很多讀者的悲痛，包括二十世紀的著名作家瓊・蒂蒂安（Joan Didion），蒂蒂安說，在她失去丈夫和女兒後，艾蜜莉這篇文章，是少數能緩解她痛苦的東西。

然而，艾蜜莉不允許自己長時間沉浸於悲傷之中。就像她在人生的困難時期經常做的那樣，她在悲傷和混亂中，再次以一種強烈的激情寫作，這就是艾蜜莉最強大的動力——控制。

早在很久以前，她的財產就已經夠她不愁吃穿，但她還是繼續寫作。她的內在動機，似乎來自對於整理和安排的欲望，她想把東西放在該放的地方，並把它們弄整齊。艾蜜莉寫作的原因，和許多人閱讀的原因一樣，她試圖一點一點的理解這個令人困惑的世界。新修訂的版本，加入了數十頁內文和幾個新角色，在布魯斯死後幾個月便出版。

這種想要重獲某種控制的強烈欲望，激發了她的寫作動力，並出現在她終生保存的個人剪貼簿中。這本剪貼簿是她死後僅存的個人作品之一，每張照片都仔細標上了日期和標題，她會從《紐約時報》和《匹茲堡新聞》（*The Pittsburgh Press*）等報紙中，剪下幾乎所有關於她和她兒子的新聞。

她會一一檢查並圈出錯誤，例如，她劃掉了她父親「設計了一、兩棟摩天大樓」這句話，並在旁邊寫上正確的內容，或是修正與她父親一起旅行的公爵姓名，及一些其他的小細節。

這些剪貼簿，基本上是對她人生的訂正。艾蜜莉用紅筆，劃掉《紐約客》中一篇關於她的句子，還加上批註，說這位記者犯下了愚蠢的錯誤。在《禮儀》中，她堅持人們在稱呼離婚女性時，既要用娘家的姓，也要使用前夫的姓。只要有記者稱呼她為波斯特夫人，而不是用普萊斯．波斯特夫人，她都會一個個圈出來，而且這種錯誤出現很多次。

從剪貼簿中可以看出，她不只非常注重外在門面，對細節也一絲不苟。在她去世前的幾十年裡，她就一直在想，世人會怎麼記住她。這種對細節的執著，在她所編輯的各版本《禮儀》中，都可以看到，而且也促使她完成第二版《禮儀》。修訂後的《禮儀》，從許多方面看來，都顯然屬於中產階級，這有一部分得歸功於一九二〇年代不斷變化的社會習俗和讀者群。

新版本中，包含了艾蜜莉最著名的角色之一——三合一太太（Mrs. Three-in-One），這是一名在晚宴上兼當女招待、廚師和女主人的女士。一開始，《禮儀》假設讀者的家中都有廚師和侍者，但在新的版本中，艾蜜莉越來越考慮到美國中產階級的現實，美國知名廚師茱莉亞．柴爾德（Julia Child）也稱三合一太太為「沒有僕人的美國廚師」。

三合一太太會做舒芙蕾，還能在舒芙蕾塌掉之前送上餐桌，同時用她的魅力娛樂客人。透過這種方式，修正過的中產階級版《禮儀》，回到了美國禮儀的根源，避免極端的放肆和自負，同時承認美國中產階級生活中固有的挑戰。

語言，不能過於放肆，也不能太正式

從一開始，美國禮儀的根源就警告人們，絕對不要裝模作樣。早期美國禮儀專家的建議是，在生活中各個方面，都堅持中庸之道，從禮儀到氣質都是如此。他們不鼓勵與他人直接衝突，並強調讓每個人都感到舒適，是邁向成功的步驟之一。

一位研究禮儀的歷史學家表示，早在美國獨立戰爭時期，市面上的禮儀書，就希望藉由教導中產階級成為紳士，來促進社會流動。早期美國的精英階層，較多是由金錢決定，而不是看他們的出身。雖然美國社會階級或許沒有歐洲那麼封閉，但是仍只有社會經濟階層相似的人，能夠互相混合。因此，在社會流動這方面，顯現一個人階級的特色，就變得更加重要。

法國外交官托克維爾在觀察十九世紀早期美國時發現，美國人正盡其所能的展示出，他們認為人與人之間完全沒有差異的模樣。然而，不同社會階層之間的不平等，並沒有因此而消除。托克維爾寫道：「我這麼形容好了，美國社會的樣貌覆蓋著一層民主的光澤，而在那層光澤下，不時能看到昔日貴族的色彩。」美國人那樣的舉止，可能是一種殘忍的把戲，只給予了平等的幻覺。

某禮儀歷史學家指出，第七位美國總統安德魯．傑克遜（Andrew Jackson）的當選，是美國社會行為的轉捩點。在一八二九年，傑克遜進白宮不久後，禮儀書的出版量和銷售量都大幅上升。傑克遜的家庭是貧困的移民，他是第一位既不是維吉尼亞地主、也不是哈佛畢業生的總統。隨著必須擁有土地才能投票的規定逐漸消失，越來越多人得到投票的機會，傑克遜因而被稱為「人民的總統」。

依照當時的傳統，為了舉辦就職典禮，要開放大家進入白宮，當時有許多農村支持者到場。一名當時也在白宮的目擊者，後來告訴《芝加哥論壇報》（*Chicago Tribune*）：「就像所有粗野的蠻荒之人和鄉下人要來襲擊首都一樣，有一半的人帶著手槍，將褲管塞進靴子裡。」後來，舞會變得非常喧鬧，賓客打碎玻璃、破壞地毯，白宮工作人員只得把威士忌酒桶扔到草坪上，引誘參加聚會的人離開建築物。

此時，美國社會出現了一種新時代的感覺，在那些違反禮儀的行為中，美國人很快又開始對行為準則產生了新興趣。正如歷史學家小亞瑟．史列辛格（Arthur M. Schlesinger Jr.）在他影響深遠的著作《如何舉止》（*Learning How to Behave*）中所述：「換句話說，對平等的熱情，以所有人都可以成為紳士，而非紳士應該消失的觀點上表現出來。」

即使是在最偏遠的島嶼上，禮儀也存在著。當時正值中年的美國思想家拉爾夫．沃爾多．愛默生（Ralph Waldo Emerson），在一篇名為〈禮貌〉（Manners）的文章中，指出禮貌有助於定義一個自行構成的貴族。

這篇文章，發表於傑克遜就職典禮的十年後，而從那時起，人們就明白禮儀的最大功能，是作為一種民主社會契約。從某種意義上來說，這裡指的民主，可能不是指在決定行為舉止時，人人都有平等的發言權，而是說，這個社會上沒有國王或伯爵夫人，只有總統和一般女性，而這些普通人，將決定最佳社會的基本原則為何。

如果憲法是美國社會契約最基本的形式，那麼，實踐禮儀和閱讀禮儀書，則是在擴展此一議題：美國人身為人和公民，應該給予彼此什麼？

到了十九世紀中期，越來越多美國人，或想成為美國人的人，都更加希望出現專屬美國的禮儀，可以作為社會的潤滑劑，在這個日益多元化的國家中，緩解各種差異。

某位禮儀作家曾說，美國人不想再模仿外來的禮儀，因為那些禮儀，通常奠基於與美國完全不同的社會條件上。因此，美國人想要擁有根據那個時代、地點等特定社會條件制訂而出的禮儀。

就像韋伯斯特試圖汲取歐洲文化的最佳形式，並創造出全新且統一的美國文化一樣，禮儀也發揮了同樣的目的。它允許美國人（至少是最高階層的美國人）選擇最適合他們的行為方式，並避開歐洲貴族的隱患。

雖然艾蜜莉的《禮儀》，可能沒有實現美國禮儀書推崇的中產階級烏托邦，但有證據顯示，她其實一直試圖實現類似的願景。《禮儀》中關於談話的章節，帶有美式的和平主義，她告訴人們，避免過於正式或放肆的言論，才能讓雙方都比較舒適。她警告讀者，要避免使用無知、做作的語句，不要說「I done it」（過於低俗）或「partook of liquid refreshment」（過於正式）。她列出了過於低俗和正式的語句，告誡大眾千萬不能說出口。

艾蜜莉甚至建議讀者買一本發音字典，她說，雖然矯揉造作很令人厭惡，但絕對不能粗俗。在這種情況下，這些具權威性的參考書，幾乎從來不獨立，而是串連在一起，以微妙的方式支撐著彼此。**購買《禮儀》的人，幾乎肯定也會購買《韋氏字典》，不僅是因為《韋氏字典》的地位，也是因為這本字典至少在理論上，可以改變一個人的說話方式**。

我在本書中囊括的每本書，都以最佳、最美國的方式塑造新美國人，而且這個方式，僅由一小群上流人士所決定。

《禮儀》揭示了局外人必須小心拿捏的平衡。上流人士由母親和家庭教師教導禮儀，局外人則是在模仿他們，因此，艾蜜莉在書中警告讀者不要裝模作樣時，本來就不是在針對原有的權貴，而是針對這些新來的人。

雖然在二十世紀，行為舉止變得民主化，但禮儀在某種程度上，仍代表模仿紳士和他們的妻子。不過，艾蜜莉沒有以一種顛覆過去舉止的方式改革禮儀，也不能完全責怪她，因為這種形式本身就有限制。禮儀書作者沒有辦法重新發明所有規則，所以，他們寧願選擇最好的行事方式。

《禮儀》的流行，也具有反饋的作用，這本書也向艾蜜莉和讀者證實了，上流社會及其行為的資訊，確實很有價值。艾蜜莉不是一般的禮儀書作家，這個事實增強了她的個人威信，她憑藉自己的能力，才得以一夕成名。

在一九五〇年，廣受歡迎的女性雜誌《佳麗》（*Pageant*）將艾蜜莉評為最具影響力的女性之一，排行第二名，僅次於羅斯福的妻子愛蓮娜。艾蜜莉過世後，美國家喻戶曉的雜誌《生活》（*LIFE*），稱她為美國前兩個世紀最傑出的女性之一。

即使到了今天，若有人在聚會上把紅酒灑出來、大聲擤鼻涕，大家也會開玩笑的說：「艾蜜莉．波斯特會怎麼說呢？」

她不僅是一個作家，還是二十世紀中期的生活大師。她的面孔和聲音，在電視、廣播，和每個月的專欄中，都很容易辨識。艾蜜莉本身就是一個品牌，在二十世紀大部分的時間，指導大眾何謂有禮儀的行為舉止，她的書只是傳播這些資訊的管道之一。

歷史學家艾斯特・布萊福德・阿瑞斯蒂（Esther Bradford Aresty）寫道：「自傑克遜時代以來，在美國出版的數百本禮儀書籍，鮮少對美國人的行為舉止有任何影響，直到一九二二年艾蜜莉出現。」

就像美國人提到衛生紙，會直接講舒潔（Kleenex）這個品牌名稱一樣，他們提到禮儀書時，也會以艾蜜莉的名字代稱。這樣的知名度，將她的書從暢銷書的水準，提升成真正的準則，定義了美國身分的其中一個部分。

這本書在眾多讀者間引起了令人驚訝的共鳴，然而，一些評論家認為，這是一本不符合時代的書，覺得《禮儀》是既古板又勢利的舊產物。儘管《禮儀》在很多方面都很現代，內容提及的某些東西，在其他禮儀書出版時並不存在，像電梯、電話，以及留短髮、穿短裙的時髦女郎。但是，某些作家仍認為艾蜜莉的書不夠現代。

詩人朵樂希・帕克（Dorothy Parker）在一九二七年為《紐約客》撰寫的文章中，諷刺第二版《禮儀》。她寫道：「那些掌握了禮儀、完全無可挑剔的人，似乎都變得非常乏味。艾蜜莉夫人引用的正確信件寫法和對話方式，似乎不值得讀者為之努力。」

書中關於交談的規定，令帕克特別不滿。裡面包含一些小技巧，例如，談論你正在做或正在考慮的事情，像種植花園、規畫旅行、想去旅行等安全話題。派克會這樣批評《禮儀》，並不難理解，因為她以尖銳且深刻的智慧，和對女性社會規範的不滿而聞名。當然，她也不是唯一一個認為艾蜜莉和《禮儀》既無聊又迂腐的人。

然而，仍有數百萬美國人，持續購買、閱讀艾蜜莉的書和專欄。**在二十世紀中期，想成為和即將成為上流人士的讀者群不斷擴大，在《禮儀》第一次出版的幾年內，上流社會和模仿上流社會的人，兩者之間的界限變得越來越模糊。**

《禮儀》在二戰期間和二戰之後，迎來另一波巨大的流行，這有一部分要歸功於著名的戰地記者恩尼・派爾（Ernie Pyle）。派爾提到，想成為軍官的士兵，會在戰壕裡閱讀艾蜜莉的書。

聯合服務組織（United Service Organizations，USO）⑲俱樂部指出，他們一星期內就收到一萬六千份請求，都是為了閱讀這本書，而艾蜜莉則繼續滿足她的讀者。二戰結束幾年後，《禮儀》變得越來越常被使用，就像卡內基的《人性的弱點》一樣成為指南，告訴讀者如何在不斷變化的社會環境中，攀上晉升的階梯。

二戰時期的修訂版，也深入考慮到罹患創傷後壓力症候群的軍人。艾蜜莉在書中，請讀者在歡迎退伍軍人回家時，要帶有同理心。她表示，退伍軍人可能看起來心不在焉、沉默寡言、表情緊繃，但他們的親人必須努力去理解經歷過的事情，並保持耐心。

就像艾蜜莉最初的讀者，一戰軍人的妻子一樣，二戰也造就了成千上萬名戰爭新娘。與此同時，《退伍軍人權利法案》（*GI Bill*）⑳也為美國經濟注入了現金和機會。這種強而有力的結

---

⑲美國非營利組織，於第二次世界大戰後成立，為美軍及其家人提供娛樂表演。
⑳為了安置第二次世界大戰後的退伍軍人，提供經濟補貼、家庭和商業貸款，以及高等教育和職業訓練等福利。

合，為《禮儀》創造出廣大的讀者群。許多白手起家的女性在社會上穿梭，她們的丈夫則在新辦公室、工廠，和戰後工業等不斷變化的職場政治中艱苦的掙扎著。

奇怪的是，即使面對著包括種族滅絕事件的二戰，人們仍然堅持要遵守禮儀和社交禮節。在難以想像的暴力面前，美國人竟把禮儀當成避風港。無論是一九二〇年代、一九四〇年代，甚至是今天，儘管社會動蕩，禮儀依然存在。也許，正是因為社會動蕩才會存在。

這些規則，囊括從約會到死亡的所有事情，禮儀被有系統的傳承了下來，並被現代人當成真理。雖然禮儀可能會隨著時代發展而演變，也可以讓他人感到更舒適，但是，禮儀的發明，仍是基於少數人武斷選擇而出現的規則。

美國人喜歡認為，他們擁有某種形式上的民主，但是，在創造這些規則時，大多數美國人完全沒有發言權，而這些規則，依然支配著美國人的舒適或不適、包容或排斥、成功或失敗。

禮儀永不過時，只需不斷修正

這本書能流傳下來，一部分是因為艾蜜莉及她的後代堅持認為，他們會不斷修改這本書、更新內容，以確保它的有效性，並跟上二十世紀不斷變化的社會習俗。

如今，艾蜜莉．波斯特研究機構，位於佛蒙特州㉑伯靈頓市的嬉皮聚集地，這座城市以楓葉、班傑利（Ben & Jerry's）冰淇淋和抽大麻的滑雪者而聞名。這是一座大學城，到處都是自由貿易咖啡館、麻製衣服和二手書店，而研究機構就坐落在以前的某個校舍中。

該研究機構的繼承者莉茲和丹尼爾，是艾蜜莉的玄孫，兩人都在她去世十多年後出生。在他們出版的一些書上，可能還會放上艾蜜莉的簽名，或使用代表她的藍色，但是現在他們寫的主題毫無限制，廣至 Instagram 貼文和神祕聖誕老人遊戲。

莉茲還曾為了寫一本關於大麻使用禮儀的書，連續幾個月天天抽大麻。在《禮儀》出版將近一個世紀後，艾蜜莉的上流社會規定，幾乎沒有留下什麼痕跡。

去採訪莉茲時，我穿著一件襯衫，和我僅有的兩件褲子其中一件；我早早就抵達研究機構，努力回憶著我九歲時，在當地市政廳的社交禮儀課中學到的少量禮儀。

結果，莉茲遲到了快一個小時，她穿著皺巴巴的襯衫，頭髮向後梳成一個亂亂的髮髻，還牽著她領養的狗，名叫傑克（Jack）。她不斷道歉，說她開了將近二十四小時的車，去幾個州外的收容所接傑克。

雖然她違反了禮儀，但這反而讓我鬆一口氣。她和表哥丹尼爾一起經營這個研究機構，兩人都既好相處又有趣。我原本已做好心理準備，要面對一場折磨人的茶會，讓他們批評我拿茶杯的錯誤方式，但是，我完全沒想到我們會一起吃越南河粉，氣氛還很輕鬆。

㉑為於美國東北部，為新英格蘭地區的一部分，北鄰加拿大魁北克省。

艾蜜莉的檔案館中，塞滿了莉茲特地去父母家拿的紙箱。他們兩人當時正在為即將到來的研討會做準備，而這就是這個研究機構今日的主要功能之一。辦公室裡堆滿了盒子、紙張，和沒掛起來的畫框，其中一個畫框裡放的雜誌文章，引用了艾蜜莉的話：

我對你是怎樣的人很感興趣。人最大的資產就是魅力，而魅力來自真誠、善良的衝動。大多數人，都希望被別人喜歡。我們想要優雅，而非笨拙。我們不想傷害別人。如果我們追隨這些衝動，就會發現魅力也隨之而生。

研究機構的書，不再像艾蜜莉的全盛時期一樣暢銷，但這個結果，不是目前的兩位負責人造成的，而是我們這個時代的產物。禮儀書的市場一直存在，但是當越來越多與禮儀相關的問題，都可以在網路上找到答案，甚至連艾蜜莉的第一版《禮儀》也能夠上網查閱時，人們就不太可能花二四．九六美元買一本書。

因此，該研究機構藉由探索當代文化，找出能持續推廣禮儀的方法，就是利用書籍討論美國兩極化的政治氣候，或新科技對禮儀的影響。丹尼爾和莉茲甚至還有Podcast。

莉茲先定義了禮儀在今日社會上不屬於何種角色，她指出，禮儀不只是感謝信、對女性服裝的限制，或是過時的東西。丹尼爾和莉茲都說，他們認為現今的禮儀，是一種不同的橋梁。

最初使《禮儀》獲得初步成功的社會階層問題，他們現在似乎很少想到了，他們反而在思考，導致現代社會不斷爭論的黨派偏見和粗魯行為。莉茲解釋：「禮儀成為一種很好的平衡，讓你即使不同意他人的觀點，也能夠尊重、理解他們。」

所以，禮儀的目標是讓人們能夠輕鬆相處，讓他們無論有什麼樣的差異，都能夠聚在一起。而且，美國人的行為舉止，確實已經產生變化，無論這種變化有多微妙。

他們說，如今研究機構的三大原則是：體貼、尊重、誠實。莉茲和丹尼爾都堅持，這個機構的原則包含自我成長。他們說，今日禮儀的最佳用途，不是拿來批判某些人的高雅或粗俗；相反的，那些來參加禮儀課的人，希望透過禮儀，改善他們與朋友、同事和家人的互動方式。

儘管今日的艾蜜莉．波斯特研究機構，與艾蜜莉最初的工作有很大的差異，但仍有幾條主線被保留下來，尤其是關於改善氣氛、在公司升遷，及弭平當初吸引《禮儀》讀者的社會流動等部分。

在研究機構裡，還有幾本艾蜜莉年輕時期的相簿，我翻閱了其中一本因年代久遠而泛黃的相簿，裡面的照片大多來自十九世紀末。有艾蜜莉穿著泳衣，和孩子們在海灘上嬉戲的照片，還有她戴著帽子，身穿及地長裙，坐在公園長凳上的照片。

在最早的一八九八年相簿中，有一張照片是艾蜜莉的狗。那隻狗看起來很奇怪，是一隻雜種狗，她在照片下面寫著「傑克」。與此同時，莉茲溫和的對她的狗喊道：「傑克，不要亂跑，我可不想在錄音時，突然大喊『傑克，走開！』」

就像艾蜜莉，莉茲和丹尼爾都意識到，禮儀規則需要不斷被修正，有時甚至得被廢除。但無論如何，禮儀總是以某種形式存在。禮儀或許不會像一九二二年那樣，到死之前都必須死命遵守，但是，即使在這個越來越隨意的世界，行為規則也不會消失。

莉茲說：「**禮儀的存在，是為了讓人們感到舒適**，這是件很重要的事情。同時，也有那麼一點點是為了保留傳統。但我們可不只是為保留而保留，或因為那是老東西，所以才保留下來。如果真的不合適，我們就得放棄。」

第 7 章

不論何種職業，魅力都是軟實力

書名：《人性的弱點》

出版年分：1936 年

作者：戴爾・卡內基

紀錄：出版 3 週賣出 7 萬冊，迄今銷量超過 3 千萬本。

戴爾．卡內基（Dale Carnagey）最早的記憶，是豬肉燒焦的味道。在他的父母擁有的農場上，因為年復一年的豬瘟，豬隻不斷死去，因此他們被迫燒掉這些豬。卡內基還是個孩子時，很常聞到這種豬油渣的氣味。

他也曾看過一〇二號河①的洪水，淹沒密蘇里州農場的玉米田和牧草地，只留下了殘渣。在七年之中，一〇二號河連續六年都泛濫成災，毀掉他們的莊稼。

雖然每天工作十六個小時，這一家人還是負債。總算到了第七年，河水不再泛濫，一切都很順利，也有剩餘的莊稼可以餵牲畜，但是，他們最後從牲畜上賺的錢，還是抵不過買牲畜的成本。他後來寫道：「無論我們做什麼，都是賠錢。」

卡內基出生於一八八八年，比艾蜜莉晚了將近十六年。嚴格來說，這時期算是鍍金時代，但蓬勃發展的經濟，幾乎沒有幫助到他們所在的密蘇里西北部，更不用說卡內基一家了。

當艾蜜莉舉辦初次進入社交界的聚會，展示著時裝和一箱箱的香檳時，卡內基才一歲。剛出生的卡內基，就面對著打理穀倉、砍柴，並在這個農場勉強度日的未來。

在密蘇里州馬里維爾市附近的這個小鎮，就連鎮上有了第一個沖水馬桶，都會上新聞。他記得小時候，曾到鎮上去試試看那個新式馬桶，但是那震耳欲聾的沖水聲，令他非常尷尬，所以他一路衝了回家。

卡內基和他的同學住的地方，離大部分的大城市都很遠，所以他們會在數百英畝大的牧場和林地上打球。在卡內基去世的前幾年，他寫了一封信給女兒，那封信也有收錄在他的自傳中，他說，那條害他父母屢屢失敗的一○二號河流，代表了他童年最快樂的一段時光。

到了夏天，他會整天游泳，或用柳條和餌蟲捕魚，再去隨處都有的大片西瓜田裡吃西瓜。他提到童年時期的艱辛和美麗的美國田園風光時，寫道：

小時候，我知道知更鳥和斑鳩在哪裡築巢，我知道牠們蛋的顏色，我知道牠們的叫聲……我在果園裡聽到鳥兒唱歌，那歌聲似乎比舒曼．海茵克（Schumann Heink）②和恩里科．卡路索（Enrico Caruso）③的歌聲更動聽。

儘管在成年後，卡內基大部分的時間都生活在紐約，但他的內心深處仍然有一個鄉村男孩。父母去世後，他接管了他們的農場。於一九五一年，他在密蘇里州哈里森維爾鎮附近，買下了八百畝大的農場。

農場生活其實有很多艱辛之處，卡內基早年的生活，既被貧窮折磨，也遇上了一連串奇怪事件。要靠農場過活，每一天都有事情得做，卡內基從小就討厭所有農場工作：攪拌奶油、擠

---

①流經密蘇里州西北部的河流。
②奧地利裔美國籍著名女低音。
③義大利著名男高音。

牛奶、打掃雞舍、除草和劈柴。

他的父母屬於在二十世紀初時，已經徹底消失的美國人——真正的自耕小農，他們遵循著自力更生的生活方式。身為一個寫了一本美國企業手冊，並帶領一整個世代從農場前往辦公室的人，卡內基其實親身經歷過農場生活。

在二十歲之前，卡內基從未離開過密蘇里州。他做過推銷員、演員、老師，唯獨沒有在辦公室工作過。在他的成長過程中，他們家會飼養家畜、種植莊稼、自己做衣服，還有一個燻煙室④，甚至會坐馬車進城，去換取他們無法自己製造或種植的東西。

但他們的日常生活，卻與《老農民曆》等出版物中，所吹噓的理想小農生活相距甚遠。卡內基當時並不知道，但他的父親曾因為缺錢、不成功而感到羞愧，便說要在農場的樹上綁條繩子、上吊自殺。

他父親的苦難，許多都來自不可避免的自然災害，如洪水和疾病，還有一些純粹是運氣不好。他父親曾買下一頭驢子來幫忙農場的工作，結果，驢子的腳才剛踏入穀倉，就踩到一塊鬆動的木板上，接下來的事，簡直就是卡通裡的劇情：木板另一頭向上彈射，露出的釘子，直接刺中驢子腹部，當場殺死了牠。

這是卡內基後來向《星期六晚郵報》（*The Saturday Evening Post*）講述的一件軼事。卡內基自己也很常遇到各種嚴重意外，十四歲的卡內基在森林裡獵松鼠時，就差點被朋友開槍擊中，他還曾經凍傷好幾次，都差點沒活下來。

有一次，他和表兄弟姊妹在一個廢棄的小木屋裡玩耍，他把媽媽的婚戒掛在左手食指上，並試圖從閣樓上跳下來，但是在跳下來的過程中，戒指鉤住了一根釘子，把他手指的前兩個關節完全扯掉。

於是，他用手帕包著殘餘的手指，一路哭著跑回家。他們抵達鎮上醫師那裡時，手帕黏在露出的骨頭上，導致醫師無法重新接上他的手指。

所以，卡內基成為一名公眾演說家後，他的標誌性手勢，通常只會用一隻手來做。在他成名後的許多照片中，都可以看到他把左手藏在外套口袋裡，在上飛機前揮手時，左手也會戴上手套。

他早年的生活充滿了羞恥、恐懼和焦慮，卡內基成年後的人生，都在與這種焦慮抗爭。他擔心家人的糧食會不夠吃，也害怕會失去農場。

童年時期的卡內基，是一個尷尬的男孩，很在意自己的一舉一動、受嚴重的焦慮症所苦，之後，卡內基甚至會寫一整本關於「如何不要焦慮」的書。他寫這些書，並不是因為他是一個無憂無慮的哲學家，相反的，他是一個渴望生存的人，他與失敗和死亡擦肩而過無數次，這也成為激勵他一生的素材。

④用煙燻製肉品的地方。

數千萬人瘋學的卡內基溝通技巧，是被逼出來的

卡內基的大突破，發生在他還是個學生的時候。卡內基十幾歲時，父母決定送他去鄰近密蘇里州沃倫斯堡鎮的一所大學，因為那間學校不用學費。

但是，因為負擔不起每天一美元的食宿費用，所以卡內基得騎馬上學。他的衣服不僅破舊，也已經不合身，而且，每天騎馬上學，讓他顯得很奇怪，結果害校園生活助長了他的自卑情結。上課時，只要站在黑板前，他就無法集中注意力，因為害怕大家取笑他窮酸的模樣，所以渾身發抖。

卡內基意識到自己既貧窮又缺乏自信，於是決定加入演講團隊，藉此增強自信心。他會在每天騎馬上學時練習演講，還會背誦林肯的〈蓋茲堡演說〉（Gettysburg Address）⑤，無論下著大雪、刮著風雨，還是大汗淋漓的夏天，他都這樣自言自語。很快的，他就成為學校的演講明星，以他的魅力和吸引人的演講技巧而聞名。雖然，對於貧窮和外表感到的自卑，也許占據了卡內基的童年，但他最終仍找到了解藥——魅力。

多年後，他寫下：「沒錯，我們沒辦法靠衣服來判斷一個人的善惡，但穿著仍占了印象的九〇％。」他將寫出的書，就像是一個護身符，可以讓讀者避免丟臉的情況，他說，如果你讓別人談論自己，他們就會分心，便沒時間注意到你的缺點或穿著。他的書，讓每個人都能避免

開他年輕時感受到的羞辱。

卡內基一輩子都相信，最有價值的技能，在教室裡是學不到的。因此，自主學習和自我調節，成為他在課堂和書中宣揚的核心理念。他自學的演講技巧，拯救他脫離自卑心態，也讓他越來越會交朋友、和女孩子交談，並獲得年輕人都渴望得到的社交地位。

他很早就發現，**利用說話技巧和魅力，可以讓人過上更好的生活。在他成為暢銷書作家之前，他就運用這些技巧謀生**。

一九一一年，他搬到紐約，夢想成為演員。然而，他到達曼哈頓後，發現每樣東西的價格都高得嚇人，連最便宜的旅館，都比密蘇里州最好的飯店貴上三倍。就算早上只吃吐司、喝咖啡，他稀薄的積蓄也很快就會用完。

卡內基一直到兩年前，也就是二十歲時，才知道銀行帳戶怎麼運作。這位後來成為商業大師的人，當時還不得不寫信給父母，問道：「如果我把錢都放在那裡面，我怎麼知道真的拿得回來？」

最後，他住進曼哈頓區西五十六街的一間破舊公寓中。他租的房間滿是蟑螂，每次去拿牆上的領帶時，蟑螂就會四處逃竄。卡內基在尋找表演機會的同時，也擔任汽車銷售員，努力維

⑤林肯於南北戰爭期間發表的演說，是美國歷史上最著名的演講之一。

持生計。

他的暢銷書《人性的弱點》，奠基於他在ＹＭＣＡ（基督教青年會）開設的演講課程。在幾所學校和其他機構拒絕他的教學邀請後，他最終來到了ＹＭＣＡ。

卡內基唯一的工作經驗，就是在達科他州當過推銷員，負責推銷肥皂、培根和豬油。這間位於哈林區的ＹＭＣＡ，不相信有人會對卡內基的演講課感興趣，所以他們拒絕預先支付聘金。至於薪資，由於預計利潤不多，所以他們說好將課程淨收益的八〇％當成薪水，而不是提前付款。

ＹＭＣＡ的想法是對的，卡內基在一九一二年開的課，決定稱不上成功。一開始，他像大學教授一樣講授「演講術」，但才沒過幾分鐘，他就說完備課內容了。為了拖延時間，他請僅有的五、六名出席者中，其中一位向其他人介紹自己，然後再叫另一個人做同樣的事。同時，他也在想接下來該說什麼。

他的第一堂課雖然和他預期的不同，不過，這堂課讓他意識到：人們非常喜歡談論自己。他後來寫道：「我用的很多教學方法，都是情急之下，決定豁出去才使用的方法。」無路可退的情況，驅使卡內基更加努力工作，在教學、工作和生存方面，他什麼都願意嘗試。

於是，他開始改造課程，以注重參與為主，引導學生談論他們熱衷的主題。很快的，他發現他的學生最喜歡的兩個話題，一個是自己，另一個是讓自己生氣的事。

後來，他將課程調整為著重於增強自信和銷售及溝通技巧，到了第二年，他的入學人數增加了兩倍，卡內基也開始到布魯克林的ＹＭＣＡ教課。隨著課程熱度不斷上升，他的課程吸引了附近其他ＹＭＣＡ的關注。他剛開始教課的那幾年，每晚的收入約為三十到四十美元（於今日約為七百五十美元到一千美元）。

一九一四年底，卡內基在紐約、費城和德拉瓦州⑥教授演講課程，一個月收入五百美元。不僅ＹＭＣＡ手上多了一門熱門的演講課程，卡內基也總算有了籌碼。東北地區的學生，紛紛湧入他的課堂，渴望學會卡內基的說話之道。

憑藉演講課的穩定收入，卡內基決定租用辦公空間，而他選擇的地點，就是卡內基音樂廳（Carnegie Hall）⑦，後來他也多次於此舉辦活動，每次都座無虛席。

關於為什麼卡內基的姓氏，會在接下來的十年內，從「Carnagey」變成「Carnegie」，有無數種理論。有人說是因為這樣比較好發音，也有人說是因為他想和自己的過去訣別，或是，他想和鋼鐵大王卡內基掛上關係。這些假設，似乎都很有可能。

這些課程的關鍵：提升自信、發展個性、提起對他人的興趣，為一九三六年的暢銷書《人性的弱點》奠基。當卡內基開始寫這本書時，肥料和潮溼牧草的氣味、同學竊笑的聲音，可能

⑥位於美國東部沿岸，為美國第二小的州。

⑦於一八九〇年建成，由慈善家、鋼鐵大王安德魯・卡內基（Andrew Carnegie）出資建造。

都已經成為遙遠的記憶了。

但他從這些失敗中學到的教訓，成為理念的基石。而他的理念，影響了數千萬人，使他贏得「美國現代成人教育之父」的名號。

正向思考才是致富金律

這本影響三千萬人的書，差一點就不存在了。一九三四年，出版社西蒙與舒斯特（Simon & Schuster）的新起之秀——業務經理里昂・施姆金（Leon Shimkin），碰巧受邀參加卡內基為年輕經理開設的一門課程。

當時，卡內基已經靠著演講課，過上舒適的生活，每星期都有背景不同的商業人士前來上課。施姆金才聽一堂課，看著卡內基傳授變積極、有自信的魔法，就被迷住了。當晚，他就去找卡內基，推薦他寫一本書。

施姆金才提到他僱主的名字，卡內基就直截了當的拒絕了他，因為這間出版社，已經拒絕過他之前送去的兩份手稿，而且他現在太忙了。

然而，施姆金只上了一堂課，就看到卡內基的潛力，所以，他堅持不懈的跟卡內基談了好幾個月，甚至說服他找一個速記員，替他寫好一些內容，然後當作草稿提交。在看到自己的作品被以這種方式編輯之後，卡內基同樣被自己的能力迷住了，並同意寫這本書。

卡內基的書，和經濟大蕭條的背景，就像一枚硬幣的兩面，兩者不可能分開。在他跟數百萬美國人一樣失去一切的時候，這本書似乎代表了卡內基希望有人能給他的建議。

隨著一九二九年股市崩盤和經濟大蕭條的到來，人們不僅失去了積蓄，也喪失了自尊和對生活的控制。所以，這正是卡內基用一．九六美元的低價，以書本的形式，賣回去給讀者們的東西。

一九二〇年代，本是一個樂觀的年代，不僅有年輕時髦的女性，經濟也很繁榮，城市不斷發展，直到一九二九年股市崩盤，這個繁榮的時期便瞬間結束。突然之間，美國人對艾蜜莉撰寫的舉辦舞會守則，變得沒那麼感興趣了；反之，他們更迫切需要的是，該如何度過食物短缺、大規模裁員的方法。

一九二九年十月，紐約證券交易所暴跌，以今日的貨幣計算，損失總計數千億美元。損失資金的不只是富有的投資者，當時，勞工階級也有越來越多人在嘗試炒股。正如《時代》所寫的那樣：

這麼多個月來，很多人都在存錢、借錢，把他們借來的錢再拿去借錢，只為了持有這些小紙片。這麼一來，他們就能成為美國產業的合作夥伴。然而，現在他們只想擺脫這些紙片，比當初想要它們時更加瘋狂。

經濟大蕭條造成的傷害，卡內基也未能倖免。像其他美國人一樣，他在這次股災中也損失了很多積蓄。他後來寫道：「想到我在股市中的經歷，就覺得我提供任何理財建議，都像是個笑話。」

一九三五年，卡內基即將完成他的書時，大多數美國人晚上仍活在一片黑暗之中，因為大多數人付不起電費。一九三三年，失業率達到將近二五%的高峰，甚至在推行羅斯福新政（New Deal）⑧之後，一九三五年的失業率，仍在二〇%左右徘徊。

美國人面臨的挑戰，不只是日常生活中的掙扎，大量的財務損失所造成的影響，已經演變成心理上的絕望，許多人開始覺得自己沒有價值，甚至罹患憂鬱症，自殺率也大幅飆升。即使羅斯福新政開始改變人們的財務狀況，但大蕭條已經徹底改變了大眾的理財習慣，造成揮之不去的心理陰影。而《人性的弱點》的核心，則代表了最珍貴的商品——希望。

卡內基告訴讀者，他們已經掌握了生存的關鍵，他們只需要改變對生活的想法。他在《人性的弱點》中寫道：

你擁有什麼、你是誰、你在哪裡、你在做什麼，這些都不是決定你快樂與否的關鍵，關鍵在於你對這一切的想法。

一九三五年和一九三六年，卡內基都在寫這本書，但交稿時仍非常趕。他沒有時間寫最後一章，而當西蒙與舒斯特準備開始做這本書時，他們覺得當時的原文書名「如何交朋友與影響他人」不太適合。於是，卡內基建議把「交朋友」改成「贏取友誼」，這是他在課程中使用的標題。施姆金對這個改變仍有點疑慮，但為了讓這本書盡快出版，他還是送出了稿子。

卡內基的書，最後於一九三六年秋天出版。**《人性的弱點》既是自我成長書，也是在企業中成功的藍圖，這種強大的組合，使它幾乎立即成為暢銷書。**

相較於傳統的自我成長書和社交指南，《人性的弱點》是根據不同個性寫成的建議手冊。然而，就像艾蜜莉的《禮儀》一樣，卡內基的書，搭建了關於美國成功的舊願景，與當今社會對白手起家的理解之間的橋梁。《人性的弱點》甚至可以被視為建築商業關係和友誼的禮儀書，因為它也能提供行為規則。

儘管卡內基和艾蜜莉出生在貧富差距很大的家庭中，但他們的書，皆旨在幫助讀者攀登社會階梯。卡內基寫的這本書，將為美國大眾提供許多不同的功能，**這不僅是一本禮儀書，也是一本自助書兼快速致富書，它能教讀者如何克服社交焦慮，還告訴讀者該如何保住工作。**

《人性的弱點》從早期的建議指南中汲取重要線索，將富蘭克林時代的智慧，與現代心理學結合。與此同時，這本書還納入了傳統職業道德，藉此開啟了一個關於態度和個性的新美國

---

⑧於一九三三年到一九三九年，小羅斯福頒布的一系列計畫、公共工程項目、金融改革和法規。

故事。

卡內基可能已經發現，美國人對於有魅力的人物有所迷戀，但不僅如此，他捕捉到了這個特色，並提煉其精華，以一種前所未有的方式，將這一點放入普通美國人的生活之中。

《人性的弱點》中包含了六種讓別人喜歡你的方法、十二種讓別人同意你的方法，以及七條讓家庭生活更快樂的規則。除此之外，還有無數個讓你更討喜、更成功的小祕訣和技巧。這本書結合了他從演講者的職涯中蒐集到的智慧，以及他對總統、電影明星等各領域名人的研究。它的核心原則是，抱持避免衝突的個性，和對他人的濃厚興趣，就是成功的關鍵。

卡內基請他的讀者對大聲複誦第一章的內容：「我的受歡迎程度、幸福和價值，大多取決於我與他人交往的技巧。」他的哲學教導讀者，**利用正面思考與魅力，比批評或反對更能改變他人的思維。這是一本主軸為「友善」的商業指南**。

想成功？專業知識沒有用，你必須討人喜歡

卡內基告訴讀者，如果人們喜歡你，他們就會做你想做的事。經濟大蕭條後幾年，這個訊息引起了廣大迴響，這本書非常受歡迎，銷量僅輸給《聖經》。**在一九四〇年前，這本書已經出過許多版本，且自發行以來，賣出了三千萬本**。

更值得注意的是，《人性的弱點》在大蕭條時代結束後，仍在排行榜上停留了很長一段時

間。光在二〇一六年，也就是這本書出版八十年之後，銷量仍高達三十萬冊，而且持續出現在許多人的閱讀清單上，包含商業人士、推銷員和各種努力奮鬥的美國人；這些人，主要是男性，而他們希望成為卡內基所代表的那種人。至於他代表了怎樣的人，則根據你問的對象是誰，會產生很大的差異。

對於此書的追隨者而言，卡內基宣揚了美國心理學之父威廉・詹姆斯（William James）的正向哲學、對他人的好奇心，以及社群精神。但是，對他的批評者來說，卡內基代表了個人主義、公司利益，和為了謀取個人利益，而操縱他人的奸詐小人。

無論是哪一邊，都難以否認卡內基擁有的影響力，在白手起家者和建造美國的計畫似乎都瀕臨崩潰時，他幫助人們恢復信心。

這本書在強調自力更生等舊理念的同時，也融入了關於外表、自我推銷和個性的新理念。在另一個層面上，他講述的故事既包含決心、失敗、勇氣，也包含了魅力，就像硬幣的兩面一樣，一面是積極，另一面則是恐懼。

和富蘭克林和其他白手起家者一樣，卡內基的創傷和不安全感，在未來幾十年，影響了美國人對成功和社會行為的理解。第一批閱讀此書的數百萬人，大部分都是想找份新工作，或是不想被解僱的人。在一九三六年，這個國家快要瓦解時，這本書成為了美國的生存指南，不管這是不是卡內基的本意。

《人性的弱點》能銷售幾百萬本，不光是因為美國人非常渴望成功，同時也是因為他們害怕失敗。生意倒閉、日益加劇的貧困，讓數百萬美國人身陷絕望之中，而卡內基的書，重新帶給他們一種安全感。在一九三七年，《星期六晚郵報》發表一篇關於卡內基的文章：

這本書成功的祕訣，似乎相當簡單。每個購買這本書的人，只要花上一．九六美元，就能立刻得到這些資訊，而購買這本書的人，就能和其他人一樣強大、聰明、富有和成功，甚至比大多數人更為強大。卡內基就像一名能讓你變美的醫師，或是教你施展魅力的教授，把大多數人迫切需要的東西賣給他們。他在販賣希望。

這本書為美國人的樂觀精神，注入了新鮮的活力，掩蓋大蕭條的暗淡現實。與此同時，《人性的弱點》做出了與自我成長書和快速致富書一樣的承諾：每個讀者都有能力成功。只要抱著良好態度和樂觀願景，讀者就能發揮他們的潛力。自我成長書具有前瞻性，尤其在生活令人難以忍受時，這種書能喚起一個會越來越好的未來。

積極正向，是卡內基哲學的基礎，也一直是美國精神的基石，即使在大蕭條的背景之下，這種哲學也依然存在。許多人會將正向的力量，與二十世紀的前景連結起來，但其實可以追溯到更早的時候。正如作家芭芭拉．艾倫瑞克（Barbara Ehrenreich）所解釋：「正向，與其說是我們的狀況或心情，不如說是意識形態的一部分，是我們解釋世界的方式，也讓我們定義自己的用途。」

這個很早就在美國文化中扎根的神奇思維，卡內基的書不僅是它的例證，同時也定義了這種思維。《人性的弱點》宣揚的是，一個人要想在美國成功，並不需要特別有才華或聰明，事實上，這可能反而造成危害。

與其改變行為或學習新的技能，讀者真正需要做的是培養更好的態度。卡內基以一種近乎信仰的方式，將信念置於一切之上。雖然情況很糟糕，但你還是可以控制自己的想法，而你能否改變自己的想法，將決定你未來的成敗。

就像後來的《祕密》（*The Secret*）、《創造生命的奇蹟》（*You Can Heal Your Life*，一九八四年），甚至是目前的正念趨勢一樣，新時代哲學強調先改變你的心靈，就能看到確實的成果；關於新時代哲學，我會在第十章詳細討論。

卡內基針對正向思考給予的建議，至今已被視為美國人習慣的一部分，例如微笑、重複別人的名字、對他人抱持真正的興趣等。當然，不能都說只因為卡內基一個人，就讓數百萬名美國人隨時面帶微笑，但他的書確實幫忙灌輸了這個觀念：積極正向，才是成功最重要的因素。

《人性的弱點》被視為二十世紀大為流行的自我成長書及快速致富書之鼻祖。但是，根據這本書對華倫・巴菲特（Warren Buffet）、前福特汽車公司總經理李・艾科卡（Lee Iacocca）、第三十六位美國總統林登・約翰遜（Lyndon Johnson）和教宗若望保祿二世（Pope John Paul II）等名人的影響，就能看出這本書還作出了更多貢獻。

卡內基的書，列舉出一些令人難以置信的雙重性，這些雙重性，已逐漸定義了人們的心理，尤其是「成功的必要條件，是受人喜愛」這一點。早期卡內基課程的宣傳，主要著重於提升受歡迎程度，而不會把重點放在與商業成功直接相關的東西上。

在一張標題為「此課程能幫助你的十七件事」的傳單上，前三件事都跟錢無關。相反的，該課程承諾提供社會資本，保證學員都能夠：

一、輕鬆快速的結交朋友。

二、更受歡迎。

三、讓別人想法與你一致。

《人性的弱點》及卡內基的其他書籍和演講，都使用「愛的語言」，例如，該如何變得受歡迎、被喜歡、被愛？他反而不使用邁向成功的語言，像是該如何賺更多錢、更進步、得到更多讚譽等。

這種觀念，一直存在於美國人的文化DNA中。卡內基認為，親和力是決定成就最重要的因素，比知識或專業技能更重要，而他是正確的。有一項研究發現，如果讓參與者透過視訊會議，評價一名講者時，會影響評價好壞的因素，通常是他們對講者的喜愛程度，而不是講者所說的內容。

這種標準，也呈現在總統選舉之中。在近代史上幾乎每一次美國總統選舉中，受歡迎程度，都是最重要的決定因素之一；受人喜愛，甚至能挽救你的生命，另一項研究發現，如果是自己喜愛的病人，醫生會花比較多時間治療。**這似乎是第一次有一本書明確承認，想成功，討人喜歡比知道自己在做什麼更為重要。**

卡內基對親和力及個性的看法，反映出美國神話中的白手起家者，和在大蕭條時期於美國生存之間的衝突。大蕭條，不僅挑戰了美國樂觀主義，也挑戰了「努力工作可以改善生活」這個理念，因為這代表，即使是最強大的人，也站在不穩定的基礎上；即使是最富有的人，也無法從經濟災難中倖免。

因為即使努力工作，也不一定就能避免破產，所以定義了一代代白手起家者的奮鬥與節儉兩大美德，突然被證實其實遠遠不夠。「在美國，怎樣才能成功？」他的書對這個問題提出了新的答案，多虧了卡內基，美國社會上出現了一種重視社交能力的白手起家者，並超越已經存在許多世紀的白手起家者原型。

新教倫理曾鼓吹道德的重要性，認為努力工作是成功的先決條件，而卡內基則加入一個新的層次：個性和公共關係。正如卡內基在他父母賣掉土地後，寫給他們的信中所述：「現在你們知道錢是怎麼賺的了，錢無法靠努力工作得來。」

雖然卡內基跟父母這樣說，但諷刺的是，他這輩子都非常努力工作。他向讀者講述的故事，與他自己的生活，其實存在著一段差距。就像本書中提及的許多作者一樣，無論是宣揚共和主義母性、卻沒有子女的凱薩琳，或是撰寫社會準則、卻違反規則的離婚女性艾蜜莉，卡內基在定下了規則的同時，自己又不活在這個準則之下。

這麼看來，他和富蘭克林其實並沒有太大的差異，富蘭克林創造出非凡的生活後，也將這個生活，歸功於微小、可實現的改變。

卡內基寫了關於性格和微笑的書，但他自己的生活，充滿了勇氣、毅力，以及面對一次次失敗，仍相信自己有一天會成功、堅持努力的頑固意願。最令人欽佩的是，無論是在蟑螂滿地爬的公寓裡追求演員生涯，還是在YMCA寥寥可數的學生面前上課，經歷慘痛的失敗之後，他都能再撐過來。

他的成功背後真正的祕訣，在書中只有略微帶過。卡內基的成功，不能歸功於不屈不撓的正面態度，而必須歸功於他的韌性。卡內基一路上遇到許多絆腳石，但這都沒有阻止他成為後來的自己，正是這些事情，讓他成為一個成功的人。卡內基從錯誤中學習並修復自己的能力，令人非常佩服。

他在《人性的弱點》前幾頁教導讀者，想要成功，只需要強烈的學習欲望和堅定的決心。他的理念，並非來自面對困難時，毫不動搖的樂觀態度，而是來自他自己的生存之道。

紐約公共圖書館有史以來，借閱次數最多的書之一

多年來，《人性的弱點》受到各種批評，從中至少可以看出，**受到卡內基理念吸引的人，都**

不是操縱大師，而是在社交方面有點笨拙的人。

卡內基經常寫到自己嚴重的焦慮症狀，為此，他甚至在十幾年後又寫出另一本書，名為《人性的優點》（*How to Stop Worrying and Start Living*，直譯為「如何停止焦慮並開始生活」）。焦慮，一直是他的書中和生活中很常見的主題。

焦慮也困擾著許多讀者，而卡內基提供的解決方法是——像狗一樣的親切態度。他說，狗是世上最會獲取友誼的動物，牠不停的搖尾巴，讓人們想要餵食牠，而不是把牠趕走。

一位《星期六晚郵報》的撰稿人，在一九三七年的一次採訪後，這樣評價他：「卡內基說話時就是那樣，他會引用一堆句子，再加上許多出自他的書中的內容。這讓他說話的方式，給人一種奇怪又彆扭的感覺。」

不過，卡內基的人生，和書中的內容都證明，有時候勇氣與恐懼、勇敢與尷尬，未必會互相衝突。就像富蘭克林和他的「弄假直到成真」哲學一樣，卡內基擁有勇氣，不代表他活得毫無恐懼，而是他有能力與焦慮共存。

也許這就是為什麼，卡內基會被某些名人身上的隨和氣質所吸引。在《人性的弱點》中，他把名人當作二十世紀個人主義的體現。例如，與《富蘭克林自傳》不同的是，卡內基不以自己白手起家的經歷作為範本，而是引用名人的成功故事。卡內基鼓勵讀者模仿名人的個人魅力，結合名人的形象、特質，與傳統自我成長書的元素。

在那個有聲電影和小報盛行的時代，這是個非常好的策略。更重要的是，他還把推銷員、銀行出納員的案例，穿插在瑪麗・畢克馥（Mary Pickford）⑨和克拉克・蓋博（Clark Gable）⑩等名人旁邊，藉此建構出這樣的理念：人人都可以成為自己家鄉的名人，甚至可以成為他人仿效的成功典範。卡內基證明，在美國任何地方，只要有正確的態度，就可以獲得成功。

隨著名人崇拜變得越來越強烈，許多演員和歌手甚至開始撰寫自助書或自傳，講述他們白手起家的故事。他的書預示了這些演員和體育明星，不僅被視為演藝人員，還是人們的領導者和榜樣。

很快的，卡內基也嘗到了當名人的滋味。這本書出版不久後，卡內基前去歐洲旅行，慶祝這本書的好成績。結果他回國時，隨著船進港，他發現碼頭上擠滿了叫喊的人群。看到這個景象，卡內基非常震驚，猜想一定是有某個名人在這艘船上。據說，他轉頭問他的同伴：「船上有名人嗎？」直到他仔細聆聽，才發現，那群人不斷喊著：「卡、內、基！卡、內、基！」

多虧一場大獲成功的宣傳活動，以及市場上平裝書的興起，卡內基宣導的中產階級樂觀主義，觸及了越來越多讀者。最初，卡內基和出版社對這本書都抱持著很保守的期望。因為在一九三〇年代，雖然市場上有自我成長書的需求，但到了一九三六年，市場其實已經飽和了。

當時，因為大蕭條的關係，人們擁有的資源，可能比以往任何時候都少，但是，越來越多價格優惠的書籍向人們承諾，美國人唯一需要的資源，就是他們自己；或是，只要花兩美元，就能買到更好的自己。

在這個時代，從教讀者怎麼省錢到如何節省糧食的自我成長書和建議書，都非常受歡迎。

美國作家拿破崙・希爾（Napoleon Hill）於一九三七年出版的《思考致富》（*Think and Grow Rich*），就是一本很像《人性的弱點》的書，書中不僅亦提到正向思考的力量，銷量也高達數千萬本。

雖然卡內基因他的演講課而聞名，但他的名字並非家喻戶曉。於是，出版社設計出整版廣告，就像《禮儀》出版時的廣告一樣，刊登於美國各大城市的幾家報紙上。廣告中保證：「這本書將比你讀過的任何書都更有意義。」他們把書的價格定在一・九六美元，再加上郵購的幾美分郵資，廣告中還包含一張優惠券，如果讀者不滿意，五天之內都可以退回。出版三週後，這本書就賣出七萬冊。於是，西蒙與舒斯特將廣告放到全國三十六家報紙和雜誌上。

幾年後，平裝書巨頭口袋書店（Pocket Books）創辦人羅伯・德・葛拉夫（Robert de Graff）說服西蒙與舒斯特，告訴他們平裝書不會影響精裝書的銷售；於是，西蒙與舒斯特同意讓葛拉夫在各種非書店場所銷售《人性的弱點》，像是藥局和其他商店。

兩個月後，葛拉夫賣出三萬本平裝書，精裝書的銷量也確實沒有受到影響，這代表，平裝書開拓了一個新市場。這兩個策略，都使這本書在鄰居、同事和家庭之間引起轟動，出版兩年

⑨ 加拿大演員，曾獲奧斯卡最佳女主角獎。
⑩ 美國國寶級男演員，被譽為電影皇帝。

就賣出一百萬本。當卡內基的第一張版稅支票，抵達他祕書的辦公桌上時，上面的金額是九萬美元（於今日超過一百萬美元）。

卡內基認為，這個世界是可以贏取的，美國人從他的世界觀中得到信心。大量民眾購買他的書，並在書評中，表示這本書確實改變了他們的生活，說這本書在當前的混亂中，確實有避風港的作用。

一名讀者寫道：「我絕對不會賣掉這本書，這本書的內容是無價的。」《人性的弱點》大獲成功，與報紙上褒貶不一的評論形成鮮明對比。

正如一九三七年《紐約時報》所寫：「這種奉承別人、抬高對方自尊的理念，當中確實存在著一種微妙的犬儒主義（cynicism）[11]。但是，卡內基否認他在推崇奉承，他用一個比較好聽的名字，稱其為自我主義。」

《人性的弱點》可能沒有獲得全面好評，但無疑是轟動一時的暢銷書。報紙和雜誌的批評，並沒有阻止數百萬人去書店購買、郵購，或在當地圖書館借閱這本書。

即使在二〇二〇年，它仍然是紐約公共圖書館有史以來，借閱次數最多的書籍之一，自首次出版以來，它至少被借閱了二十八萬四千五百二十四次，比《哈利波特：神祕的魔法石》（*Harry Potter and the Sorcerer's Stone*）還多。

這本書火速進入流行文化之中，才出版一年，就出現了一本改編自原文書名的諷刺作品《如何失去朋友和疏遠他人》（*How to Lose Friends and Alienate People*）。

參加卡內基課程的人數，也反映出他的觀點引起了多大的共鳴。到了一九四〇年代，卡內基的課程每年招收一萬五千人。而在十年之後，據報導，有七萬人支付一百五十美元，參加由戴爾・卡內基訓練機構（Dale Carnegie & Associates）舉辦的十四週課程。

這些課程及卡內基理念的魔力，某部分跟團體治療的原則相同。卡內基發現了集體宣洩的力量，並認定以一個團體來累積經驗，是最好的學習方式。

除此之外，匿名戒酒會（Alcoholics Anonymous，ＡＡ）成立的時間，比卡內基的書早一年，而他們也在一九三九年出版了戒酒指南《匿名戒酒會》（*Alcoholics Anonymous*）⑫，並賣出數千萬冊。

然而，這一切並非巧合。這兩本在大蕭條的背景下誕生的書，都借鑑了社群的力量，以及從成功及失敗中學習的必要性。

卡內基認為，在重建個人力量時，課堂上的集體治療是最關鍵的部分。這本書恢復了美國人對個人主義的信仰，甚至創造出一種新穎且較惡毒的「我與世界為敵」之概念。不過，他的哲學仍奠基於群體的力量。卡內基談到他的演講課時，寫道：

---

⑪對他人的動機，從根本上不信任的心理態度。
⑫因為第一版非常厚，所以俗稱「大書」（The Big Book）。

他們來課堂上只有一個目的，就是要快速解決他們的問題。他們想要克服自卑、膽怯、害羞和恐懼。他們想要擁有勇氣和自信，而除了擁有某種深刻的宗教信仰之外，我不知道還有什麼方法，能比在一群成年男女面前有效率的訓練和練習，更能幫助人們迅速培養出豐富的勇氣和自信。

人們會想去上他的課、買他的書，部分原因就是這種元素。若能和他人一起釋放痛苦、分享問題，感覺就不會那麼孤獨，既能宣洩，也能被安慰。

明星、總統、老闆、老師……魅力是軟實力

在卡內基的哲學中，人們之間的關係至關重要，因為《人性的弱點》就是在教讀者成為更好的溝通者。書中許多原則的基礎，都是社交技巧，他要讀者學習更好的自我表達方式，以及如何傾聽。

戴爾·卡內基訓練機構現任執行長喬·哈特（Joe Hart）告訴我：「他的哲學精髓在於人際關係，而人際關係的精髓，在於理解一個人。他想賦予人們一種新的生活方式，讓他們的生活充滿勇氣和自信。」

卡內基對於個性和社群的信念，可以用一個詞來概括——魅力。魅力就是他所代表的軟實

力，魅力不會讓人感到害怕，反而讓人覺得被重視。就像卡內基的哲學一樣，魅力與專業知識及經驗幾乎沒有關係。

然而，許多研究卻證實了魅力的強大作用。一項由一名心理學家和工商管理專家主導的研究，甚至提出理論，他們認為魅力的核心，就是有能力讓他人相信，你是團結一大群人的最佳人選。人們竟然還認為，有魅力的人同時也擁有魔力。一項研究發現，比起被形容為「能力很強」的人，人們比較喜歡被有魅力的人擁抱，就好像有魅力的人，能將力量傳遞給他們一樣。

魅力已經成為一大堆特質的簡稱：鼓舞人心的能力、公開演講的能力、受人喜愛的能力……。但其實，魅力（charisma）一詞，被廣泛使用的時間，還不到一百年。一九二二年之前，魅力一詞只能用於宗教意義上，意指為教會服務、擁有聖靈之力的人。這個詞過去的意思是「來自上帝的禮物」，現在卻變成了個人的天賦，簡直就像是凡人的魔力。

在美國文化中，有魅力的人已經代替了宗教領袖，就像本書中所收錄的書籍，開始成為美國「聖經」一樣。隨著人們搬離小鎮和家鄉教堂，他們失去了宗教崇拜中的社群元素。過去，牧師一直是美國文化生活的核心，負責給予建議和啟發大眾，但是，電影明星、總統、老闆，或在ＹＭＣＡ教書的這位特別有魅力的老師，他們逐漸取代了牧師。

這些新領導人，為新穎的企業生活方式，提供了人性的元素。也許，比起任何具體的智慧，只要一名領導人有魅力，那他就跟一名好牧師一樣具有吸引力，能讓美國人放心，相信一切都會好起來。

這就是人們受名人或特別有魅力的總統候選人吸引的原因。他們不是渴望追隨他人，而是美國人心中就有一種根深柢固的領導需求，需要將自身信仰放在某個外在事物上。

在動盪時期，這種需求會變得更大，因為在那種時刻，人們可能已經喪失對自己的信念，所以他們需要一個外部榜樣，幫助他們重新獲得信念。

卡內基上到的第一堂關於魅力及演講的課程，不是來自商學院，而是來自童年時期宗教聚會的帳篷中。他的母親亞曼達．哈比森．卡內基（Amanda Harbison Carnagey）經常參加宗教聚會，在布道者呼喊上帝之言時，她的身體甚至會跟著顫抖。

她本身就是一個有才華的講者，她的教會團體甚至為她籌措巡迴布道的資金。宗教聚會有一種感染力，不用在昂貴的大學裡學習演講術，人們就會被某種外在的力量驅使去交談。卡內基後來寫道：「我曾去哥倫比亞大學、紐約大學和其他幾所機構上課。老實說，在這些機構中，我沒有發現任何一個教授，擁有如我母親一樣具感染力的熱情。」

她可能是在卡內基的童年時期，影響他最深的人，甚至超過他的父親。她從卡內基小時候，就開始培養他的品德，並向他灌輸對表演的熱愛。卡內基搬離家鄉以推銷員的身分打拚時，他還寫了幾十封信給他的母親。

上帝，就是他母親生命的全部。沒有在參加聚會時，她就讀《聖經》或反對跳舞的宗教文獻，像是《從舞廳到地獄》（*From the Ball-Room to Hell*）。每到星期天，全家人就坐上馬車，即使下雪，也會到馬里維爾的衛理公會教堂做禮拜，她同時也在那裡的主日學校教書。

她在教室牆上，掛了一塊匾額，上面寫著：「好，更好，最好。永不停息。直到你的好變成更好，你的更好變成最好。」即使卡內基沒有他母親那種教條式的宗教信念，不過《人性的弱點》中，仍然存在著一種堅定的信心。

正向思考的黑暗面：做不到，就是我的態度有問題

除了《聖經》，卡內基還從另一本書中找到了道德觀，及對自我成長近乎宗教般的奉獻精神，那就是——《富蘭克林自傳》。這本書，對卡內基的影響非常大，後來他甚至要求所有員工，在正式上班之前，都要先讀完這本書。

在位於長島的卡內基檔案室中，卡內基訓練機構，還保留了一本已經破舊不堪的《富蘭克林自傳》。

儘管這兩人的生活和理念截然不同，但還是有許多令人驚訝的相似之處：他們都出身貧寒，主要靠自學成才；他們都被稱為非常有吸引力的人，在女性之間很受歡迎；他們都寫過暢銷書，為眾多努力奮鬥的美國人提供了指引。就像《富蘭克林自傳》一樣，《人性的弱點》不僅加強、有時也重塑了白手起家者的文化規範。

這兩本書之所以受歡迎，是因為它們套用了人們已經相信的思想——美國精英主義，並將其編撰成書，擴大到更大的範圍中。而且，兩位作者的願景，都滲入流行文化和美國人的信念之

中。就這樣，卡內基用富蘭克林做好的磚塊，搭起了自己的平臺。接著，卡內基的思想，又將為後來幾代的暢銷書作家和白手起家者，打下堅實的基礎。

卡內基鼓勵讀者不時回頭閱讀這些章節，檢查自己的進步程度，就和富蘭克林在十三種美德那章說的一樣。他們堅持要反覆閱讀這些書，簡直就像是在閱讀《聖經》一樣，使這兩本書超越了暢銷書的排行榜，進入流行文化的行列之中。

雖然卡內基最為人所知的是他的表演才能，而富蘭克林最著名的則是他的身分，但是，富蘭克林也是一名公關大師兼世界級表演者，他的成功，源自他的適應能力。他們的書還有一個共同基本信條，但隨著時間推移，這個信條看起來越來越不真實，那就是：只要有正確的態度，任何人都可以在美國成功。

卡內基把一九三〇年代後期、一九四〇年代初期的美國企業，描述成一場零和遊戲。研究自我成長文學的歷史學家崔許．特拉維斯（Trysh Travis），將大蕭條時期的美國時期形容為：「**只要我得到這份工作，就表示你得不到**。」

這就是白手起家神話的陰暗面。這個神話，可以成為人們在美國追尋成功的強大動力，但是，它也可能違反美國的集體最佳利益。特拉維斯博士告訴我：

在美國文化中，沒有什麼東西能創造出比自我更大的期望。從某方面來說，這很棒，這就是美國偉大的原因，我們是一個由自由個體組成的國家。

但在另一方面，這也使美國成為一個令人恐懼、冷漠、卑鄙又自私的地方，因為我們不指望從自己或最親密的朋友圈之外的任何人那裡，得到幫忙與協助。我們的預設想法是：「一定有一個我自己做得到的解決方案，如果找不到，那就是我的錯。」

這是卡內基的美國願景中最壓抑的部分。如果人們能完全掌握自己的命運，那麼，那些失敗的人一定是咎由自取。在演講中，他告訴聽眾：「我們對發生在自己身上的事，要負很大的責任。」

卡內基的書向人們保證，正確的態度確實可以帶來更好的生活，但同時也暗示，那些正在苦苦掙扎的人，可能就是因為自己的糟糕態度，才會落入這般田地。即使在美國夢受到挑戰的時刻，人們仍更加絕望的執著於這種信念。就像大蕭條顛覆了美國的現狀，許多人卻更堅信錯的不是制度，而是他們自己一樣。

卡內基的想法，最初扎根於大蕭條時期，但在二戰之後，隨著人們漸漸進入大型公司工作，這種想法開始蓬勃發展。美國人被扔進摩天大樓，及充斥著上千人的汪洋之中。在這個不再認識所有同事及主管的工作場所，美國人需要一定程度的信念，才能相信努力工作會得到回報，並相信有機會升職，或公司會提供財務保障。

於二十世紀初期，人們從農村遷徙到城市，小企業也逐漸成長為大公司，而到了二十世紀中期，人們則逐漸移向郊區。這本書，讓商業人士為美國企業界的各種新興社交活動，像董事會會議、當地經理的晚宴、同事的雞尾酒會等做好準備。在這方面，卡內基的書幾乎可以被視為艾蜜莉的《禮儀》，指導一代美國人適應從鄉村到城市、從農場到公司的生活。

二戰後，《人性的弱點》讓美國人開啟了生活的新篇章，也為越來越多返回家鄉從事新工作的男性，提供了企業生活指南。

百年的卡內基精神仍主導社群媒體

這些年來，即使在卡內基去世之後，這本書始終保持著穩定的銷量。正如薩根多夫為《老農民曆》、梅里安兄弟為《韋氏字典》所作的貢獻一樣，卡內基的書能夠延續下來，有一部分必須歸功於為了保存他的遺產而努力的人。

首先，是他的太太陶樂絲・卡內基（Dorothy Carnegie），卡內基於一九五五年，正值六十六歲時去世，之後陶樂絲接管了他的事業。為了確保這本書永遠不會過時，她經常請人重寫這本書。不僅如此，她還擴大並保存了現今仍然存在的卡內基訓練機構，目前有部分仍由他們的女兒管理。

然而，諷刺的是，陶樂絲曾寫過一本書，勸女性不要工作，這樣她們才能好好支持丈夫的事業；她的書出版的時候，還正好是卡內基生病的時期，後來她就接手了他的事業。然而，據陶樂絲的女婿、後來的卡內基訓練機構負責人J・奧利弗・克羅姆（J. Oliver Crom）所述，陶樂絲具備卡內基所缺乏的商業頭腦。

到了一九七〇年代和一九八〇年代，宣揚與卡內基相反觀點的書籍越來越受歡迎，這些書認為，做生意時，需要的是好鬥的性格和掌控的能力，而不是和藹可親的面容。例如，羅伯特・林格（Robert Ringer）的書《以恐嚇取勝》（*Winning Through Intimidation*）和《尋找第一》（*Looking Out for #1*）在當時都成為暢銷書。然而，它們從未成為經典，狂熱程度也不及《人性的弱點》。

卡內基訓練機構的課程不斷擴大，到一九八五年，已有三百萬人從卡內基訓練中畢業。在《財富》（*Fortune*）評選出的五百大公司中，約有四百家都曾使用過卡內基訓練機構的課程，其中包括ＩＢＭ（國際商業機器公司）和三家知名汽車公司。如今，該訓練機構在八十六個國家，擁有兩百二十九個辦事處。

到了現在，即使越來越少人在企業結構中工作，但這本書仍然如此受歡迎，應該有點令人驚訝。在二〇一七年，約三六％的美國員工是自由工作者，預計到了二〇二七年時，比例將躍升至五〇％。

很難想像卡內基的企業生活指南，要如何套用於教師、作家、獨立創業者等職業上。對那些在工作中被邊緣化的人來說，卡內基的許多建議似乎特別沒有幫助；微笑、同意、不要說太多，這些建議都與現在社會給予有色人種、職業女性的建議完全相反。

特拉維斯認為，這本書的部分作用，在於讓男性學會一些女性早已具備的軟技能，比如傾聽和避免批評。這本書之所以能歷久不衰，也許是因為它給了讀者一些難以言喻的東西，除了軟技能之外，也包含了對自己能力的自信心。

將近一個世紀後，卡內基仍然存在於今日全新的自我推銷生活方式中，這種生活方式主宰著社群媒體、科技，還有我們現在的生活風格。如今，網紅已經成為一項職業，卡內基近百年歷史的哲學，卻似乎從未遠離時代精神。我不確定有多少社交媒體紅人讀過卡內基的暢銷書，但他們的存在似乎證明了，**影響他人仍是大家渴望得到的技能，學會了，肯定有利可圖**。

我造訪位於長島的卡內基訓練機構總部時，該機構的領導層說，卡內基是一個善於自我推銷的人，或許會很喜歡 Instagram。

卡內基的哲學，似乎以一種他自己從未預料到的方式，預知了我們的世界。在二〇二〇年，美國的失業率達到一九三〇年代以來的高峰，同樣程度的不確定、恐懼、絕望，在日常生活中隨處可見。

新冠疫情大流行同時帶來了經濟災難，突然間讓人覺得大蕭條再次與美國息息相關。美國人可能不會再以卡內基式的正向態度，來應對這次經濟危機，但很明顯的是，這一切再次證明了，美國白手起家的神話是遠遠不夠的。

和富蘭克林一樣，卡內基認為他在講述一個關於美國人、工作以及如何生存的故事，但實際上，這本書更耐人尋味，也更加真實。

這是一個「弄假直到成真」的故事，你也可以說是一個關於操縱的故事，但這本書同時也代表了韌性。他的書仍是二十世紀美國的完美寓言，這不是關於道德完美的故事，而是講述失敗、復甦和適當公眾關係的故事。

卡內基的暢銷書揭示出，美國人對「美式成功」的信念，不是基於某種正確或錯誤的觀念，而是隨時間發展出的結果。這些信念，在個人和國家創傷的熔爐中鍛造而出，被塑造成了生存指南。

在回應他那個時代的創傷和自己的生活經歷時，卡內基創造出新的成功原型，而這個原形也註定會被其他人接受和重塑。與富蘭克林的遺產一樣，美國人在卡內基身上，看到了他們在自己的國家中看到的東西，那就是，無論美國人認為卡內基是否在操縱人心，抑或是樂觀主義者還是憤世嫉俗者，這些想法與其說是揭示了卡內基的身分，不如說是訴說出美國人看待美國夢的方式。

第 8 章

虛擬網紅搭配置入性行銷，七十年前就有了

書名：《貝蒂・克羅克圖片食譜》

出版年分：1950 年

作者：貝蒂・克羅克

紀錄：迄今賣出 7 千 5 百萬本，美國史上最暢銷烹飪書。

在二戰的混亂之中，除了鉚釘女工（Rosie the Riveter）①之外，女性又有了另一個值得尊敬的女性典範——貝蒂・克羅克（Betty Crocker）。

當男人在諾曼第下船或在義大利跳傘時，住在紐約公寓、蘭辛②牧場，和底特律複式公寓裡的女人，每星期都會收聽廣播節目《我們國家的口糧》（*Our Nation's Rations*）。婦女們艱難的面對戰爭定量配給、食品價格上漲，和基本物資短缺時，克羅克作為值得信賴的朋友，會針對各種問題提供建議，從食譜到捐血等主題，她都能夠回答。隨著戰爭支援工作全面展開，她提醒她的聽眾，她們所做的工作可不只是苦差事，而是對勝利至關重要的事情。她直接對美國女性說：

> 你省這個、省那個，卻好像一點用也沒有。你敗倒在這些日復一日、單調無味的活動中。這些事情，不會帶來獎章，也不會有人群為你歡呼，但沒有比這更偉大的愛國主義了。在這些簡單而無光彩的任務中，日復一日不斷奉獻自己，沒有什麼比這更偉大了。

就像男人有自己的角色要扮演一樣，女人在家裡也有自己的角色，兩者風險都很高。克羅克告訴她們，如果女人好好做她們的工作，就能支持並熱愛那些為自由而戰的男人。克羅克把家務的作用，從確保家庭穩定的工作，提升至維護一個國家的命運。

到一九四〇年，已經有九〇%的家庭主婦知道克羅克這個名字，還有數百萬人購買她的食譜。二戰那幾年，克羅克收到的信件，比好萊塢明星還多。一九四五年，克羅克被《財富》雜誌評為美國最具影響力女性第二名，僅次於羅斯福夫人。

於一九五〇年，**克羅克完整的烹飪書出版時，她已經轟動美國將近三十年。她帶領女性度過大蕭條、二戰，以及所有日常生活中管理家庭的平凡挑戰。**

當她的第一本完整烹飪書終於出版時，銷售量一飛衝天，超越幾乎所有非小說類書籍。來自全國各地的人們，都爭相採購《貝蒂．克羅克圖片食譜》。**自首次出版至今，七十年來，這本書已售出七千五百萬本，成為美國有史以來最暢銷的烹飪書。**克羅克怎麼做得到這一切？其實，**她是一項由大約四十名家政學專家共同維護的發明。這位理想女性，是一家麵粉公司虛構出來的角色**，然而，她對二十世紀中期的美國女性形象，造成了非常真實的影響。

就像凱薩琳的教科書近百年前所做的那樣，《貝蒂．克羅克圖片食譜》提升了家務工作的地位，使一大批美國女性，成為了美德的守門人。和凱薩琳一樣，這本書也充當了從眾③的工具，透過數十年的變革，來維護美國女性的統一願景。

---

① 最著名的形象來自標題為「我們能做到！」（We Can Do It!）的海報，一名女性綁著紅色波卡點頭巾、身穿深藍色工作服，擺出如同在展示手臂肌肉的姿勢，並說「We Can Do It!」。

② 美國密西根州首府。

③ 社會、信念、態度跟隨群體規範的行為。

《貝蒂．克羅克圖片食譜》不僅含有關於烹飪的資訊，同時，也提供了關於美國女性職責，她們需要知道的一切。克羅克傳達的資訊，結合了消費主義④和權力，她會如此受歡迎，是因為她為數百萬名渴望工作價值被認可的女性，供應了實質的服務。

克羅克為當時的女性，做出一個現成的模子，讓她們步入其中。不僅告訴她們晚餐需要什麼材料，更給予她們成功家庭生活的配方，而她們要做的，就是聽從她的指示。

這本烹飪書，除了銷量接近《聖經》之外，在美國各地，許多人都將其視為權威。母親會把《貝蒂．克羅克圖片食譜》傳給女兒，有些女孩子打從識字的那一刻起，就在使用這本書。這本四百四十九頁的書中，有兩千一百六十一份食譜。在第一頁，她就告訴讀者，煮飯和打掃被概稱為家政，而家政是一門藝術。雖然居家生活熱已經隨時間逐漸消失，但這本書重新建立起優秀的家務能力與成為善良女性之間的連結，而這種連結，一直留存於美國人的DNA中。

克羅克和這本烹飪書，將愛國主義、消費主義，和基督教價值觀，都綁在家政的旗幟之下。在物資短缺的時候，販賣希望給美國大眾；在富足的時候，販賣所有其他的東西。

女人也能從廚房改變世界

克羅克「誕生」於一九二〇年代的瓦許本－克羅斯比公司（Washburn-Crosby Company），該公司很快就與其他幾家磨坊公司合併，成為通用磨坊（General Mills）。

在他們的招牌商品金牌麵粉（Gold Medal Flour）的廣告中，瓦許本－克羅斯比設計了一個謎題，讀者可以靠解謎來獲得獎品。令全是男性的廣告團隊驚訝的是，成千上萬名女性在完成拼圖的同時，還提出了各式各樣的問題，例如，為什麼她們的麵團會結成塊狀，或是該如何讓蛋糕發起來。

這些男員工不願在任何回信上署名，所以他們選了一個新姓氏——克羅克，取自剛退休的主管威廉・克羅克（William G. Crocker）；至於選擇貝蒂當名字，只是因為他們覺得這名字聽起來很健康。然後，他們讓一名祕書佛羅倫斯・林德柏格（Florence Lindberg）在那些回信上簽名。就這樣，一群賣麵粉的商人，發明了一個虛構的家庭主婦，二十世紀前半最完美的女人，就這麼誕生了。

克羅克幾乎與廣播的全盛時期同時出現，這使她迅速成名。在一九二四年，克羅克有了第一個廣播節目，播放於明尼亞波利斯⑤，那裡是瓦許本－克羅斯比公司和通用磨坊的所在地。家庭服務部門的布蘭琪・英格索（Blanche Ingersoll）成為克羅克在電臺的第一個聲音，同年，也開了另一個名為《貝蒂・克羅克空中烹飪學校》（*Betty Crocker Cooking School of the Air*）

---

④相信持續或增加消費活動，能幫助經濟的意識形態。
⑤美國上中西部的明尼蘇達州中最大的城市。

的節目，婦女們可以跟著完成食譜，從這個廣播烹飪節目中「畢業」。

光是在明尼亞波利斯，就有兩千名婦女收聽這個節目，其中有兩百三十九人完成了空中烹飪學校的課程。節目很快就擴展到紐約水牛城，再到美國各地十幾個地方的電臺。由於當時電臺還沒有能力播放至全國，所以每個地方電臺，都有不同的克羅克。

到了一九三〇年代，合併而成的通用磨坊公司，發行了第一份克羅克食譜手冊，分配到各地雜貨店，需求量竟達四百萬份。隨著通用磨坊擴大產品線，他們持續將新產品，納入克羅克的食譜手冊中。

雖然一開始是為了銷售金牌麵粉才開發出這個角色，不過很快的，她就開始銷售 Bisquick 預拌粉、Softasilk 低筋麵粉，以及盒裝蛋糕粉。於一九三三年，通用磨坊公司建立了 Bisquick 商品線，其中包含司康、鬆餅等預拌粉。Bisquick 食譜手冊以每本二十五美分的價格，售出了七十三萬一千份。

透過郵購和在雜貨店銷售，通用磨坊觸及了那些可能永遠不會去傳統通路購買食譜的人。就像把卡內基的《人性的弱點》放在藥局，和其他非傳統銷售點的銷售手法一樣，克羅克的食譜一開始之所以大獲成功，並不是托書店的福。另外，有時候，她的食譜甚至會附在金牌麵粉的包裝中。

從一開始，克羅克和她的產品就如此成功，一部分是因為她透過廣受歡迎的廣播節目和烹飪學校，有效的**將家政的重要性，提高到生死攸關的程度。一頓好餐點，已不再是簡單的享**

受，要是做得不好，還會左右丈夫的情緒、讓乖巧的孩子背棄道德、使強大的國家變得弱小。

一九二四年，在她的第一次廣播中，克羅克警告聽眾：「如果你用煮到溼爛的萵苣、油膩的炸馬鈴薯，或烤成灰色的餅乾，來填飽男人的肚子，那麼他會想吵架或出去犯罪，都是理所當然的吧？我們應該感謝他除了大發脾氣之外，並沒有做什麼壞事。」

在三十多年的廣播節目中，她不斷重複這個觀點：女性要對家庭的命運負責，女性的責任或許比男性更重大。這是種強大的力量，但也是個沉重的責任。就像十九世紀的凱薩琳一樣，克羅克傳達的基本觀念是：一個好家庭才能造就一個好國家。

她所代表的理想美國女性，會為了整體利益，盡職的照料自己的家庭，這種女性會透過廚房的炊煙，塑造出更好的國家。

虛擬的人物，主婦們最好的朋友

我們可以說，沒有人比瑪喬麗．柴爾德．赫斯特德（Marjorie Child Husted）更了解克羅克在女性生活中的角色。赫斯特德是克羅克二十多年來的管理人，她在一九二四年加入瓦許本－克羅斯比公司，在裡面擔任家庭服務主管，公司合併後，便開始於通用磨坊工作。

從一九二四到一九四六年，帶頭塑造克羅克在女性生活中的角色，甚至在廣播節目變成全國性節目後，擔任克羅克的配音許多年。其實，赫斯特德就跟多年來推廣克羅克及其產品的許多職業女性一樣，她跟克羅克的理念幾乎毫無共同之處。

在她近一百年的生命中，可能從來沒有在報稅單上寫過「家庭主婦」一詞。她在一八九二年出生於明尼亞波利斯，一九一三年從大學畢業，比女性獲得選舉權早了七年，也比女性全面進入大學早了將近六十年。

於一九二〇年代，是赫斯特德決定公司應該要回應消費者的來信，才使他們開始回覆克拉克收到的每一封信；她也設計了克拉克的廣播節目，帶領大家走過大蕭條和二戰時期，並擔任《貝蒂·克羅克圖片食譜》的總編輯。

從一開始，她的使命就是提升家政的地位。她曾說：「現在有數百萬名女性獨自待在家中，或帶著孩子工作，並用極低的預算煮飯打掃、維持家庭，這一切都非常讓人沮喪。需要有人提醒她們，她們是有價值的。」

托赫斯特德的福，克羅克的小冊子和廣播節目，很快就從明尼蘇達州的通用磨坊，直接觸及美國各地的牧場、小島和鄉村。每天克羅克收到的數千封信件中，有許多來自美國最偏遠地區的女性。

克羅克被發明後，在不到十年的時間內，在西部農場工作的女性，或鄰近麻薩諸塞州海岸的查帕奎迪克島居民（今日島上人口不到兩百人）都寫信給她，希望能參加她的烹飪學校。

這些婦女經常寫信感謝克羅克，說她的廣播節目和食譜，讓婦女們覺得她就像住在附近的鄰居一樣。**從一開始，克羅克就滿足了女性真正的需求：對婦女們而言，她就像是一名真正的**

朋友。

一九四〇年代，一位生活在賓州偏僻農場的家庭主婦甚至說，每一袋金牌麵粉，似乎都帶來了一個充滿友誼的世界，並將戲劇、娛樂及每天對上帝的祈禱，送給所有家庭成員。這位家庭主婦和她的朋友，在農場收聽克羅克的廣播節目時，她們便心想：「無論我們在做什麼，都永遠不會感到孤獨。」

克羅克在女性生活中發揮的作用，遠遠超出了廣播節目本身的效力；在許多粉絲信中，她們都說，自己在生活的各個領域，都試著完全聽從克羅克的建議。

當克羅克做了一集名為「男人想娶什麼女人」的節目時，許多聽眾表示，她們試圖效法克羅克的智慧，展現出好女人的模樣，不僅對丈夫更有耐心，也總是保持微笑。

到一九三〇年代中期，克羅克每天都會收到上千封熱情來信，於是，通用磨坊聘用一些家政專家來回覆這些信件。

瓦許本－克羅斯比的高階主管們，為克羅克的第一封信署名不到十年後，克羅克就面臨了第一個重大考驗，也開始肩負美國女性的使命。

隨著一九三〇年代大蕭條的到來，美國家庭面臨越來越大的壓力，失業率飆升，沒被裁員的員工則被減薪，這些現象成了常態。尤其對於有孩子的家庭而言，能夠用來購買食物的錢變少了，因此，長期以來負責購物、煮飯、規畫飲食的女性發現，這項任務突然變得相當沉重且令人擔憂。

不過，克羅克提供了不少幫助。透過電臺廣播、免費小冊子、友好的信，以及省飯錢的小祕訣，克羅克以堅定且充滿母愛的聲音，回應全國各地女性的來信中，關於財務困難和失業的問題。

克羅克和粉絲說話的語氣，就像一個友好的鄰居，在她們覺得沒有人在乎的時候，她持續關心著她們。她寫道：「讓我知道你過得怎麼樣，好嗎？我想聽到你的消息……我一直在這裡，我也很樂意幫助你。」難怪人們會誤以為她確實存在。

就像一九二九年經濟崩潰後，卡內基為數百萬失業男性帶來希望一樣，克羅克以類似的美國樂觀精神安撫了女性。只要勒緊褲腰帶、滿懷希望，再學會一些實用的小技巧，美國人還是撐得下去，而克羅克就在這裡，讓這三件事變得更容易一些。

大蕭條鞏固了克羅克的地位，她所做的遠大於銷售產品。在經濟困難的時期，她不僅實際幫助了女性，更給予她們情感上的支持。

大蕭條才剛接近尾聲，第二次世界大戰就在歐洲爆發。二戰時，克羅克的聲望達到頂峰，她開始和全國人民一起從事戰爭工作。戰時的不確定性，使克羅克向數百萬女性發出的聲音和資訊，變得更加堅定。

為了讓婦女相信她們的工作價值，通用磨坊開始宣傳美德、家政和國家繁榮之間的關聯性。在通用磨坊分發數百萬份關於定量配給和後方支援工作的小冊子時，克羅克的廣播也吸引了越來越多聽眾。一封又一封的信件被送到通用磨坊，沒有多久，她收到的信件數量，增加至一天四、五千封。

像通用磨坊這樣的公司，在激勵女性、讓她們知道即使人在美國，也能積極參與戰爭這方面，發揮了很重要的作用。

早在一九四二年二月，也就是美國加入二戰的兩個月後，通用磨坊就向數百萬個家庭分發第一份戰爭小冊子。在某種程度上，這與當時凱薩琳的作為驚人的相似，因為公司發放的小冊子及克羅克傳遞的訊息，都在強調：**女性的工作決定了國家的命運**。

正如通用磨坊總裁唐納德・戴維斯（Donald D. Davis）在第一本小冊子《戰爭工作》（*War Work*）的前言所述：

> 如果在家中的你，和軍隊、工廠、農場裡的人們，懷有同樣的目標——贏得戰爭，那麼，你就是在為勝利貢獻力量。然而，你們這些家庭主婦，有一項額外的工作。我們期待你們，不顧戰爭的挑戰，保持符合美國家庭特徵的精神觀念。

女性的角色變得不僅限於實際用途，反而肩負著維護某種美國故事的任務。她們在家裡的工作，同時具有精神上的作用，甚至具有神話色彩。

在戰爭期間，仍堅持保護美國精神，一部分是為了驅除恐懼。儘管大家都很樂觀，但一九四二年和一九四三年的《戰爭工作》小冊子，都帶有一股憂鬱的氛圍，就像是通用磨坊也承認，一邊微笑、一邊種植勝利花園的婦女背後，潛伏著可能毀滅一切的恐怖威脅。

一九四二年的《戰爭工作》中，甚至提供了如何在爆炸中生存下來的建議，例如躺下來，以減輕炸彈的影響，或持續噴水，以撲滅燃燒的炸彈。到了一九四三年，許多人家窗戶上的軍旗，從藍星（現役軍人）變成了金星（因公殉職），對越來越多美國人來說，戰爭的人力成本已成為日常生活的一部分。

另外，在一九四三年的《戰爭工作》中，則有一節呼籲女性「注意自己的言詞」。小冊子告訴婦女，不要問鄰居的兒子駐紮在哪裡、她們的好友在軍備工廠裡做什麼，也不能透漏對美國盟國的負面情緒，這樣，才是一個「不協助敵人」的好公民。

這些宣傳小冊子，繼續強調一種特殊的美國樂觀主義，它推廣的信念是，只要大家共同努力，保持良好的態度，事情就會朝著正確的方向發展。但是，如果你不能保持這種樂觀態度，那你最好保持沉默。

為女性解憂，順便推銷產品

這種積極正面、充滿愛國主義，還帶著一些勇氣的訊息，在戰爭期間的女性之間引起了共鳴。數百萬名在軍備工廠工作的女性寫信給克羅克，簡直就像年輕的未婚妻，在家裡等待阿兵哥回家一樣。

在戰爭期間收到的數萬封信件中，若說有一個共同的主軸，那肯定就是「脆弱感」。這些女性向貝蒂吐露心聲，訴說她們的焦慮，甚至還說出她們不敢告訴朋友的恐懼。一九四四年，一位女性寫信告訴貝蒂，說她很失望，因為她不能再聽廣播節目了，不過，她在一家軍備工廠找到工作，所以她會為戰爭盡一份心力。

一名在聖地牙哥某軍備工廠工作的女性，則感謝克羅克提供的低糖薑餅食譜，讓她可以放餅乾在午餐盒裡，帶到工廠去。她寫道：「我已經有兩年又六個月沒見到丈夫了，但他仍然健在。有一天，他會回到家、拿起餅乾罐，而我會盡我最大的努力把罐子裝滿，希望那天很快就會到來。」

另一位家庭主婦告訴克羅克，她仍然設法用金牌麵粉和克羅克的食譜，做餅乾寄去給遠在海外的空軍丈夫，同時照顧一對尚未見過父親的雙胞胎兒子。

對許多剛成為妻子或未婚妻的女性來說，克羅克也能帶來安慰。一九四四年，一名位於奧勒岡州的家庭主婦寫信來要食譜，她說：「我只是一個嫁給海軍的女孩，我想在他回來時，為他建立一個幸福的家。他是個大個兒，一百八十幾公分，九十公斤，他最喜歡做的事情就是吃東西。」

另一位伊利諾州的十八歲少女，說她的未婚夫在海軍服役。在他出去打仗的時候，她花越來越多時間和未來的婆婆相處。她說：「克羅克小姐，如果我未婚夫習慣吃他媽媽做的菜，我真的必須開始學習了，我得像她一樣擅長煮飯和烘焙。」

這些女性與克羅克分享她們的生活，內容廣至工作、丈夫、家庭，還有她們的擔憂及希望。她們的信充滿了溫馨的生活氣息，就像一張美國戰線後方的掛毯，裡面織有喪失親人的苦痛，也有餅乾能帶來的簡單快樂。

通用磨坊的家政學家，都以克羅克的身分回覆每一封信。他們鼓勵在戰爭工廠的女性，安撫年輕海軍妻子的不安全感，並向她們保證，她們所做的所有工作，都能讓美國更接近勝利。通用磨坊和克羅克會如此成功，是因為他們都很重視女性。當然，**克羅克在告訴女性該做什麼時，她同時也在銷售產品**，但是，她不會去迎合她的觀眾。

其中一本小冊子，鼓勵女性閱讀有關戰爭的報章雜誌，如此一來，她們就能確保自己消息靈通，並形成自己的觀點。另一本小冊子，甚至建議她們思考戰爭結束後，可以立定何種法規。這些文學作品、廣播節目和貝蒂的信件，不只是在宣傳愛國精神；這些東西，承認女性在戰線後方的努力，是真正的犧牲，並為她們提供具體的建議，讓這種犧牲能變輕鬆一些。

女性可以趁商店沒那麼擁擠的時候，搶先進去購物，並以正確的方式儲存未烹調的食物，以避免浪費。除了種植莊稼、用罐子保存多餘蔬果之外，當然還要檢查每一個煤氣開關、水管及電子設備，以確保沒有浪費任何資源。

通用磨坊建議女性把花椰菜葉子留下來煮湯、不要用削皮的方式擦洗蔬菜，以免浪費寶貴的食物、蒐集蒲公英和其他野生蔬菜、把紅蘿蔔和白蘿蔔頂部的蘿蔔葉當成配菜。這項工作非常耗時，尤其當時女性還得支援前線、撫養孩子。

勝利花園就是一項非常浩大的工程，據估計，在戰爭期間，美國約有四〇%的新鮮蔬菜，都來自那兩千萬座勝利花園。

當然，食譜中也會用到通用磨坊的產品，例如本身就含糖的Bisquick預拌粉，讓女性不必使用戰爭期間配給的白糖。婦女能按照克羅克的食譜，使用Bisquick預拌粉做成「大塊餡餅」（Plentiful Pot Pie）。還有一道料理，叫做「緊急牛排」（Emergency Steak），混合了碎牛肉、牛奶、一杯麥片、胡椒和洋蔥，再拍打成丁骨牛排的形狀。

有些人對通用磨坊的行為嗤之以鼻，認為這只是他們向女性推銷產品的方式，戰爭也無疑增加了女性對克羅克、通用磨坊及其產品的依賴。然而，與此同時，那些小冊子、廣播節目和私人信件，確實為女性提供了真正的服務：讓她們確信自己的工作很重要，也幫助她們緩解工作上的困難。

此時，赫斯特德已是管理四十名員工的家政部門主管，為了尋找維持士氣的新方式，她在一九四四年，為克羅克增加了一個新傳播管道：家庭軍團（Home Legion）。

戰爭迫使赫斯特德暫停編輯《貝蒂．克羅克圖片食譜》，但她找到了一個新方式，進一步將克羅克的品牌打入女性生活市場中。家庭軍團的宗旨，是使家庭主婦規範化、專業化，他們的標語為：美好的家庭主婦，創造更美好的世界。

女性可以透過郵件來報名這個免費專案，然後她們會收到一張「家庭主婦信條」，讓各地的家庭主婦貼在冰箱上。家庭主婦信條摘錄如下：

我相信一個家庭主婦，必須忠於愛、忠誠、服務與信仰等最高理想。

我相信一個家，必須對鄰里、社區和國家產生良好的影響。

它所傳達的「愛、忠誠、服務、信仰」的訊息，代表女性可以從廚房改變世界，這個訊息引起了巨大的共鳴。這個專案推出才一年，就有七萬名女性加入克羅克的家庭軍團。連續四年，女性努力節約、回收、種植勝利花園，並在軍工廠工作，直到一九四五年夏末，戰爭終於結束了。

二戰中約有七千五百萬人喪生，其中約四十萬名為美國人。數百萬名倖存軍人回到美國，而數百萬名女性，也被迫離開工作崗位、返回家中。

戰後，克羅克這個角色在戰爭中的作用，得到大眾認可，甚至連聯邦調查局改制後的首任局長約翰．埃德加．胡佛（John Edgar Hoover），也寫信感謝她的服務。

在信中，這位局長沒有表現出任何懷疑的跡象，他似乎和美國婦女們一樣深信不疑，認為克羅克是個真實存在的人。胡佛在一九四五年寫道：「我誠摯的希望，我們將繼續贏得您的信任，我相信，只要您隨時來拜訪我們，我們都會為您提供更多服務。」

戰爭的結束，也為通用磨坊帶來了新的開始。在一九四一年美國參戰之前，通用磨坊一直在編輯《貝蒂．克羅克圖片食譜》，而現在，他們可以繼續做這件事了。

你吃下的每一口食物，都有象徵意義

通用磨坊完成《貝蒂．克羅克圖片食譜》後，戰後經濟也恢復了繁榮。就像在戰爭期間，克羅克帶領六百萬女性進入職場一樣，戰爭結束後，她也帶領她們回到家中。

戰爭使人們重新正視女性在家中的工作，但也使女性發現，她們能夠從事以往只有男人能做的工作。對於數百萬名在外工作的女性來說，離開工作崗位，可能是個令人擔憂的轉變。

在一九四六年一月的一次廣播中，貝蒂提及某名俄亥俄州婦女。丈夫參戰時，她在一家雜貨店當店員。當這名士兵回到家後，她就辭掉了那份工作，但一直無法重新適應全職家庭主婦的生活。於是，她和丈夫一直為此爭吵，一直到有一名好鄰居幫助了她，才解決這個問題。而這個好鄰居，當然也是克羅克的忠實聽眾。

在克羅克看來，女性需要調整她們的態度，而不是她們的處境。她沒有建議婦女去找兼職或以其他方式妥協，反倒告訴聽眾：

我們都知道，數百萬名的男人從戰役中歸來，對家有了新的認識，對幸福有了新的看法。對他們來說，幸福就代表著最簡單、最基本的家庭，而在他們離家幾個月、幾年之後，家庭就變得更加珍貴了。

和他們結婚的女孩，能理解這種渴望嗎？她們許多人都很年輕，沒有這些成熟的經驗……希望我們能讓她們意識到，她們未來的成功和幸福，其實取決於她們如何對付家政這項挑戰！

如果她們能認為，家政既是一個高尚、富有挑戰性的職業，也是一項偉大的特權，那麼，我相信她們也會努力讓心愛的人生活得更愉快。

一個美好的家，曾經是鼓勵人打仗的工具，現在則成了勝利的獎賞。和凱薩琳很像，克羅克把家政當成一種職業，想讓女性相信，持家是很值得婦女做的事情。

為了達到這個目標，克羅克可能會限制女性，甚至責罵她們，說這些渴望更多東西、想做不同事情的女人，是有罪的。與此同時，克羅克堅定的手嘗試引導女性回到家庭，讓她們認為家政是一項特權、一門藝術。

在赫斯特德的帶領下，這本已經籌畫十年的烹飪書，又好了幾年開發、測試配方，最後才正式出版。但在這段期間，克羅克從未放棄她在眾多女性生活中的核心角色。

《貝蒂．克羅克圖片食譜》在一九五〇年一問世便瘋狂暢銷。《紐約時報》估計，這本書發行後，週銷量為一萬八千本；作為參考，海明威於一九五〇年代末期，占據文學暢銷榜第一名的小說，週銷量約為三千五百本。

至今，這仍是美國史上最暢銷的烹飪書，遠遠超過了《芬妮．法默食譜》（*The Fannie*

Farmer Cookbook）⑥、《廚藝之樂》（*Joy of Cooking*）和茱莉亞·柴爾德的《法式料理聖經》（*Mastering the Art of French Cooking*）等暢銷書。**自出版以來，《貝蒂·克羅克圖片食譜》已經賣出七千五百萬本**，不僅是**美國史上最暢銷的烹飪書**，也是所有非小說類書籍中，最暢銷的書之一。

這本書的宣傳規模非常大，也以許多其他烹飪書沒試過的方式宣傳。同時，它也戰勝了一波波的競爭者。在一九五〇年代，大量烹飪書籍湧入市場，光是在一九五二年春天，美國就出版了約四十本烹飪書。

《貝蒂·克羅克圖片食譜》能大獲成功，在很大程度上，是因為對於當時購買這本書的數百萬名女性來說，這不只是一本書，而是對社群和友誼的承諾，是讓家政成為一門藝術的專業知識。而賣書給她們的那個虛構女子，不是知名的作家，甚至不是著名的廚師，她只是一位友善的鄰居，而這位鄰居，引導她們度過了二十世紀前半最具挑戰性的時刻之一。

這本書收錄了關於烹飪，女性需要知道的一切，還包括一本非常詳盡的烹飪詞典。這同時也是想成為成功的美國家庭主婦，一定要看的書，第一版足足有四百四十九頁。這本烹飪書，特別受年輕妻子和移民的女兒歡迎，裡頭講授了一堂又一堂關於美國烹飪歷史、飲食文化，以

⑥於一八九六年出版時，原書名為《波士頓廚藝學校食譜》（*Boston Cooking-School Cook Book*）。

及飲食習慣的課程。

根據《貝蒂．克羅克圖片食譜》所述，理想的美國家庭主婦，必須多才多藝。書中展示的這名女性，同時是科學家、營養學家、藝術家和廚師。有一頁甚至提到，這名理想婦女，也是一名數學家，會根據不同需求，將材料加倍或減半。

這名克羅克提倡的理想女性，非常專業。書中甚至有穿著白袍的女性，小心翼翼工作的照片，就像在科學實驗室裡一樣。還有一條建議是：「要像藥劑師遵照醫師處方一樣，精確的測量！」旁邊則附上一張插圖，是一個家庭主婦，和一個身穿實驗服、拿著燒杯的男人。

這本書，就像十九世紀的家庭手冊一樣，把家政當成職業，女性需要透過這本教科書學習專業知識。這本書告訴讀者：

聰明的家庭主婦會說：「籌劃、準備、上菜，這些動作，是一門透過靈感和思考，發展而來的藝術。」

在《貝蒂．克羅克圖片食譜》中，家政是一個帶給女性滿足感的職業。要成為完美的家庭主婦，需要完成很多工作，除了要把玻璃器皿和餐桌整理得一塵不染之外，一切都必須符合五大標準：合適、外觀、滿意、營養、成本。這本書，承諾將女性從家庭主婦變成專家。

在整本書中，克羅克只是進一步闡述了她的觀點：在一個美好的家庭裡，食物就是美德的象徵。在廚房做的事情，將成為人生中最重要的時刻，烘焙決定了這些時刻是快樂還是失望。例如，蛋糕是家庭生活的象徵，被描述為「在我們生活最重要的時刻裡，扮演重要的角色」。餅乾那一節的介紹則寫道：

餅乾代表了媽媽的愛，家裡一些最甜蜜的回憶，都和媽媽的餅乾罐有關；多年後，她烤薑餅時的辛香味早已淡去……一想到架子上那個大大的餅乾罐，昔日的和平、安慰和家的安全感，就會生動的浮現在腦中。

書中每一頁都強調，你吃下的每一口食物，都充滿了象徵意義，考驗一名廚師、一名女性的成敗。

忽略飲食的起源，只顧著做置入性行銷

在一九五〇年代的美國，不只有通用磨坊這個公司，將家庭生活、烹飪和某些美國價值觀結合在一起，產出一種相似的家庭生活願景。

快樂家庭主婦的形象，不斷出現在雜誌和電視廣告，及幾乎每一種生活商品中。受人喜愛的電視角色，像瓊・克莉佛（June Cleave）⑦、唐娜・史東（Donna Stone）⑧等人，每週都在電視

上呈現出幸福家庭的模樣。

讓克羅克特別強大的是，通用磨坊把這些想法直接送到數千萬女性手中，放在這本完整的書中。這是一本當時美國婦女一定需要、每天都能參考的書。

貫穿全書的核心價值，和通用磨坊各種受歡迎的產品結合，使金牌麵粉、Softasilk 麵粉、Kix 穀物、Cheerios 麥片和 Wheaties 麥片大受歡迎。每次食譜需要麵粉的時候，就會使用金牌麵粉或 Softasilk 麵粉，所以，**這是一本擁有大量置入性行銷的「烹飪聖經」**。

這本烹飪書描繪出舒適、富足、統一、繁榮的感覺，但是，就跟許多其他書一樣，《貝蒂．克羅克圖片食譜》似乎是針對中產階級白人設計的書。它描繪出一個理想化的美國願景，卻忽視了極大部分的美國人口。在一九五〇年代，的確許多女性都是家庭主婦，家庭生活的意識形態，在流行文化中無處不在，但也出現了其他選擇。

在一八九〇年代，已婚女性的就業率為八％；到了一九三〇年代，則上升到二六％；而到一九五〇年代，已婚女性的就業率竟飆升至四七％。在一九五四年，還成立了一項法律，首度減免兒童保育稅，讓更多女性走出家庭、進入職場。

另外，雖然大多數大學，一直到一九六〇年代晚期才實行男女同校制，但仍有很多女性設法獲得大學學位，例如，在戰後時期，追求大學學位和職業生涯的黑人女性，比白人女性和黑人男性還多。

就像艾蜜莉的《禮儀》，甚至和《麥加菲讀本》一樣，《貝蒂．克羅克圖片食譜》確實代表了美國生活真實的一面，但同時，它又將這些層面限制於書本的頁面之中。

於一九五〇年代家庭生活的願景中，種族是另一個盲點，在《貝蒂‧克羅克圖片食譜》這樣的書中更是如此。如同二戰期間，納粹利用優生學為由，屠殺德國殘疾人口時，美軍亦按照人種，劃分出不同的非白人部隊，但是在講述戰爭故事時，美國人卻經常略過這一點。二戰後，這些書也對日益加劇的不平等視而不見。

《退伍軍人權利法案》允許數萬名退伍軍人接受教育，與新婚妻子一起搬到郊區，並享折扣購買家電，但這一法案並不適用於非裔退伍軍人。黑人家庭也被驅趕出《貝蒂‧克羅克圖片食譜》描述的郊區生活。例如，萊維頓是第一個由國家計畫建設的郊區，但卻明確禁止出售房屋給黑人或猶太人。戰後很流行的家庭生活觀念，也忽視了這群人。

一九四七年，雜誌《烏木》（*Ebony*）的第一位美食編輯芙蕾達‧德奈特（Freda DeKnight）出版了《美食之約》（*Date With A Dish*）。這本書很快就成為暢銷書，書中頌揚非裔美籍廚師料理的豐富多樣性，她在前言寫道：

---

⑦美國情境喜劇《天才小麻煩》（*Leave It To Beaver*）中的典型郊區妻子，由芭芭拉‧比林斯利（Barbara Billingsley）飾演。

⑧美國情境喜劇《唐娜‧里德秀》（*The Donna Reed Show*）中的中產階級家庭主婦，由唐娜‧里德（Donna Reed）飾演。

認為黑人廚師、主廚、外燴和家庭主婦，只會做南方的標準菜餚，如炸雞、青菜、玉米麵包和熱麵包，是一個早已被推翻的謬誤。

就像其他生活在此國家不同地區的美國人一樣，他們都很自然的表現出，想在各種菜餚的做法上增添創意的模樣，無論是西班牙菜、義大利菜、法國菜、峇里菜，還是東印度菜。

她的書收錄了傳統的生蠔小餡餅，以及較現代的德式榛果蛋糕、「奶奶的羽毛蛋糕」等食譜，希望能提高大眾對黑人廚師的期望。

奇怪的是，《貝蒂．克羅克圖片食譜》同樣強調，家庭主婦能製作來自世界各地的食物，但又要美國廚師維持著統一的形象。這位理想女性，必須精確測量、嚴格的按照食譜料理食物，把美式料理風格建築在精確和標準化的基礎上。

這就是《貝蒂．克羅克圖片食譜》最諷刺的部分。像許多美國食譜一樣，這本書以一致性為基礎，但是，美國人的烹飪方式一直都非常多樣化。美式食物融合了不同地區文化的特色，這些地區文化，又受到美洲原住民、非洲、加勒比和歐洲各地影響。

例如，由波蘭的猶太移民帶來的紐約貝果，以及由荷蘭、英國，可能還有法國的影響，才結合而出的新英格蘭蘋果派。

除此之外，炸雞被某些白人稱為美式食物，然而，炸雞的由來，其實是將蘇格蘭式或英式麵糊，與被奴役的西非廚師帶來美國的香料混合在一起。

長期以來，美國的烹飪方式，因地區和種族的不同，而產生很大的差異。傳遞幾代之後，波士頓人和紐奧良人享用的晚餐，原本共同的特徵可能早已消失。

烹飪書在某種程度上，改變了此一現狀，尤其是從二十世紀開始，食譜開始被大規模銷售。只有當食譜被收錄在烹飪書中的時候，這些料理才會成為全國共享的餐點。

美國食物的真正起源相當複雜，從透過殖民和奴隸制竊取的料理，到幾代不同移民免費給予的食物，料理匯集了美國歷史上最糟糕和最好的部分。美國食物的故事，就是美國自身的故事，但美國的烹飪書未必能反映出這種現實。

九十歲老奶奶的告白：「這本食譜是我的聖經。」

有數百萬名美國女性，從克羅克的烹飪書中，得到比食譜更多的東西。而瑪麗安・舒密特（Marion Schmidt），就是這麼想的女性之一，於一九四〇年代末到一九五〇年代初，舒密特曾在通用磨坊工作。

我第一次見到舒密特，距離她在通用磨坊工作的日子已經過了七十年。為了和她交談，我前往位於明尼蘇達州黃金谷的通用磨坊總部。我們在公司的私人檔案館見面，那是一個類似小型大學圖書館的設施，裡面放著成排的灰色對開盒和移動式書架。

但是，書架上沒有放著文學、哲學經典，反倒塞滿了通用磨坊的文物，包括烹飪書、廣告，和幾乎每一本以克羅克的名義發行的小冊子，許多都已經有一百年的歷史了。

現年九十歲的舒密特，拄著拐杖走過檔案館的走廊，經過每一幅掛在牆上的克羅克肖像畫。克羅克的第一張官方肖像畫，出現在一九三六年，通用磨坊將家政服務人員的特徵，融入克羅克的模樣裡。在那幅畫中，她有著淡褐色眼睛，嘴唇緊抿，並留著和瑞典演員葛麗泰・嘉寶（Greta Garbo）一樣的經典捲髮。

另一幅畫像，出現在舒密特於通用磨坊工作的一九五〇年代，在那幅畫中，貝蒂帶著燦爛的笑容，太陽穴旁有灰色的鬢角。牆上掛著將近一打克羅克的畫像，在畫中，她的年紀永遠被凍結在不老的三十二歲。

漫步在走道上，舒密特被帶回她在通用磨坊上工的第一天，當時，她只有十八歲。舒密特嫁人之前，姓氏為史塔可（Stocco），她是義大利移民的女兒，於一九三〇年代，在明尼亞波利斯長大。

小時候，母親的爐子上經常有燉番茄、醃鯡魚的味道。除此之外，也很常看到父親從鄉間摘來潮溼榛果，放在地下室地板上晾乾的景象。有些晚上，父親會和朋友聚在地下室做義大利臘腸，他們會先磨肉餡，再灌進腸衣內，最後掛在天花板上晾乾。

若有什麼特殊聚會，他會帶活雞回來給妻子料理。舒密特稱她母親為「來自古老國家的農家女孩」，只需要幾個小時，她母親就能擰斷雞脖子、拔完雞毛，在晚飯前順利將雞肉料理擺上餐桌。

她的母親不做烘肉卷、漢堡或燒烤，反而會從零開始製作義大利麵醬汁、手工馬鈴薯麵疙瘩和波倫塔（Polenta）⑨；她會用繩子把波倫塔切成一塊塊，再沾著番茄醬吃。

九十歲的舒密特還記得，那些明尼蘇達州的鄰居嘲笑她母親做的菜，和他們花園裡種的櫛瓜和菊苣。她的母親沒辦法閱讀英文，所以無法使用美國烹飪書，她在美國生活幾年之後，才學會說一些零零碎碎的英語。

舒密特在一九四〇年代末結婚時，她的德裔美國丈夫喜歡吃的東西，她都不會做。她母親連餅乾都不做，所以，無論是德式酸菜，還是其他她婆婆會做的料理，舒密特全部都沒做過。在剛結婚的那幾年，舒密特接觸到一些在美國最受歡迎的食譜，而這些食譜，都出自通用磨坊。一九四八年至一九五一年，她在通用磨坊擔任祕書並測試食譜。

頭幾次做蛋糕時，舒密特使用克羅克團隊剛研發出的多種蛋糕預拌粉。在這些蛋糕預拌粉上市之前，舒密特就已經親自試用過了；當時甚至還沒有包裝，她直接抓著一個鬆鬆垮垮的袋子，帶回家使用，那時只有三種口味，分別為原味、巧克力和香草。

克羅克的產品和《貝蒂．克羅克圖片食譜》，逐漸成為她和丈夫日常生活的基礎。她說：

⑨一種用粗玉米粉製成的義式玉米粥。

「我不知道的事情太多了。我不知道怎麼做馬鈴薯泥、燉菜，很多其他東西我也不會。」《貝蒂．克羅克圖片食譜》在一九五〇年出版後，她幾乎每天都要查這本書，學習怎麼做鬆餅、烤餅乾、綑牛肉。

即使到了現在，距離她第一次翻開那本書，已經過了七十年，她說起這本書時，還是充滿了敬意。她說：「這本食譜是我的『聖經』。我跟你說，如果沒有克羅克的食譜，我根本不可能做到這些事情。」

舒密特和目前在通用磨坊工作的孫女——卡特莉．路克斯（Kateri Lukkes）一起擠在會議桌前，一邊回憶著書中第一批食譜。路克斯和她奶奶一樣，有著杏仁形狀眼睛和溫暖的笑容。

不過，舒密特來到通用磨坊工作的原因，其實非常實際。當時，我問舒密特，她是因為對烹飪的熱愛，才到通用磨坊工作的嗎？她回答：「不，那只是一份工作，而且報酬比很多工作高。」我繼續詢問，她是否喜歡當家庭主婦，她則露出一副驚訝的表情，回答：「不然我還能做什麼？」

舒密特在一九五一年離職，因為那時她已經懷有六個月的身孕。和當時許多公司一樣，通用磨坊也有明文規定，明顯懷孕的女性不能在那裡工作。

她離職後，還是繼續使用《貝蒂．克羅克圖片食譜》。當她自己有四個女兒時，她說她沒有教女兒做波倫塔或醬汁，反而教她們料理從小就吃的美國食物。後來，她把那本破舊、皺巴巴的《貝蒂．克羅克圖片食譜》，送給了孫女。

鼓勵女性做家務、烤蛋糕、懂忍讓

舒密特只是數百萬名女性中的一員，對她們來說，**《貝蒂．克羅克圖片食譜》不只是一本書，更是一種權威**。遇到各種烹飪問題時，都會向這個權威尋求幫助，有時，這甚至比詢問自己的家人來得重要。

尤其對移民第二代和剛抵達美國的人來說，這本烹飪書不只教她們如何當妻子，還教導一群不同的人，該如何成為美國人。這本書裡面，除了食譜，還有美國人的飲食習慣、飲食傳統，以及美國晚宴的介紹。

在這方面，這本烹飪書帶有《禮儀》的影子，兩者都教導新移民、新娘，和白手起家的有錢人一些特定的行為舉止。這本食譜，甚至也和韋伯斯特的藍皮拼字書有相似之處，因為兩者都是美國化的工具。

與此同時，為了製作一本適合所有人的烹飪，通用磨坊似乎嘗試了很多次，他們想盡可能的吸引更多讀者。正如在這本烹飪書出版幾年後，赫斯特德於某次演講中所說的那樣，成功的企業必須考慮到所有類型的女性，受過教育、未受教育、富有、貧窮、閒散、勞累的女性，都必須納入考量。

《貝蒂．克羅克圖片食譜》，就像克羅克本人一樣，是數百萬名美國人的同胞。在一九五〇年代，許多女性會當家庭主婦，是因為她們別無選擇。許多女性描述自己不被珍惜、缺乏挑戰、經常感到無聊的情緒。

在二戰後，從克羅克收到的許多信件中，都能看出她們焦慮、絕望的心情。在貝蒂·傅瑞丹（Betty Friedan）寫下《女性迷思》（*The Feminine Mystique*）的十年前，許多女性在寫給克羅克的信中，表達了同樣的感受。

無論是在城市、郊區，或是農場，在那個年代，使許多女性開始寫作的契機，似乎是孤獨的感受，以及對女性在家庭和世界中的角色，所感到的焦慮。

例如，住在匹茲堡郊外的婦女，曾寫信給克羅克。她結婚近十年，有兩個孩子，很努力想過得快樂，她會按照克羅克在書及廣播中的指示去做。但是，雖然她這麼努力，仍然感到一種揮之不去的孤獨感，甚至有憂鬱症狀。她在信的開頭告訴克羅克，她感到憂鬱，所以打算去看醫生，但她認為克羅克和她的聽眾能給出更好的建議。

身為一名妻子和母親，她積極參與教堂活動，總是嘗試新的食譜，也會花時間陪伴孩子，但是，她仍感到空虛。她經常和丈夫爭吵，也難以接受這個算不上是伴侶的伴侶，她寫下：「他不過是這個家的供養者兼室友罷了。」

甚至連寫這封信給克羅克，都讓她感覺像是失敗了，她承認：「我寫這封信寫了好幾次，都因為覺得自己像個鬧脾氣的嬰兒而作罷。」這封信就像是她的告白，她向克羅克吐露：「有些事，即使是對最好的朋友，也說不出口。」

她向克羅克要了一些低成本的食譜，但這個要求比較像是個藉口。她需要的是幫助，她需要被安慰或指導，藉此解決一個比日用品的預算更大的生存問題。

在克羅克收到的眾多女性來信中，這樣的主題經常出現，她們在煮飯、做家事、撫養孩子的空檔，寄出了這樣的祕密信件，就像偷塞在瓶子裡的求救紙條一樣。

最了不起的是，**婦女們竟然可以輕鬆的與這個虛構的女性，分享她們最私密的想法和經歷**。她們如此信任克羅克，代表她不僅像是一個真人，也像是許多女性的親密好友。

這樣的信，揭示了克羅克的任務。她可不只是寄回幾份食譜、說些鼓勵的話，就讓美國女性的生活更輕鬆，她同時也在給予她們目標。在一次戰後廣播中，她對聽眾說：

我相信女人想要的東西，可以用一個詞來概括：幸福。這就是我在閱讀全國各地的家庭主婦，寫給我的迷人信件時發現的事情，這些信件透露了許多情緒，它們寫出的，不僅是希望和喜悅，還有內心深處的痛苦。信中經常出現困惑和氣餒的語氣，有時，也會有人承認自己不幸福。

針對克服不幸這件事，她建議女性，將新教倫理和自力更生的精神結合起來，並為一九五〇年代的美國女性更新這些概念。克羅克之所以能成功，一部分原因是她採用典型的美國成功條件，並為女性重新包裝這些條件。

如果白手起家的男人告訴其他男性，想成功，他們只需要調整自己的態度和職業道德，那麼，同樣的道理也適用於女性。就像白手起家的人一樣，如果想得到幸福，女性需要的問題和解決方案，都在自己身上，只要把投入更多精力在維持乾淨的家、製作美味的蛋糕，再加上一點堅忍的美德，一切都能變得容易忍受。

在回應那位來自匹茲堡、長期不快樂的女性時，克羅克建議她，在尋找問題的解決方案時，要從自己身上找。她告訴這位年輕的母親，她應該更加努力去追求幸福，她應該問問自己是否該為家裡的爭吵和丈夫的冷漠負責。克羅克問道：「你常向他表示你的愛嗎？你常因他所做的事而讚美他嗎？」她的回應，顯示她對女性的期望，苛刻、冷酷的那一面，代表家庭生活的願景沒有犯錯的餘地。

通用磨坊不只宣揚女性適合做家務的觀點，也很支持讓女性待在家裡。赫斯特德是二十多年來，克羅克背後的創意來源，而根據通用磨坊的內部檔案所記錄，赫斯特德曾給了文案人員這條建議：

> 無論年齡、收入、教育程度、婚姻狀況，女性在生活中的主要角色，就是料理家務……這種所有女性都關心的事情，就是廣告要主攻的要點。

這一點，正是赫斯特德和通用磨坊在日益擴張的企業格局中，能夠加以利用的部分。在同一次的演說中，赫斯特德敦促通用磨坊的文案人員，將廣告的密集火力轉向目標受眾，讓女性認為，比起化妝品，一顆重視家政的心，能讓她們更有吸引力。

很明顯的是，對通用磨坊來說，他們推崇居家生活熱，不是因為國家或道德上有此需求，而是因為這麼做能幫他們賺錢。只要女性繼續擔任家庭主婦，持續把錢花在通用磨坊的商品、食譜，以及聆聽克羅克的廣播上，通用磨坊就能賺進大把大把的鈔票。

將品牌融入個性，預示了整合行銷的年代

二十世紀中期，出現了許多其他品牌代表人物，有些是真人，有些則為虛構人物，像是珍妮阿姨（Aunt Jenny）⑩和安・品食樂（Ann Pillsbury）⑪。然而，她們既不如克羅克出名，也沒有克羅克長壽。

與其他角色相比，克羅克更能引起這一代女性的共鳴，說出她們的焦慮、希望、不安和隱密的欲望。透過這種方式，她讓一家公司有了人性化的一面，讓她的品牌變成美國女性不可或缺的一部分。

⑩植物起酥油品牌斯普賴（Spry）旗下的虛構人物兼吉祥物。
⑪於二〇〇一年被通用磨坊收購的品食樂（Pillsbury）旗下虛構人物，人物設定為一名家政學家。

隨著人們越來越少光顧當地雜貨店、麵包店或肉店，而轉向大型連鎖超市時，這種個人的連結，反而變得更為重要。克羅克在美國不斷擴張的郊區，及不斷展店的雜貨店中，展示她友好的面孔。

克羅克在二戰後能如此成功，和雜貨店的興起有關。第一批超市，在一九三〇年代和一九四〇年代出現，但大蕭條和二戰減緩了它們的發展。然而，到了一九五〇年代，美國人的食品採購取向，已經穩定的轉向大規模連鎖超市。

至今，連鎖超市也主宰著市場，每一間超市，幾乎都有四萬到五萬件商品。其實，早在一九五〇年代，大型超市就已經有多達一萬件商品。

在這個快速擴張的領域，品牌忠誠度變得非常重要，而《貝蒂．克羅克圖片食譜》就是建立這種依賴的關鍵，不僅是產品，還包括品牌。

一九五〇年代，由通用磨坊進行的市場調查發現，約九九％的家庭主婦認識克羅克，而且絕大多數人，都把她與通用磨坊的商品連結在一起。三分之一的受訪女性甚至表示，她們在超市挑選商品時，肯定有受到克羅克的影響。

這種類型的品牌忠誠度，影響範圍遠遠超出一個消費者或她的家庭。美國人常常覺得自己與克羅克或金牌麵粉等產品有非常強烈的連結，以至於她們只買那個品牌的東西，研究報告、舒密特的個人經驗，和幾十封粉絲信，都證明了這一點。

這項研究的其中一位作者寫道：「貝蒂．克羅克這個名字，有兩個含義。它不僅代表一種裝在紙盒裡的產品，還代表了一種女性形象。接受採訪的家庭主婦，並沒有認真區分這兩者的差異。」

透過這種方式，通用磨坊為未來半個世紀的行銷手法，樹立了榜樣；他們**將品牌變得更有個性，融入置入性行銷、企業特徵，甚至預示了未來網紅和整合行銷的時代**。

女性在克羅克身上看到了自己，這也是為什麼會有那麼多人認為她是真實人物。市場調查也發現，根據這些女性看待自己的方式不同，她們也就會賦予克羅克不同的特質。身為家庭主婦的女性，比較有可能認為克羅克是家庭主婦；而職業婦女，則比較可能認為她是一名營養師。此報告的結論是：

越能利用她的真實性，克羅克對通用磨坊來說就越有用。無論是把克羅克當成真實人物，還是一個角色，女性都透過她滿足了許多重要的心理需求。在情感層面上，女性必須相信克羅克真實存在。

最好的品牌角色，都很人性化，他們會犯錯，有時狀態很好、有時則不然。通用磨坊公司發現，女性其實不想要一個完美的克羅克，這樣會讓她們感到自卑；相對的，她扮演著朋友、鄰居，有時甚至是母親的角色，向女性展示出家庭主婦的價值和尊嚴。

通用磨坊則致力於讓克羅克真實存在的幻覺，一直延續下去。在克羅克部門工作的女性，都會收到一份內部檔案，要求她們保護這個品牌。如果被問及克羅克是否真實存在，她們必須這樣回答：「因為她是為你們服務的象徵，所以我們覺得克羅克確實存在。」

到了一九五〇年代，經營克羅克這個角色，就花費了五千萬美元，而且需要僱用四十五名女性員工，包括二十四名家政學家，才能讓她繼續運作。就像沒有孩子的凱薩琳宣揚做母親有多麼重要一樣，許多在克羅克部門工作的女性，與她們給出的訊息之間，其實早就脫節了。

在一九五〇年到一九六四年之間，阿德蕾德・霍利・卡明（Adelaide Hawley Cumming）在廣播和電視上扮演克羅克的角色，但她其實是個離婚婦女，還很討厭煮飯。在加入克羅克團隊之前，卡明曾是一名大學教授，之後又在紐約大學取得博士學位。

金・韋德・林德勞布（Jean Wade Rindlaub）於一九〇四年出生在賓州的農場中，後來成為美國最早當上廣告總監的女性之一。十一歲時，她每分鐘就能打五十個字，高中畢業後，她很快就成為一名祕書，並開始做廣告文案，最後，她在位於曼哈頓區麥迪遜大道的辦公室裡，管理她的廣告集團。

林德勞布設計了二十世紀中期的克羅克蛋糕粉廣告。在廣告中，有微笑的孩子，及鼓勵婦女烘焙的標語：「一個接著一個，不斷烘焙蛋糕。」這個廣告使通用磨坊原本落後的蛋糕粉銷量，迅速超過麵粉品牌唐肯（Duncan Hines）和品食樂。

通用磨坊和幫忙創造出克羅克的女性，看到了二十世紀中期的需求，和有利可圖的機會。畢竟，**無論是想銷售蛋糕粉、濃湯粉，還是書籍，最好的方式，不都是將產品包裝一種道德責**

任嗎？

在克羅克身上，通用磨坊結合了美國傳統價值觀和消費主義，他們能夠以樂觀主義、自力更生，和對未來的承諾，來解決大蕭條和戰時物資短缺的問題。這間公司的高明行銷策略，讓完美家庭主婦的原型，這個根本不存在的女性，走進了全美數百萬個家庭的廚房中。

引起二十世紀中期居家生活熱復興的人，當然不只克羅克和通用磨坊，但是他們的努力，是居家生活熱最有力的象徵之一。他們就這麼塑造了美國女性的理想形象，還使這個形象延續了好幾十年。

與此同時，我們也很難完全忽視赫斯特德和其他通用磨坊員工，為家庭主婦付出的服務。克羅克肯定了女性在煮飯、打掃和養育孩子方面，所付出的大量勞動；在許多女性感到不知所措、無法忍受，甚至被困在家庭生活中的時候，克羅克安慰了她們。

在這些買了書、聽了廣播節目的女性中，有一些人和克羅克的友誼，持續了很長一段時間，甚至比她們的婚姻還久。這些女性的一生，都有克羅克的陪伴。某位婦女還在結婚十三年後，寫信告訴克羅克，當初克羅克給的食譜，讓她及早發現女兒對蜂蜜過敏，而現在女兒十一歲了，還在比賽中獲得第一名，都要感謝克羅克的食譜。

雖然今日許多美國女性對克羅克的認識，僅止於蛋糕粉包裝上的名字，但是，對數百萬人來說，她是個值得信賴的朋友，也是美國食品界的第一夫人。

第 9 章

關於性，你一直想知道的一切

書名：《關於性，你一直想知道卻不敢問的一切》（簡稱《性愛寶典》）

出版年分：1969 年

作者：大衛・魯本

紀錄：51 國第一名暢銷書，日銷量 5 千本，讀者超過 1 億人。

芭芭拉·魯本（Barbara Reuben）一邊調整著身上的棉布連衣裙，一邊講起她的愛好：照料菜園、烹飪、尋找新食譜，來餵飽她那日益壯大的家庭。

她的一天，除了照顧小兒子之外，其餘時間都花在縫紉和讀書上。魯本太太雖然取得了新聞學學士學位和教育學碩士學位，但她說，她真正的使命是建立一個家庭，並支持她的丈夫大衛·魯本（David Reuben）。

一九七一年，她在接受《紐約時報》採訪時表示：「我們結婚的時候，大衛就很有洞察力，而我也渴望向他學習。」她還補充說：「我們在任何事情上，都意見一致。」

《紐約時報》的採訪，發生在她丈夫的性愛指南《關於性，你一直想知道卻不敢問的一切》（*Everything You Always Wanted to Know About Sex ** 〔** But Were Afraid to Ask*〕，一九六九年，以下簡稱《性愛寶典》）①出版不久後。

魯本太太和《紐約時報》記者談論起這本暢銷書時，她先停下來等待丈夫的允許，然後才開始談起婚姻的樂趣。她表示，蓬勃發展的女性解放運動，其實很多餘。

正如魯本太太在婚姻中找到這輩子的使命一樣，魯本醫師也找到了自己畢生的工作。這本讓魯本醫師變得家喻戶曉的性愛指南，靈感既不是來自一九六九年的伍茲塔克音樂節（The Woodstock Festival）②，也並非源自一九六〇年代晚期的自由戀愛主義精神③。

他對於性和性行為的理念，是基於更古老的傳統婚姻制度。從表面上看來，這是一本有趣、不帶任何批判意味的嬉皮時代指南，與《性與單身女孩》（*Sex and the Single Girl*）④沒有多少相似之處，反而比較類似十九世紀初的婚姻手冊。

這位精神科醫師向他的讀者保證，他會引導他們的性器官進入「太空時代」。在太空時代，高潮將不間斷，可口可樂則是最好的陰道灌洗器，但後面這個建議，就像書中大部分內容一樣，在醫學的角度上，完全站不住腳。

這本對話式的俏皮指南，是美國史上最暢銷的性書籍之一；它將性行為分成好與壞、健康與異常。然而，在書中，異族通婚不受歡迎，同性關係也被解釋為純粹的動物欲望。

當人們開始擺脫一九五〇年代家庭生活的一些桎梏時，魯本那本轟動一時的暢銷書，用煥然一新的面貌，將人們引導回傳宗接代、傳統婚姻的舊觀念中。

魯本的書，就和所有性愛指南一樣，涉及的內容遠多於性。這本書講述的是，在一九六〇年代末和一九七〇年代初，社會期望改變之際的焦慮和不確定性。在《性愛寶典》中，魯本講述了美國在這段時期發生的各種劇變，從女性解放運動到民權運動，以及迅速發展的LGBTQ

---

① 此書目前尚無繁體中文譯本。以此書為靈感、由伍迪．艾倫（Woody Allen）執導的同名電影，臺灣譯名為《性愛寶典》。
② 史上最大的音樂節之一，吸引約四十萬人參加。
③ 旨在接受所有形式之愛的社會運動。
④ 海倫．格雷．布朗（Helen Gurley Brown）於書中表示，她認為未婚女性或離婚女性，不僅應經濟獨立，也應該擁有性生活和性經驗。

權利運動。

如果這些運動，代表了美國身分的巨大轉變，那麼，魯本的書則是在全力捍衛現狀。為了回應並試圖緩解某部分人因變化而感受到的強烈焦慮，魯本利用這本非常親密的書，偷偷灌輸他認為正確的舊思維。

隨著某種特別美式的性愛指南興起，成為一個優秀的美國人，不再只是一項展現給眾人看的努力，而是一項私人努力。魯本將美國人在社會上的價值編入書中，並讓這些價值映照出他們臥房內的生活。

在反思、回應社會變革的過程中，他支持舊有制度，重申美國核心家庭是文化戰場。他的書有力的捍衛了現狀，維持了男性與女性、醫生和患者、健康者和病人之間的階級制度。

他的書在這方面，並非獨一無二。在這方面，性愛指南有點像是禮儀書，因為它們都負責告訴人們，在一個更大的體系中，每一個人的責任為何。魯本可能沒有像韋伯斯特那樣，思考浩大的國家計畫或理想美國應該是什麼模樣，但他創造的東西卻達成了類似的目的，因為他也根據一致性，建立起大眾對美國的理解。

與此同時，他在美國文化中，啟動了一種新的權威——性學專家。魯本是當代眾多著名性學專家中，最早出現的一位。

而這些性學專家，無論是過去還是現代，他們不僅在性方面，連在婚姻、職業、性別角色等問題上，都擁有極大的權威。

自由戀愛主義、嬉皮、反戰精神……雖然解放，但僅限大城市

人們對魯本的生活所知甚少，近年來，他的生活只變得越來越神祕。在一九九〇年代，從醫師變身性學大師，又變成美國偶像的他，與太太和五個孩子潛逃到中美洲的哥斯大黎加，並一起生活在一個兩百五十英畝大的農場上。會搬到這麼遠的地方，他的理由是孩子會過敏。

從那以後，他又出版了許多沒那麼成功、而且幾乎都很怪異的書，從性愛到高纖維飲食，內容包羅萬象。他在二〇一四年出版了《精神病院》（*Psychiatric Hospital*）。

自從一九九〇年代以來，魯本推出完全改頭換面的《性愛寶典》三十週年修訂版後，魯本就沒有接受過任何一家主流媒體的採訪。現在八十幾歲的魯本醫師，近期有接受一家哥斯大黎加電視臺的採訪，不過，我們仍無法得知他現在的位置。

在成為全美人民的性學大師之前，魯本於一九三〇年代在芝加哥出生、長大，後來在伊利諾州的庫克縣醫院完成精神科住院醫師實習。在加州聖地牙哥開設私人精神科診所之前，他曾是空軍的醫務人員。

在位於南加州衝浪小鎮上的私人診所中，他受到啟發，並寫下了一本書，也就是後來的《性愛寶典》。魯本治療過很多遭遇性事問題的患者，他說這本書，最初是為他們準備的一本小冊子，但是，他很快就意識到，這整個國家都需要有關性和性問題的醫療資訊。

由於沒有出版社贊同他的理念，所以，他的手稿被拒絕了二十三次才找到歸宿。一家出版社在退稿信中，附上一張簡短的字條：「關於性的趣味書籍，週六晚上不開門。」⑤後來，魯本把這張字條，裱框放在《紐約時報》暢銷書排行榜旁邊，排行榜上則寫著，這本書連續占據榜首五十五週。

即使美國人開始在雜誌和越來越多暢銷書中討論性，但魯本當初想得並沒有錯，市面上仍然缺少關於性的可靠醫學資訊。他在書的前幾頁解釋：「大多數人的性自由程度，都超出他們知道該如何處理的地步。」

《性愛寶典》出版於一九六九年的夏天，那年，成千上萬的人潮一同來到伍茲塔克音樂節，大家都服用迷幻藥、在泥濘中打滾，並聽珍妮絲・賈普林（Janis Joplin）和吉米・罕醉克斯（Jimi Hendrix）的音樂。

在一九六九年六月，警察突襲了一家位在曼哈頓西村的同性戀酒吧，結果，這件事演變成一場持續好幾天的騷亂，名為石牆暴動（Stonewall riots），並引發了同性戀權利運動。回過頭來看，一九六九年很容易被當成一個轉捩點，或是一個充滿了愛、性解放和自由的時期。在某種程度上確實如此，人們不僅拒絕對性的社會期望，也拒絕了對愛國主義和責任的期望。

不過，除了主張解放的自由戀愛主義與嬉皮⑥之外，學生運動也非常盛行，當時，成千上萬名年輕人發起反越戰的示威抗議。在越戰、冷戰、太空競賽、民權運動，和迅速發展的女性解放運動之間，一九六〇年代末和一九七〇年代初，充斥著狂熱的變化和不確定性，一些歷史學家甚至將如此分裂的社會比作一場內戰。當時，大家還看不出來，有什麼力量能取代二戰後帶來的短暫凝聚力。

對許多美國人來說，所有正在發生的變化，尤其是社會層面上的變化，廢除種族隔離、性解放等，似乎沒有為他們帶來自由，反而帶來了恐懼。而對於不住在大城市的美國人來說，雖然感覺得出來有一場性革命正在發生，但卻像是發生在非常遙遠的地方。

雖然在這個年代，取得避孕藥和墮胎都變得更容易，使婚前性行為發生的機率上升，但是，在舊金山或紐約發生的變化，對於小城鎮的夫婦來說卻非常陌生；所謂的革命，對他們而言，只是《時代》中的頁面或電視上的影像罷了。

歷史學家約書亞・克拉克・戴維斯（Joshua Clark Davis）寫過一本關於一九六〇年代和一九七〇年代社會運動的書，他解釋道：

> 我們總把性革命講得過於偉大，其實，性革命的影響力遠比許多人想像的弱。自由戀愛重塑了一代人，是個過於誇大的想法。一夫一妻制和婚姻，仍然是美國生活的主要試金石。

⑤ 表示某項事物不賺錢的說法；如同一場表演，週六觀眾最多時，卻不開門。

⑥ 一九六〇年代和一九七〇年代，反抗習俗和當時政治的年輕人。

即使出現像石牆暴動這樣的分水嶺事件，以及同性戀解放運動的興起，大多數人仍沒有質疑社會上的異性戀霸權。

在這個時期播下的思想種子，需要過好幾代才能結出果實。畢竟，在一九六九年正值十八歲的美國人，是在一九五一年出生，他們搞不好是在《貝蒂．克羅克圖片食譜》的背景中長大的，這本書可是將消費文化和家庭幸福完美的融合在一起。

因此，他們在戰後郊區經濟不斷成長的樂觀氛圍中長大。在一九六九年，雖然有許多拒絕維持現狀的美國年輕人上街抗議，但相對的，也有更多人在某種程度上接受了現狀。三年後，理查．尼克森（Richard Nixon）就以保守的政綱輕鬆獲選，成為美國第三十七位總統，這就說明了，有多少美國人對動盪感到不安。

許多中產階級的美國人，渴望找到緩解焦慮的良藥，而愛用雙關語、戴著眼鏡的魯本醫生，正好能夠完成他們的這個願望。

內容錯誤百出，還這麼暢銷？讀了，你才是正常人

《性愛寶典》以問答的形式寫成，從自慰到性工作，內容應有盡有。這本書的第一個問題是：「正常的陰莖有多大？」接著，魯本又回答了數百個與性相關的問題，例如，陽痿、更年

期、性行為時心臟病發作，和看色情片是否會導致性犯罪。

在這本書中，幾乎所有問題，背後都隱藏著兩個更基本的疑問：「什麼是正常的？」、「我正常嗎？」**如果沒有人們的不安全感，性愛指南可能就不會出現了。**

許多美國人似乎認為，性是一件可怕、混亂又奇怪的事。因此，即使在今日的性愛指南中，人們似乎仍渴望確定自己在性方面並不可怕、混亂或奇怪。而魯本寫這本書的目的，就是讓某類型的美國中產階級白人，確信自己是正常的，同時用戲劇化又怪異的故事來挑逗他們。

在這個過程中，他重申了「誰是美國人」的舊觀念，同時**為美國人的房事，添加了「這麼做，就不是美國人」的新層次。**

魯本是數以百萬計的美國中產階級、年輕夫婦，甚至是保守派人士的完美對話者，他們搶購他的書，讓《性愛寶典》售出數百萬本，不過，這不代表魯本沒有競爭對手。

在一九七〇年代早期，市面上有幾十本關於性和性行為的書，很多都能在公共圖書館借閱。而且，魯本的書可說是這類書籍中最為保守的，但是，它卻是最暢銷的性愛指南，所以，我們可以藉此看出這本書究竟有多受歡迎。

許多讀者，都是因為好奇自己的性行為或對性的感覺是否正常，才會購買這本書。某位購買另一本暢銷性愛指南的顧客時，就對《紐約時報》說：「我想看看自己能被評幾分。」

同樣的動機，驅使數千萬人購買《性愛寶典》。在整本書中，**看得出讀者的恐懼、羞愧和焦慮，他們迫切的想知道自己表現如何**。畢竟，這本書的書名，都包含「想知道卻不敢問」這樣的字眼。

據《紐約時報》報導表示，到一九七〇年時，這本書的日銷量竟達到五千本。《紐約時報》在這本書的評論中寫道：「這本書搞不好真的解釋了關於性，你一直想知道的一切。」由於《紐約時報》評論了這本書，所以，性愛指南變得更大眾，也觸及了更多中產階級讀者。魯本的出版社說，這篇評論，再加上《生活》雜誌的另一篇評論，就足以讓這本書成為暢銷書。

當時，出版社的公關總監卡羅琳・安東尼（Carolyn Anthony）在接受《芝加哥論壇報》採訪時表示：「因為這兩本雜誌都說可以讀這本書……後來的事大家都知道了，我們根本不需要做廣告。」

雖然這麼說，但這本平裝書的宣傳活動，派頭簡直和精裝書一樣，在那個年代，可說是最昂貴的宣傳之一。即使是有名作家的文學作品，最多也只會花一萬美元做宣傳，但魯本的出版社，卻花了二十萬美元行銷平裝書，讓他到多個城市巡迴；於一九七〇年代初，魯本還頻繁出現在電視和電臺上。

和本書中收錄的其他書籍一樣，魯本這本書的成功，得益於作者的個人魅力、適當的時間和地點，以及公關活動。到了一九九〇年，《性愛寶典》的讀者可能已經達到一百萬人。

然而，這本書並沒有得到明確的讚揚，尤其，某些人發現《性愛寶典》的內容，其實既不正確又偏執。著名作家戈爾・維達爾（Gore Vidal）在《紐約書評》（*New York Review of Books*）撰寫的一篇文章中，諷刺魯本和他的書，他寫道：「他本質上並不是一個科學的人，而是一個溫和搖擺的拉比，用虔誠的《舊約聖經》名言，來支持自己的偏見。」

維達爾是公開的雙性戀者，他特別反對書中對男同性戀的描述，因為魯本說男同性戀是性變態，且不具備愛的能力。像二十世紀中葉的許多精神病學家一樣，魯本有著根深柢固的恐同症，而且恐同這件事，很可能還幫他贏得保守觀眾的喜愛。精神病學是一個相對較新的領域，在當時，比起科學，這個領域經常充斥著迷信和偏見。

在一九七三年之前，同性戀一詞，在美國精神醫學學會出版的《精神疾病診斷與統計手冊》（*The Diagnostic and Statistical Manual of Mental Disorders*）中，仍被歸類為一種精神障礙。

除了維達爾之外，也有別人注意到魯本非常傳統、且經常引用《舊約聖經》。《紐約時報》另一篇文章寫道：「這本生動活潑的口語化書籍，夾雜著幽默（有些是無意的），感覺像是結合了佛洛伊德和一名年輕時髦的改革派拉比。」

書中徹頭徹尾的錯誤資訊，實在太過明顯，連《花花公子》（*Playboy*）都加入批評此書的行列。於一九七二年，《花花公子》刊登了一篇文章，詳細列出書中一百多個錯誤。

儘管不斷被批評，這本書仍讓魯本的想法和他這個人聲名大噪。而魯本對於《性愛寶典》的內容，依然毫無歉意。三十年後，他向《芝加哥論壇報》表示：「我寫了一本關於性的書，又不是在競選美國小姐。我的目標是以有趣、具娛樂性，且對讀者有益的方式，盡可能的直接講述事實，這可不是什麼人氣競賽。」

魯本將「有趣」和「具娛樂性」，放在「有用」之前，從這點，似乎就能看出他的優先順序。他也許沒有競選美國小姐，但沒過多久，他出現在媒體上的次數，就比一般的選美皇后還要多了。

一九七〇年，魯本的臉出現在《新聞週刊》（*Newsweek*）的封面上，還登上了《迪克・卡維特秀》（*The Dick Cavett Show*）、《梅夫・葛里芬秀》（*The Merv Griffin Show*）和《今夜秀》（*The Tonight Show*），每一次出場，都為節目帶來很高的收視率。

《性愛寶典》並不是第一本如此受歡迎的性愛指南，但魯本在大眾面前的形象，和他作為現代性學專家原型的地位，讓本書與眾不同。相較起來，美國人類性科學研究者阿爾弗雷德・金賽（Alfred Kinsey）的書，或許賣出了數十萬本，但他卻沒有出現在晚間娛樂節目中。

魯本既不是佛洛伊德，也不是舊金山的嬉皮，對於因為性而深感不安的大眾而言，他就是最理想的性愛導師。魯本戴著厚厚的眼鏡，看起來就像個書呆子，也像是小城鎮的醫師，但他卻能一派輕鬆的在晚間娛樂節目上，與當時的《今夜秀》主持人強尼・卡森（Johnny Carson）和演員羅伯・雷納（Rob Reiner）聊天，就像是已經上了一輩子的節目。

而且，魯本真的很搞笑，他談論性的時候，那種輕鬆愉快的方式，能讓那些對性感到擔心的人放下戒心。他將醫師的話語，和冷笑話完美的結合在一起，讓很多美國人可以在安全的家中大膽嘗試。雖然這本書很傳統，但在涉及某些類型的性實驗時，確實突破了界限。

他向夫婦們保證，他們可以嘗試口交（以前被認為是不可接受的性行為）。他甚至寫道，無論是男孩還是女孩，自慰都是件自然的事。雖然這個想法看似不具革命性，但在一九六〇年代，自慰仍是一件大多數人不能接受的事。在一九五九年，一項針對醫科高年級學生的調查發現，五〇％的學生相信自慰會導致精神錯亂，不少他們的教授也抱持著相同的信念。

《性愛寶典》之所以能熱銷，另一部分是因為能讓人興奮。魯本深入探討了偷窺狂、暴露狂和戀鞋癖；他討論某些人把髮夾插進尿道來自慰，也思考修女們是否能拿到避孕藥，甚至用了一整頁的篇幅，來敘述性工作者使用的行話，包括「slam-bam-thanky-ma'am」（很快速的性行為）和「balling」（性交易）。

我們不清楚魯本從哪裡學到這些行話，更不清楚為什麼這些行話，對他的讀者來說會是有價值的資訊。也許這些內容就像是一個安全的窗戶，讓讀者能窺探他人的行房方式。

同性戀、異族通婚，這些人也算正常嗎？

這種挑逗表明，性建議不只反映了個人的焦慮，還反映出對差異的恐懼。「我正常嗎？」及「這些人也算正常嗎？」這樣的恐懼，在同性戀那一章，表現得最為明顯。

魯本寫道，大多數男同性戀會穿女性的衣服、化妝、有女性的癖好，有時甚至會按女人的身體線條，試著調整自己的身體。他甚至為現在所謂的迴轉治療（conversion therapy，性傾向治療）提供了正當的理由，認為精神科醫師可以治癒同性戀。

他寫道，男同性戀受危險的情況吸引，許多人喜歡施虐或受虐。出於這個原因，他甚至聲稱蓋世太保⑦和黨衛軍中，許多人都是喜歡同性的施虐狂或受虐狂。於一九六〇年代末期，同性戀解放運動已經逐漸形成，但魯本對這種行動主義不屑一顧，認為這只是同性戀者嘗試在為他們的「問題」辯解。

《性愛寶典》是美國史上最多人閱讀的性愛指南之一，但這本書卻用同樣有損人格的筆觸，描繪了整個LGBTQ社群。尤其是男同性戀，他們被描述為性狂熱的瘋子，不僅受危險的愛驅使、對性極度貪婪，甚至會用水果、蔬菜，和手電筒自慰。

考慮到這本書龐大的讀者群，和魯本作為醫學專家的地位，我實在很難誇大這篇文章的破壞性。**撰寫性愛指南的人，貶低了一大群美國人，同時鼓勵其他人害怕這群人。**

就像本書中收錄的幾本書一樣，《性愛寶典》被作為一種非常暴力的標準化工具，其作者亦痴迷於消除此國家人民之間的差異。魯本似乎是在安慰和他一樣的已婚異性戀中產階級讀者，告訴他們，他們的性取向不僅正確，還是唯一的解答。

許多性愛指南，都一次又一次的回到這樣的觀點：從調情到口交，任何事情都有正確和錯誤的方式。對於魯本和他的大部分讀者而言，同性戀就是錯誤的，他用強烈的熱情，安慰了他的讀者。

性愛指南是一種隱藏的試金石，用來測試在美國社會中，誰會被視為「我們」，誰則是「他們」。「我們」的概念變化得非常緩慢，反映出更大範圍的社會運動，無論是單身女性、有色人種，還是LGBTQ社群。

對魯本來說，除了同性戀者之外，黑人也屬於「他們」，在他看來，這兩個族群關係密切。魯本毫無根據的聲稱，性病在黑人族群中更為普遍，而且，與其提出科學根據，他提出這個理論：因為同性戀有「驚人的濫交能力」，很可能有某個黑人同性戀者，在與白人同性戀者發生性關係後，從而將性病傳播給其他白人。

他繼續警告大眾，並嚇阻黑人和白人間所有形式的性行為，他說：「在這個國家，白人和黑人之間的性行為相對罕見。如果這種行為增加，預計白人感染性病的機率也會增加。」為了將黑人與性傳染病連結起來，他還做了一個毫無根據的猜測，即九〇％的海地人都患有某種性病。透過將黑人和性病畫上等號，他還發出另一個危險的訊息，鼓勵白人害怕他們的黑人鄰居，因為黑人是公共衛生威脅。

魯本警告讀者，性可能傳染疾病，甚至導致死亡。到一九六〇年代末，許多美國白人可能在名義上，接受黑人進入他們的學校和社區，但臥室仍是最後一條界線。而魯本那本廣受歡迎的書，則助長了這些恐懼，拿科學當幌子，重申了種族主義的信念。

種族間的關係，和其他形式的關係比起來，一直非常落後。例如，具有里程碑意義的洛文訴維吉尼亞州（Loving v. Virginia）一案，推翻了美國十七個州的反異族通婚法。此判決，下於

---

⑦納粹時期的祕密警察，由黨衛隊控制。

一九六七年，比《性愛寶典》出版還早了兩年。在那之前，異族通婚，即兩個不同種族的人通婚，在將近三分之一的州是非法的罪行。

長達十年的洛文訴維吉尼亞一案的主角——米爾翠德．洛文（Mildred Lovings）和理查．洛文（Richard Lovings）夫婦的傳奇故事始於一九五〇年代末期。某天半夜，他們被手電筒照到眼睛而驚醒，然後，他們發現警察進入他們家裡，要求知道他們在床上做什麼。

這對夫婦在華盛頓特區結婚，但在維吉尼亞州，異族通婚屬非法，而米爾翠德是黑人，理查則是白人。因此，他們被關進監獄，後來以異族通婚的名義被判刑。一名法官告訴洛文夫婦，他們二十五年內都不能返回維吉尼亞的家，經過多次上訴，仍無法翻轉這項裁決。

一名法官還告訴這對夫婦：「全能的上帝創造了白人、黑人、黃種人、馬來人和紅種人，並將他們安置在不同的大陸上。除非有人干涉祂的安排，否則根本不該有這樣的婚姻。祂把種族分開來這個事實，就表示祂沒有打算讓種族混合。」

經過多年的法律鬥爭後，這個案件總算於一九六七年提交至最高法院。他們花了十年多次上訴，並向當時的司法部長羅伯特．甘迺迪（Robert F. Kennedy）申訴。

最後，最高法院接受了他們的申訴，做出對他們有利的裁決，並要求另外十六州一同廢除類似法律。然而，這個勝利苦樂參半，畢竟，這個案子一直到最高法院才結束，因為從警察到法官，大部分的人都認為異族通婚形同犯罪。

最高法院作出裁決，不代表公眾輿論就站在他們那邊。在一九六七年的美國新婚夫婦中，只有三%的配偶為不同種族或民族。美國白人拒絕讓黑人進入他們的家庭，此現象顯示出，儘管許多種族主義的殘餘制度已經被推翻，隔離但平等（separate but equal）⑧的觀念，在很大程度上仍舊存在。

到了一九九〇年，還有超過一半的非黑人美國人表示，他們反對親戚與其他種族結婚。公眾輿論通常都比法律落後，而魯本對於為什麼不異族該通婚，給出了偽科學的解釋。

我們可以為魯本貼上偏執的標籤，然後就不再深究，這麼做當然很容易，但更令人不安的事實是，在那個時代，很多性愛指南都抱持著類似的偏見，魯本代表著整個體系的問題。

英國醫師艾力克．康弗（Alex Comfort）的《性愛聖經》（*The Joy of Sex*），在大西洋兩岸的銷量都達到數百萬。他甚至決定把一種性愛體位命名為「la négresse」（黑女人），意指男性從後面進入女性。康弗聲稱，這只是一個廣泛使用的詞彙，即使在一九九〇年代的修訂版中，他兒子也拒絕更新內容。

正如安吉拉．戴維斯（Angela Davis）和貝爾．胡克斯（Bell Hooks）等黑人女權主義者所指出，即使是那個時代偏進步的女權主義書籍，比如關於強暴文化（rape culture）⑨的開創性著作

⑧源自十九世紀美國黑人種族隔離政策，試圖透過為不同種族提供表面上的平等待遇，從而使空間隔離合法化；例如，把餐廳分成「白人」和「有色人種」的用餐區域。

《違背我們的意願》（*Against Our Will*），也宣揚危險的刻板印象，將黑人男性視為強暴犯。

這不僅僅是一九六〇年代和一九七〇年代的問題。打從一開始，美國的性愛指南，就離不開一些最暴力的偏見、歧視和偽科學。

美國性愛指南始祖，支持優生學、景仰希特勒

在魯本醫師出現之前，有一名婚姻諮詢之父，名叫保羅・波佩諾（Paul Popenoe）。自從波佩諾在一九三〇年建立他的診所「美國家庭關係協會」（American Institute of Family Relations）之後，婚姻就一直是他維持生計的主題。

到一九五〇年代左右，他已經有了一個廣播節目、一個聯合專欄，以及在《女性家庭雜誌》（*Ladies' Home Journal*）上名為「這段婚姻能被挽救嗎？」的專欄。在這個長期專欄中，每一篇文章裡，都有一對夫婦提出他們的婚姻問題，而波佩諾也會加入討論。此專欄大受歡迎，持續了幾十年，《大西洋》雜誌稱其為雜誌史上最廣為人知的專欄之一。

在他診所的鼎盛時期，波佩諾每年接受多達一千對夫婦的預約，為他們回應從通姦到性冷感等各種問題。他撰寫並出版了數十本婚姻手冊，也就是性愛指南的前身，手冊中提供有關婚姻、性行為及如何增加性快感的建議。

波佩諾之所以投入拯救美國人的婚姻，源自他最初的研究熱情——優生學。一九〇〇年代早

期，他在史丹佛大學修生物學時，與他的教授大衛・斯塔爾・喬丹（David Starr Jordan）關係很好，喬丹是最早倡導優生學的主要人士之一。

後來，喬丹讓波佩諾研究一九一三年加州強制絕育計畫的進展，當時，政府對約兩萬名被視為精神不健康的人，進行了絕育手術。在那個時候，波佩諾對優生學的熱情，似乎真正燃燒了起來。

隨著波佩諾走遍整個加州的精神病院，他設想出一個更大規模的專案，來消除不健康的公民。他認為，只有兩萬人做絕育手術太少了，應該有一千萬名美國人得被絕育。在一九一八年，他和其他作者合寫出《應用優生學》（*Applied Eugenics*）一書，這是美國優生學的第一指定教科書，後來還被翻譯成德語。

他在一九二五年出版的婚姻手冊《現代婚姻》（*Modern Marriage*），也只是推行優生學的方式之一罷了。正如他想要阻止義大利裔、波蘭裔、非裔美國人生育一樣，他也想鼓勵他口中的「北歐」美國人生育更多孩子。

這本書跟當時許多婚姻手冊一樣，在本質上，是只為一小部分讀者撰寫的性愛指南。不過，波佩諾對他的目標毫不掩飾，他在這本書的前言寫道：

---

⑨一種社會學理論，社會對性別和性的態度，使強姦普遍存在、正常化的情況。

這本書從生物學的角度撰寫而成，它以人為對象，試圖弄清楚美國人該如何融入二十世紀的美國文明中，讓自己獲得最大的滿足，並促使種族進步。

在波佩諾將近一百歲的人生中，他為數千對夫婦提供諮詢服務，並在婚姻諮詢界烙下了深深的印記，甚至被稱為「婚姻先生」，只是，他同時也是一名熱情的優生學學者。在一九四〇年代，他準備為《女性家庭雜誌》撰寫專欄時，波佩諾仍舊持續在文章中讚揚絕育，這些文章後來被德國雜誌轉載。

當時，很少有人能預料到，這位廣受歡迎的《女性家庭雜誌》專欄作家，其實也是一位非常欽佩《我的奮鬥》（*Mein Kampf*）的偽科學家，還將阿道夫．希特勒（Adolf Hitler）描述為改善種族的堅定宣導者。

在二十世紀的前幾十年，優生學在美國得到廣泛的支持，支持者包含老羅斯福、福特、作家傑克．倫敦（Jack London），和生育控制運動領袖瑪格麗特．桑格（Margaret Sanger）等人。但是，在納粹大屠殺之後，情況產生了變化。

二戰後，波佩諾改變了他的言論，開始談論婚姻平等的重要性和如何保存美國家庭，但他從未否認自己早期的信念。波佩諾並不是一個局外人，他代表了一個更大規模的運動，在這個運動中，**性、性愛指南，和優生學環環相扣，影響著彼此**。

在一九二〇年代，婚姻手冊的出版量激增，通常是由醫師發給患者。諸如《伴侶婚姻》

（*The Companionate Marriage*）、《理智的性生活》（*Sane Sex Life and Sane Sex Living*）、《理想婚姻》（*Ideal Marriage*），以及其他許多著作，作者都是自稱優生學學者的人。

在我的研究過程中，確實很難找到一本不是由優生學家撰寫的婚姻手冊。例如，對優生學有興趣的荷蘭醫師西奧多．范德維爾德（Theodoor H. van de Velde）撰寫的《理想婚姻》，翻譯成英語之後成為超級暢銷書，在美國還再版了數十次。

范德維爾德很早就表示，社會上缺乏關於性的良好科學資訊，以及能給予夫婦的性知識。這讓人想起了魯本的開場白，他也渴望向患者展示，要如何「讓新婚蜜月，綻放成理想婚姻的完美之花」。

促使這些婚姻手冊出版的原因，除了對移民和有色人種的恐懼之外，還包含了對女性力量不斷增強的恐懼。一八八〇年到一九二〇年這段時期，有時被歷史學家稱為「第一次性革命」。尤其是在一九一〇年代和一九二〇年代，隨著女性逐漸獲得選舉權，以及不斷增加的公民自由等自主權，婚姻手冊突然在美國各地如雨後春筍般出現。

每當有人挑戰一些性別角色和社會規範時，就會突然跑出自稱專家的人，並將話題引導到白人婚姻與生育上。

許多這方面的思想家，提及女性的性慾時，會詳細介紹陰蒂刺激、性高潮等名詞，在二十世紀早期，這可能會令人感到驚訝，但是，這一切都是為了服務他們眼中的理想美國人，也就是身心健康的白人新教徒。就像一九六〇年代的性革命一樣，第一次性革命，本質上充滿著異性戀霸權和父權，雖鼓勵性快感，卻有非常嚴格的限制。

至於其他類型的性別角色排斥，手冊上也寫得很清楚。魯本聲稱一些女同性戀的陰蒂比較長，這個想法就是起源自這個時期。在一九二〇年代，許多醫師寫道，女同性戀（尤其是黑人女同性戀）的陰蒂比較大，因為她們比較男性化。這樣一來，反酷兒和反黑人的情緒，就不可避免的連結在一起了，而這個議題，魯本也曾談論過。

那麼，對於這些二十世紀的早期婚姻鬥士而言，女性、移民、黑人、同性戀、心理不健康等問題，皆能透過舉著白人婚姻和家庭價值觀的統一旗幟解決。這些手冊和書籍的存在，都是為了讓正確的美國人，走上實現此一目標的道路。

根據這些作者的說法，如果白人能夠學習如何以「正確」的方式性交，也就是進行能生育的異性性行為，那麼，美國白人新教徒就能夠被拯救。

以這種角度看來，美國最早出現的性愛指南，明確的聚焦於一個國家計畫上。那些關於如何發生性行為、看似科學的手冊，其實就像韋伯斯特和麥加菲的著作一樣，都在試圖創造僅限某種美國人居住的美國。

長期以來，**性愛指南一直與排斥、歧視及帶有偏見的政治立場密不可分**。這些工具書，不僅決定了誰是好人，也作為具有潛在危險的排他性文本，加強了彼此的權威。性愛指南有時候也是邊緣化的有力工具，能夠判斷出誰是「我們」、誰又不是。

其核心，是一種混合的恐懼，一種想將不同類型的人分開的欲望。性愛指南就是針對這個難以達成的目的而製造的藥方，專門安撫擔憂美國社會人口變化的人們。早期性愛指南和優生學之間的連結，以及魯本書中歷久不衰的偏見，與美國人最喜歡的美國神話——美國是一個大熔爐，恰恰相反。

美國不斷講述著接受和同化的故事，但是一講到最親密的融合，許多人就開始不滿，甚至將其當成罪行。性愛指南成了一種尖銳的試金石，用來檢驗名義上的接納和打從心底接納之間的差距。

表面上看來，性愛指南似乎只是負責討論不同體位的書籍，但其實，它也含有深刻的政治意味。這些書可以限制或擴展美國人的身分、可接受的行為，和社會規範的定義。

在婚姻手冊時期和一九六〇年代之間，關於性的暢銷書逐漸開始採取科學態度，擺脫早期的一些偽科學。

在二十世紀中葉，科學家金賽在《男性性行為》（*Sexual Behavior in the Human Male*）和《女性性行為》（*Sexual Behavior in the Human Female*）兩本書中，發表了他對性的廣泛研究。這兩本書總結了他多年的研究成果，從婚前性行為到同性性行為，此書開始將許多以前的禁忌話題正常化。儘管研究結果有些枯燥，但這兩本書加起來，還是賣出了幾十萬本。

在金賽之後，科學研究夥伴兼性伴侶威廉・麥斯特（William H. Masters）和維吉尼亞・強森（Virginia E. Johnson），在一九五〇年代晚期，以對於性反應的開創性研究而聞名。他們在一九六〇年代末和一九七〇年代初發表的研究結果，也成為了暢銷書。

充氣娃娃、一日男友、陰道檢查……性學專家的權威，來自經驗

長期以來，擔任醫師、精神病學家或科學家，一直是提供性建議的先決條件，但到了一九六〇年代末，像魯本醫師這樣的專家，已經成為守舊派。

在一九六〇年代末與一九七〇年代初，人們開始質疑各式各樣的權威，專業知識突然成了一種負擔。《性愛聖經》的作者康弗博士，甚至還假裝此書的作者是他認識的一對夫婦，聲稱自己只是編者。

這種對專業知識的懷疑，不僅來自那些處於邊緣、擔心自己被排除在外的人，對專家的不信任，一直是美國文化的一部分。對於一個視小農和白手起家者為英雄的國家而言，專業知識經常受到懷疑，其實也不足為奇。某位研究人員發現，高達二〇％到二五％的美國人不信任專家，甚至非常厭惡他們。

這種傾向，在一九六〇年代和一九七〇年代，年輕人挑戰社會現狀時變得更加強烈，尤其在選擇誰有資格提供性建議的方面更是如此。例如，性教育家雪兒．海蒂（Shere Hite），雖然有攻讀博士學位，卻沒有讀完，她進行了調查研究，以填補權威與個人之間的鴻溝。當時關於性的書籍，只能透過男性角度來理解女性，因此，她試著從女性的角度，讓女人更了解自己。一九七六年的研究文集《海蒂報告》（*The Hite Report*），在全球銷售了數千萬本。

波士頓婦女健康書籍團體（Boston Women's Health Book Collective）的《我們的身體，我們自己》，是女權主義對性愛指南的回應，該書由活動人士撰寫，而非專家，自一九七〇年發行以來，已售出四百萬冊。

魯本之所以能成為成功的性學專家，其實與他的醫師資格沒什麼關係。他具有每個優秀藝人都應具備的特質：風趣、迷人、和藹，以及自信。

憑藉著這些特質，以及談論性的嚴肅態度，他為性學專家樹立了一個至今仍揮之不去的原型，使性學專家都必須具有好奇且坦率的個性。

要成為性學專家，這兩個特質比其他東西更為重要。許多當代性學專家，像是埃絲特·沛瑞爾（Esther Perel）或露絲醫師（Dr. Ruth），他們仍有醫學背景，但他們也表現得坦率、有趣，甚至有點神祕。

就像很多傳統的自我成長大師一樣，成功的性學專家，不光是在性方面，連自信方面，都能讓人覺得更有力量。在美國文化中，永遠都有空間，讓性學大師占據一席之地；他們未必有正確答案，但他們提出了正確的問題。

幾乎所有兩性專欄作家，都以這個形象為基礎，無論是真實人物，還是虛構角色，從《慾望城市》（*Sex and the City*）的凱莉·布雷蕭（Carrie Bradshaw）到丹·薩維奇（Dan Savage），都是如此。**他們的權威，來自自己的經驗**。

隨著時間推移，有關性的書籍和專欄，變得越來越自由，也越來越像工具書。無論是《人性的弱點》還是《富蘭克林自傳》，許多最受歡迎的建議書，都是出自親身經歷，而不是來自魯本這樣的人自稱的專業知識。

自一九七〇年代開始，性諮詢和性學專家，經歷了一個比魯本時代更戲劇性的民主化過程。一名好的醫師，早已不再評判已婚夫婦在臥室裡該做些什麼了。

在五十年前，魯本醫師認為所有非異性戀的性行為都不正常，而現在，就連專攻少女讀者的《青少年時尚》（*Teen Vogue*），都發表名為〈如何在性行為中，應對性別不安[10]〉（*How to Navigate Gender Dysphoria During Sex*）的文章。無論是提供性建議的人，還是他們提供的建議，都出現了徹底的變化。

與本書其他作者不同，魯本不像韋伯斯特或艾蜜莉一樣，擁有世代傳承的守護者，也沒有研究所能繼承他的意識形態。他在一九九九年重寫《性愛寶典》之後，就幾乎從大眾視野中完全消失。

在某種意義上，繼承他遺產的現代性學專家，通常都代表了與他完全相反的東西。現在的性學專家，越來越重視包容性和模糊性，而不是排斥性和確定性。

因其專欄和節目而廣受歡迎的卡莉．西奧蒂諾（Karley Sciortino），正是這種轉變的縮影。西奧蒂諾一頭金髮，像海報女郎一樣性感，看起來就像維若妮卡．蕾克（Veronica Lake）[11]和寇特妮．洛芙（Courtney Love）[12]的混合體。

一家雜誌將西奧蒂諾描述為「放蕩、覺醒版的凱莉．布雷蕭」。而我透過視訊電話採訪她時，她才剛醒來，當時是上午十一點。她很好聊，就像一個很酷的姊姊，她說這是她很常得到的讚美。

她告訴我：「人們已經沒那麼在意性建議是否來自一個有權威的人了。給予建議，比較像是我在描述我的性生活時的自然延伸。」西奧蒂諾從二〇〇七年開始寫部落格，記錄自己的約會經驗和性生活。當時，她住在倫敦一個藝術家的公寓裡。

三年後，她搬到紐約繼續寫作，以讓人包養的方式賺錢，也擔任曼哈頓一位有名女施虐者的助手。幾年後，她開始在自己的部落格上，做一個名為「問蕩婦」的環節，為讀者提供性方面的建議。

過去十年，她從自己的部落格，慢慢擴張成一個名副其實的帝國，不僅在VICE新聞（VICE News）上有一個節目、出了一本書，還為《時尚》（*Vogue*）雜誌寫了一個性愛專欄。她的專欄為《時尚》吸引了大量讀者，而節目的第一集，介紹世上第一個男性充氣娃娃，在YouTube上的觀看次數超過五千八百萬次。觀眾會被西奧蒂諾吸引，是因為她勇於嘗試，而且，她似乎願意嘗試所有事情：她曾和娃娃做愛、租一個男朋友，還讓一個自慰專家檢查她的陰道。

---

⑩ 因性別認同與出生時的指定性別不一致，而感到痛苦。

⑪ 美國著名女電影演員。

⑫ 美國搖滾歌手兼演員，曾是超脫樂團（Nirvana）主唱科特・柯本（Kurt Cobain）的妻子。

也許正是因為她不會假裝自己擁有專業，人們才想聽她說話。她說，她剛開始回答性方面的問題時，都半開玩笑的回答，她給的建議都很莫名其妙。但這正是她成功的原因。她思想開放、不批判，也從不討好她的讀者，因為她認為自己與他們沒有太大的不同。

即使她的建議未必正確，尤其在她剛開始寫部落格的那幾年，她自己也是在女權主義等議題上摸索自己的聲音，不過，西奧蒂諾懂得和許多讀者一起摸索這些議題，這就是她吸引人的原因。

西奧蒂諾提到，光是在她的一生中，性愛指南這個領域就產生了很大的變化。她還是個少女時，就會偷偷閱讀《柯夢波丹》（*Cosmopolitan*）裡的性愛問題，她的天主教母親絕對不會允許她這樣做。

在閱讀女性雜誌時，她注意到，有很多性建議似乎都過於做作或不實際。在過去的十五年裡，像《柯夢波丹》這樣的雜誌，已經從建議女性用乳房為男友按摩，發展到談論跨性別問題，甚至是制度化的種族主義。

「世界變化得太快了。」西奧蒂諾告訴我，她注意到美國在過去的十年裡，發生了極大的社會及文化變化，在女性性快感和 LGBTQ 性行為的領域尤其如此。她說：「講到從前那些過時的性愛專欄時，我常覺得是幾十年前的東西，但實際上，那不過是七年前的事罷了。」

性愛指南的前景，仍然不完美，但現在正不斷的變化。在某種程度上，現在與一九六〇年代晚期很相似，過去五年，社會及政治分歧也充斥著整個美國。然而，性愛指南的發展，卻與魯本醫師的期望幾乎相反。

《性愛寶典》裡都是關於傳統婚姻的老派論點，但在今日的性愛指南中，已經能看到許多人開始質疑所謂「正常」的概念。《柯夢波丹》或《時尚》的專欄，或許不能代表整個國家對於跨性別人士、施虐癖、受虐癖，或「怎樣的女生算婊子」的觀點，但這些觀點能出現在主流媒體上，本身就是個巨大的轉變。

將過去和現在聯繫在一起的，是魯本在一九七〇年代建造的鷹架，而今日大部分的性學專家，仍站在這個鷹架之上。儘管沒有人看著你，你所做的事情在某種程度上仍然反映了你是誰，無論是作為一個人，還是作為一個美國人。

這些受歡迎的性愛指南，將早期書籍中闡述的美國基本信念，例如自主學習、個人力量和自我成長的重要性，都帶入了臥室。就像美國歷史上的許多辯論一樣，性也是私人與公開、個人與整體，甚至宗教與世俗之間的談判。

以一種令人驚訝的方式，**性突顯出美國人對自由的熱愛和對偏離規範的恐懼**，這兩者之間的緊張關係。

對魯本來說，性行為不僅有分對錯，你還必須是「正確的人」，然而，在這之後又經歷了很多年，現在，網路上的性愛建議，範圍變得更廣了；不過，網路媒體中，仍充斥著強調對錯的文章，像是該如何給予「完美」的口交，或如何讓性技巧「變得更好」。

在過去的五十年裡，主宰流行文學的是自我成長書，而性愛指南，似乎也緩緩成為了自我成長書的一部分。以樂觀的角度看來，這些書能幫助讀者探索親密關係或慾望，也能為他們找出自我表達的方式。

然而，就實際層面來看，尤其是在魯本的時代，**這些書似乎更具交易性質**。正如他在書中所述：「外部世界的成功，孕育了內心世界的成功……相反的，一個男人在臥室裡越厲害，在做生意時就越有能力。」

性愛指南，就像自我成長書一樣，對自我發展的追求，不僅在於提高技能，也在於改善自己作為商品的品質。

第 10 章

現實很殘酷，心靈需要養生

書名：《創造生命的奇蹟》

出版年分：1984 年

作者：露易絲・賀

紀錄：銷量超過 5 千萬本，擁有超過 30 種語言版本。

書名：《與成功有約》

出版年分：1989 年

作者：史蒂芬・柯維

紀錄：銷量超過 4 千萬本，占據暢銷榜 220 週。

在《性愛寶典》一書出版後幾年，自助書被改造了。雖然魯本的書和之前出版的其他自助書，像是《人性的弱點》，都包含了現在市面上自助書應有的元素，但是，在接下來的幾十年內，自助書的出版量將大幅增加。

文學歷史學家經常將「自助」一詞的起源，追溯至一八五九年蘇格蘭作家塞繆爾・史邁爾斯（Samuel Smiles）的同名著作《這輩子，可以不後悔嗎？》（*Self-Help*），但基本上，這種體裁在一九七〇年代，開啟了在美國的鼎盛時期。從一九七二年到二〇〇〇年，自助書的數量增加了一倍多，迅速成為一個每年賺進數億美元的產業。

自助書之所以會興起，一部分是那個時代的產物。在一九八〇年代和一九九〇年代初期，因為美國經濟繁榮、相對和平，甚至因此出現「雅痞」（yuppie）①，但是，這種美好願景並不適用於每個人。

那些年，中產階級和工人階級的生活變得非常不穩定。他們眼見工資絲毫沒有動靜、社會安全網②受到侵蝕，而且下滲經濟學的影響也很少，因此，當許多美國人感到無能為力時，關於掌控自己及自我成長的書籍，吸引了大量讀者。讀者可以購買關於節食、健身、財務規畫和建立工作信心等各方面的書籍。

不確定感瀰漫於在社會中時，美國人就向自助書中的明確承諾求救，因為自助書向讀者保證，他們能獲得更好的生活，而且是一種他們可以控制的生活。美國人可能無法阻止自己成為裁員的犧牲品，但他們可以在一本積極的哲學書、理財書，甚至在一本烹飪書中找到安慰，無論那份安慰有多虛幻及短暫。

雖然這些書的範圍很廣，不過這個年代的暢銷書，還是有兩種主導趨勢。第一種，是落於新時代（New Age）③寬泛範疇中的書籍，像是偉恩・戴爾（Wayne Dyer）、艾克哈特・托勒（Eckhart Tolle）和露易絲・賀（Louise Hay）等作者，以形上學的方法，向讀者承諾，只要透過新態度就可以獲得新生活。

露易絲・賀，就是此一運動的例證。光是她在**一九八四年出版的書《創造生命的奇蹟》，就售出超過五千萬冊**，她的研討會和演講，也吸引大量觀眾。我之所以選擇談論賀，是因為她的銷售數字及其出版社的影響力都非常可觀；如果僅以銷售額為指標，那就我就會選擇戴爾。

這些賣出數千萬本書的作家，書中寫的內容都很類似，由此可見，這場新時代運動的力量有多大。

第二種，則是商業或管理類書籍，代表人物包含吉格・金克拉（Zig Ziglar）、東尼・羅賓（Tony Robbins）等人。不過，從銷售數據和長壽程度看來，史蒂芬・柯維（Stephen Covey）及其著作《與成功有約》可能是第二種趨勢的最佳例證。

---

①住在城市、高收入、追求時尚並購買昂貴物品的青年。

②旨在改善弱勢家庭和貧困公民的生活的援助計畫，例如養老金、費用減免等。

③興起於一九八〇年代末的生活、思維方式，涉及層面極廣，涵蓋神祕學、替代療法等非主流觀念。

自一九八九年發行以來，此書便售出四千萬冊。柯維也以講座、研討會，和一系列暢銷書，建立了一個帝國，這一系列書籍，遠遠超出單獨一本暢銷書能達到的成績。

就像凱薩琳一樣，這些作者本身都擁有很強大的影響力，這也屬於趨勢的一部分。雖然這些人有許多不同之處，例如，柯維信仰摩門教，而此宗教在柯維的世界觀中，扮演了的重要角色；但是，他們的哲學，都讓人們暫時擺脫了一九八〇年代，美國人對金錢、成功、愛情、健康等一切感到的焦慮。

賀以溫暖、愛和自我接納，來回應焦慮的情緒。柯維則提出一個願景：如果美國人都成為積極主動的人，那麼，大家就都能掌控自己的情緒了。

我在本書中收錄的書籍所包含的各種神話，自然而然的匯集成現今的自我成長書，因為這些自助書，把早期那些書中僅僅暗示的夢想和焦慮，明確的闡述了出來。字典或性愛指南的作者，只會提出他們心中的國家願景，然而，自我成長書則毫不掩飾的把美國夢所承諾的一切，以及該如何實現美國夢，全用文字表達出來。

與此同時，**自助書表達了一種脆弱感**，那是許多美國人無法表達的東西。**他們害怕自己永遠不能像富蘭克林一樣多才多藝，或像卡內基那一樣能影響旁人**。這就是自助書最大的悖論，讀者覺得自己不夠好，卻可以想像一個他們擁有自信、財富，和成功的世界。這就是為什麼自我成長這個題材能不斷延續，因為認為自己不夠好的焦慮，永遠不會真正消失，只能透過讀更多書、進步、得到成就來暫時滿足自己。

有些人覺得閱讀自助書很尷尬，因為它代表了一種毫不掩飾的渴望：想變得更漂亮、更富有、更相愛。這些書既代表了讀者的欲望，也緩和了那些無力感。

自助書與本書中收錄的書籍，有許多相同的核心價值觀，像是精英政治、職業道德、個人主義，不過，自助書還添加了這一層脆弱性，承認自力更生這件事是多麼的脆弱。

幼時的創傷，塑造了新時代的作者

創傷塑造了本書收錄的所有作者，但是賀的經歷可能最令人深刻，幾乎所有你想像得到的個人創傷，她都經歷過：強暴、虐待、貧困，和未成年懷孕，這些事都在她十八歲之前發生。

她在一九二六年出生於洛杉磯，原名為海倫．維拉．倫尼（Helen Vera Lunney）。正如她在《創造生命的奇蹟》其中一章中所述，在她還是個嬰兒時，父母就離婚了。她母親當女傭，勉強維持生計，後來很快再婚，和一個男人住在一起。

賀的整個童年時期，都被這個男人持續虐待及性侵。賀五歲時，被一名酗酒的鄰居強暴，這名男子被判十五年徒刑，但她說，大家都告訴她被強姦是她的錯，所以，她從小就認為自己一無是處。

十五歲的時候，她再也無法忍受繼父的虐待，於是從高中輟學、離家出走。她很快就懷孕了，但她年紀很輕、又身無分文，於是在十六歲生日過後沒幾天，就把孩子交給別人領養。

後來，她搬到紐約，將名字從海倫改名為露易絲，並開始擔任時尚模特兒，但她仍然因自卑而飽受折磨。她與英國商人安德魯・賀（Andrew Hay）的婚姻，帶給她短短十年的幸福，但丈夫後來為了另一個女人離開她，使她的人生再次破碎。

這段心碎的經歷，讓她踏上了一段靈性之旅，使她成為數百萬美國人心中的形上學大師。她的痛苦的過去和療癒之路，成為這套理念的賣點，這一切都收錄在《創造生命的奇蹟》的最後一章。她的創傷就像天命的召喚，她的人生證明了正向思考能夠克服多少傷痛。

離婚後，賀從一種讓她成為百萬富翁的哲學中得到慰藉——正向思考。在一九六〇年代末期，她加入了曼哈頓四十八街的宗教科學第一教會（First Church of Religious Science）。該教會由歐內斯特・霍姆斯（Ernest Holmes）於二十世紀上半創立，他宣揚正向思考實際能治癒身體。就像基督教科學派（Christian Science）④一樣，宗教科學第一教會的教義是「思想創造你的現實」，包括身體上的實質改變。

她後來向《紐約時報》解釋道：「我在那裡聽到有人說：『如果你願意改變你的想法，你就能改變你的生活。』」那一刻成了賀人生的轉捩點。「我非常震驚。我說：『真的嗎？』從來沒有當過學生的我，就這麼成了一個狂熱的讀者。」

賀不僅讀了佛羅倫斯・斯科維爾・希恩（Florence Scovel Shinn）等人的形上學書籍，還探索了二十世紀的神祕主義，尤其受到諾曼・文生・皮爾（Norman Vincent Peale）的啟發。皮爾的著作《向上思考的祕密》（*The Power of Positive Thinking*）在一九五二年發行後，賣出數百萬本，他認為，積極思考可以帶給人們信心，也能讓人們完全掌控自己的生活。

賀沉浸在關於形上學和療癒的著作中，在幾年內，她便成為宗教科學第一教會的傳教者，在全國各地授課和演講。

一九七〇年代晚期，賀被診斷出子宮頸癌，她的信念在此時受到了考驗。她相信因為身心之間的連結非常強大，過去的創傷會以疾病的模樣顯現出來，所以，她立即將自己的癌症歸咎於過去的事件。

她後來寫道：「我五歲時被強暴過，兒童時期也被虐待，難怪我會得到陰道部位的癌症。」她決定推遲醫生建議的手術，先嘗試用其他方法治療自己，包括正向思考、區域反射療法⑤、處理童年創傷的療法、良好的飲食，也偶爾灌腸。

她聲稱，過了六個月之後，她就痊癒了。賀證明，透過正面的態度，她的養生法治癒了疾病，很快的，她就在一九八四年出版《創造生命的奇蹟》，闡述她對於健康和幸福的哲學。

雖然她的一些信念，像是正向態度能治療癌症的想法，實在有些牽強，但這本書大部分的內容都符合美國的樂觀主義。《創造生命的奇蹟》中，包含許多與美國早期工具書相同的主題，

④基督新教中的一個教派，認為物質都是虛幻的，疾病則是主觀的，為人們意識上的錯誤，故只能靠意識的方法來醫治。

⑤一種替代療法，以拇指、手指和手部，對腳和手的特定部位施加壓力，俗稱腳底按摩。

像是個人責任和積極思考的力量。

它也觸及了困擾現代人的共同問題，比如，覺得自己沒有價值、患有冒名頂替症候群⑥，以及陷入負面思考之中。

《創造生命的奇蹟》畫出一個地圖，讓讀者走向更快樂、更充實的道路。這本書的目標不單是讓讀者接受自己，還要讓他們懂得愛自己，而賀的解決方案，包括自我肯定、正向思考，以及未來想像。

這本書的結構，就是一段發掘自我的旅程，從診斷讀者可能面臨的問題，到該如何改變路徑，最後再教讀者如何保持積極的新態度。

將自己的創傷重新定義為啟蒙的必經之路，賀精心設計出一個結構，讓其他人也能跟著做，並為積極思考的教義，增添了一種形上學的味道。

我在這些章節中插入的許多書，都由作者的痛楚鍛造而成，但賀的哲學，明確的解決了她與許多讀者的傷痛，尤其是女性所經歷的痛苦。她幫助讀者將平常隱藏起來的性暴力、性虐待等創傷公之於眾。

這是她的書與早期美國樂觀主義不同的其中一點，為了走向光明她要你先擁抱黑暗。透過這種方式，自助書能為社會帶來價值，讓數百萬名美國人不再為某些禁忌話題而感到羞恥。

因此，儘管愛滋病是一九八〇年代最令人忌諱的話題，賀仍為愛滋病患者作出貢獻，而這一點，使她獲得美國人的認可。

成為新時代女王，給予愛滋病患者希望

在一九八〇年代，有很多個星期三晚上，西好萊塢⑦的禮堂都擠滿了人，多到都滿進大廳裡。觀眾大多是年輕的男同性戀者、一些家庭成員，還有「憂心忡忡的人」。這些憂心忡忡的人，是還沒有生病的朋友或愛人，但他們非常害怕咳嗽、發燒或皮疹等症狀，這也證實了他們所有人最大的恐懼——罹患愛滋病。大多數來到這裡的人，都才二、三十歲，但其中一些人，因愛滋病而消瘦得像老人一樣，他們穿越洛杉磯，趕來參加賀的演講。

一九八〇年代末的某個星期三，馬克．金恩（Mark S. King）在哥哥男友的提議之下，去聽賀的演講，儘管他並不情願。在一九八五年，第一批檢測結果一出來，金恩就被診斷出罹患愛滋病。

演講當晚，他對按摩床、水晶，和新時代的嬉皮精神，都抱持著疑心，但他說，無論是什麼他都願意嘗試看看。尤其，在抗愛滋病毒治療藥物AZT還沒問世之前，愛滋病在眾人眼中

⑥認為自己是走了運才成功，而非倚賴才能或資歷，因此害怕被他人識破自己的騙子身分。
⑦位於洛杉磯的城市，被視為美國著名的同志村之一。

等同死刑，而且行刑日來得非常快。

一夕之間，金恩就從每個週末在洛杉磯夜總會裡跳舞，變成在加護病房裡握著朋友的手等待死亡。突然，成千上萬名美國年輕人，發現自己的人生只剩下一、兩年。

從一九八〇年到二〇〇〇年，超過一百萬名美國人感染愛滋病。金恩得知診斷結果之後，變得很渴望尋找人生的意義並得到安慰。他轉向傳統宗教尋求解答，但這些傳統宗教，也比以往任何時候都更強烈的迴避同性戀者。金恩告訴我：「那個時候，活著，就等於要面對這些關於生、死、生命、上帝等既深刻又重要的問題。」

金恩說，他無法清楚回憶起賀那晚說了什麼，但他清楚記得當時的感覺，他覺得被接納、被愛。他說，中年的賀穿著飄逸的洋裝，看起來就像每個人失散已久的母親，她在那裡告訴他們：「你們是被愛著的。」對當時在場的某些人來說，那就是他們聽到的最後一句話。

「許多坐著輪椅去聽她演講的人，從中得到了慰藉，並將其內化，在死之前總算相信了這句話。」金恩參加過好幾次演講，但從未成為賀的忠實追隨者。有些出席者，讀過她的每一本書，有些人則抱持著懷疑的態度。

一直到很後期，金恩才得知，賀有一些比較奇怪的觀點，像是她認為男同性戀會感染愛滋病，是因為他們不夠愛自己。儘管賀有一些比較怪異的信念，但仍無法否認，她作為「新時代女王」所擁有的影響力有多大。有些人認為她改變了美國心靈界的面貌，而且她那些關於正向思考、自愛的新時代書籍，吸引到的讀者群遠遠超出洛杉磯的男同性戀者。

在一九八八年，這些演講讓她在同一個星期內，被邀請上歐普拉・溫芙蕾（Oprah Winfrey）和菲爾・唐納修（Phil Donahue）的節目。經過這兩次電視採訪，《創造生命的奇蹟》立刻成為了《紐約時報》暢銷書，在排行榜上停留了好幾個月。

這些電視採訪讓她在幾天之內，從加州卡爾斯巴德⑧的一個小眾權威，變成了全國性的傑出人才。在接下來幾年，她建立了一個龐大的帝國，截至二〇〇七年，每年講座、研討會，和其他商品的收入，平均高達一億美元。

一九六〇年代的新時代運動，可能有點反資本主義，但到了一九八〇年代，它已經完全擁抱了消費主義，成為一個價值數百萬美元的商機。同為新時代作家的戴爾，早期著作《為什麼你不敢面對真實的自己？》（*Your Erroneous Zones*）銷售量曾與賀的作品並駕齊驅，但是，讓賀與眾不同的是，她創立了出版社賀氏書屋（Hay House）。

這間出版社將繼續開發、塑造出一些二十世紀最著名、最暢銷的自我成長大師，連戴爾也包括在內，其他還包括托勒、狄帕克・喬布拉（Deepak Chopra）、瑪莉安・威廉森（Marianne Williamson），以及蘇絲・歐曼（Suze Orman）。至今，賀氏書屋每年仍會出版多本暢銷書。賀的影響力，除了她自己的成就之外，也在於她激勵了許多暢銷書作家，並出版他們的書。

⑧位於加利福尼亞州聖地牙哥郡的城市。

在鏡子前為自己打氣，是賦予力量的方式之一

賀的哲學，會引起這麼多美國人的共鳴，一部分原因是積極思考的力量。雖然她的想法比卡內基更形上學，但理念其實相同：你可能無法控制發生在你身上的事，但你可以控制自己如何看待它。

賀可以說是把卡內基的正向思考，又往前推進了一步，她認為正向思考不僅能幫助你更接受現實，還可以吸引更多美好的事物。她在書中鼓勵人們對著鏡子肯定自我，培養愛自己、接受自我的習慣。

種下這種正面肯定的種子，就會長出新的人生，賀寫道：「你要讓正面思想的陽光照在你身上，你要拔除花園中長出的負面想法。」許多人認為自我肯定現在會如此普遍，都要歸功於賀，甚至連《週六夜現場》（*Saturday Night Live*），都曾在幽默短劇中，模仿賀提倡的鏡子練習，也就是對著鏡子，向自己說自我肯定句的練習。

歐普拉也指出，「愛自己」的想法已經融入了一九八〇年代的流行文化。賀的著作將美國傳統的樂觀主義帶入一九八〇年代的環境中，以形上學的靈性來回應公司化的美國。

賀這套哲學的根源，來自樂觀主義、自我實現等美國早期觀念，仔細想想，究竟還有哪個國家的建國大綱中，會包含「追求幸福」這個條目？二十世紀早期的積極思想家於逆境中不斷

前進，使新的白手起家者無所不能，幾乎像上帝一樣。

針對一九七〇年代和一九八〇年代，因個人主義造成的孤獨感而形成的「自我的一代」（Me Generation），賀的解決方案是，我們需要一個相互連結、仁慈的宇宙。

此理念的核心，和許多新時代哲學一樣，是徹底更新過後的個人主義。這些白手起家的人，不但可以慢慢改進，還可以掌握自己的一切。在整本書中，賀會重複闡述個人力量、個人責任的概念。她在書的前幾頁寫道：「我們每個人，都要對自己的所有經歷負責。」

從《人性的弱點》到《富蘭克林自傳》，幾乎每一本美國心理自助書中，都寫到了個人責任的概念，但賀將此概念更進一步發揮。這些早期的書僅僅暗示，賀則將早期建議書只是暗示的觀念，明確的寫出來：美國人得到的一切，都是他們應得的，因為沒有什麼比自我更強大。

新時代運動及普遍自助書的所有觀念，都在講述「如何掌控自己的人生」。那個年代的新時代書籍中，充滿了頌揚自己的內容。

某些宗教評論家指責那些本質上是在向自己祈禱的人，說他們極端的個人主義，根本就是在把自己當成神崇拜，因為，如果一個人是全能的，甚至能治癒自己的癌症，那不就是聲稱自己是神嗎？

《創造生命的奇蹟》讓人重新相信美國成功故事和個人力量，但這些早期理念擁有的陷阱，在書中也沒有去除。新時代思想做出的承諾，在本質上和美國做出的承諾相同，那就是：任何人都可以超越自己出生的環境。

這種信念的陰暗面，就像籠罩著白手起家故事的陰影一樣：如果你失敗了，那是你自己的錯。因為，如果一切都能靠自己做到的話，那貧窮、疾病等所有問題的根源，也都在自己身上。甚至連對個人主義的形上學理解，也受到同樣的限制，導致美國人覺得，這些發生在自己身上的事，都是他們自找的。

使新時代思想不再是美國文化的邊緣元素，反倒體現其核心信念，個人主義只是功臣之一罷了。於愛丁堡大學擔任宗教學高級講師的史蒂芬．薩克利夫（Steven Sutcliffe），寫過幾本關於新時代哲學的書。他說：「個人自由、開闊視野、改革理念等與美國有關的東西，正逐漸從美國的環境中消失。」

新時代思想不僅影響信徒，也影響了美國總統

新時代思想中，包含了大量的人物和教義，但他們通常有一些共同的核心原則，其中許多與現存的美國神話互相呼應。比如，許多書籍和教義都源自個人經驗，而不是等級分明的專業知識。

這些大師，不是像伊瑪目⑨或牧師一樣訓練有素的專業人士，他們不負責發號施令，反而引導人們走上自我發現的道路。

新時代可以被視為一種流行的靈性，不由任何單一機構所建立，反而是人民為了自己而建

立，某位新時代專家，則將其描述為「廣泛的民間信仰」。新時代哲學，為宗教做了一次很美式的更新，清除了舊的等級制度，反支持更加基層的東西。

隨身攜帶著水晶和夢想板的新時代信徒，經常被憤世嫉俗的人鄙視，但是，形上學宗教的信念，從一開始就一直是美國靈性生活的核心。縱觀歷史，從愛默生到詹姆斯，許多人都在形上學的信念中，找到了智慧與慰藉。

例如，美國心理學之父詹姆斯相信所謂的「心靈治療」，也就是正向心態的療癒力量。從這個角度來看，強調直覺和個人潛能的超越主義（Transcendentalism）⑩，也很有新時代的味道。

一位歷史學家認為，新時代哲學是歷史上所有靈性理論的巔峰。美國宗教史專家凱薩琳・阿爾巴內斯（Catherine L. Albanese）寫道：「美國形上學的歷史，最後都匯集在新時代思想中，超越主義、精神主義（spiritualism）⑪、催眠術、史威登堡主義（Swedenborgianism）⑫、基督教

⑨伊斯蘭教的領導者。
⑩美國的文學、哲學運動，興起於一八三〇年代的新英格蘭，領導人為愛默生，強調人與上帝的直接交流和人性中的神性。
⑪認為亡者的靈魂存在，靈魂可以也傾向於和人類溝通；死後，靈魂會在靈界持續進化。
⑫伊曼紐・史威登堡（Emanuel Swedenborg）提出的哲學和宗教學說體系，強調宇宙的精神結構、直接與鬼魂接觸的可能性，以及耶穌的神性。

科學派、新思想（New Thought）[13]、神智學（Theosophy）[14]，及其無處不在的衍生學說。」

這些信念，僅針對一九八〇年代和一九九〇年代許多美國人生活上的不穩定性，做出了相應的調整。新時代源於美國人悠久的思想歷史，也就是對於現存宗教習俗的反叛，以對自己能力的信心。

新時代信念可能在一九五〇年代就已經存在，儘管當時的信徒可能比較關注幽浮，但到了一九八〇年代，這些信念已成為主流。隨著時間推移，新時代思想在流行文化中根深柢固。在二〇〇八年，《紐約時報》中就有這麼一句話：「雖然你可能不知道，但你正活在露易絲．賀的世界裡。」

在某種程度上，美國人依然生活在賀的世界裡，托賀氏書屋的福，不管美國人是否贊同新時代思想，她的指紋仍無所不在。嬰兒潮那代人，或許沒算過塔羅牌[15]，也可能讀過歐曼的暢銷書《五十歲以上的終極退休指南》（*The Ultimate Retirement Guide for 50+*），該書在二〇二〇年由賀氏書屋出版。

每年賀氏書屋出版的書籍中，仍會出現許多本《紐約時報》暢銷書，主題從工作法到健康飲食應有盡有。更重要的是，在一九八〇年代，許多信念和習俗，曾被歸類為新時代的一部分，其中大部分來自東方靈性哲學；然而，如今這些習俗已成為大眾文化的一部分，不再被視為另類方法。

賀很早就開始做**瑜伽、皮拉提斯，和靜心冥想，這些曾被視為次文化的行為及活動，在過**

去幾十年變得非常流行，一部分就是因為新時代信念的普及。

對新時代的信念，甚至延伸到美國的最高職位。前面提到的《向上思考的祕密》作者皮爾，其實是美國前總統川普童年時期的牧師。

皮爾的教誨，對川普早期信念的基礎非常重要。每個星期日，川普的家人都會從皇后區開車到曼哈頓聽皮爾布道。幾十年後，川普還記得他的布道，並表示：「你可以聽他講一整天，要離開教堂時，還會因為布道結束了而感到失望。」

皮爾孜孜不倦的積極哲學，提供了一扇奇特而深刻的窗口，讓人得以理解川普的性格。從最極端的角度上看來，新時代提出的自我意識，解釋了川普毫不退縮的自信，和他對自己能力的堅定信念，儘管在這兩者都受到外界質疑時，他也毫不動搖。

當一個人的自我意識，變成純粹「相不相信」問題時，任何外界評論或負面反饋，都不會對他造成任何影響，而這就是自我價值感變成自我崇拜的原因。即使是沒有讀過賀的作品、沒有聽說過戴爾或皮爾的人，也會受其影響，因為這些人的書塑造了那些領導者、決策者，他們的政策則影響了人民。

⑬ 一種精神治療運動，主要著重於精神治療及建設性思維的創造力。
⑭ 一種宗教哲學和神祕主義學說，認為所有宗教都是由失傳已久的「神祕信條」演化出來的。
⑮ 隨著新時代運動興起，現代人更傾向於將塔羅牌當作自我探索和發展的工具。

《創造生命的奇蹟》結合了所有美國神話中根深柢固的不同主題：自我成長、個人主義，以及正能量，並將它們重新包裝成適合那個時代的全新理解。

它將普世精神和老舊的成功定義結合在一起，呈現出一個全能、積極，甚至有一點魔幻的理想美國人，等同將二十世紀後期的自力更生者再升級。這本書，用老舊的形上學精神，來回應當代美國生活的新挑戰，為一九八〇年代的美國，創造出自立自強的精神。

《與成功有約》的七個習慣，其實也是複製美國夢

就像賀和她的演講一樣，柯維最初能成功，都要感謝他作為演說家的力量。賀的舞臺是西好萊塢大禮堂，柯維則在美國各地的會議中心演講，並於一九八四年，在猶他州普若佛市⑯建立柯維領袖中心（Covey Leadership Center）。

柯維因在商界培訓眾多領袖而聞名，但他這麼擅長演說，原因與做生意毫無關係，他的演講實力，來自作為摩門教傳教士的經歷。柯維是一名虔誠的摩門教徒，他在英國擔任傳教士時，獲得了第一次公開演講的經驗。後來，他進入哈佛商學院，當其他學生在波士頓的酒吧裡消磨時間時，柯維就站在波士頓公園的一個木箱上，宣講耶穌的福音。

在一九八〇年代，他開始培訓執行長時，他的培訓課程內容已經沒了摩門教的痕跡。然而，他的著作顯然奠基於他對基督教道德的理解，利用了節制、謙遜等價值觀。柯維使用的商

業術語，也可作為精神理念的載體，許多見過他的人都說，他說話的方式帶著一股神祕色彩。管理學大師、著有《追求卓越》（*In Search of Excellence*）的湯姆．畢德士（Tom Peters）就說，柯維帶有一股靈性魅力。畢德士告訴我：「我真的覺得自己就像站在一個聖人面前。他給人溫柔的感覺，有一股特殊的氣場。」

以這個角度看來，像賀一樣，即使是最主流的作家，也對神聖的事物有興趣，因為形上學和超越主義，都被融入一九八〇年代的流行文化中。

即使在這個由消費主義和理性主導的年代，或者說，正因為是這樣的年代，人們選擇轉向更古老的思維，並重塑它們，藉此適應這個新環境。

柯維的作品，雖然關於商業、提升生產力等內容上，完全符合二十世紀末的風格，但他的書中還有著更深、更古老的東西，不僅包含《聖經》的元素，還和我在本書中收錄的某些書籍有相似之處。

為了寫一篇關於美國自建國以來，歷史上各種工具書的博士論文，柯維花了數年的時間研讀數十本手冊、自我成長書，和快速致富書。而這項研究，將為他未來的著作《與成功有約》奠定基礎。

---

⑯位於美國西部的猶他州中第三大的城市。

在寫書的過程中，柯維當作參考和標準的書籍，就是《富蘭克林自傳》。柯維渴望帶領讀者重新認識所謂的「人格魅力」（character ethic），也就是他在富蘭克林身上看到的特質，包括正直、謙遜、忠誠、節制、勇氣、正義、耐心、勤奮、簡單、謙虛、恕道等價值觀。

柯維在《與成功有約》中整理出的七個習慣，似乎特別參考了富蘭克林的十三種美德，兩者都提供了一個框架，幫助讀者不斷提升自己的道德。

前三個習慣和變得更獨立有關，柯維鼓勵讀者透過主動積極的態度為目標制定計畫，並教你如何實現目標；第三到第六個習慣，則教讀者在變獨立之後，該如何互相依賴，並在工作或社群中與他人合作。

最後，第七個習慣是「把鋸子磨利」，和富蘭克林追求道德完美的計畫很像，柯維告訴讀者，成長的過程不會中斷，而是一直持續，所以必須保持身體健康、懂得休息，並提升靈性，藉此不斷更新自己。

和本書中提到的許多作者一樣，柯維明確的告訴讀者，他的書不只是一本書，也是一種哲學，可以被反覆閱讀、不斷練習，並傳授給其他人。他寫道：「我建議你，不要把這當成一本書來『看』，別當成只讀一次就放上書架的東西。」他敦促讀者將此書想成持續變化和成長的一段過程。

柯維將新與舊、道德和金錢結合起來，因為引起大眾的共鳴，使《與成功有約》成為有史以來最暢銷的管理書籍之一，賣出四千萬本，並在**《紐約時報》暢銷書榜上待了兩百二十週**。

和賀一樣，柯維之所以重要，不僅是因為他對這類經典所作出的貢獻，他還激勵了眾多成功人士追隨他的腳步，包含瑪莎．貝克（Martha Beck）和羅賓等人。柯維的影響在商界也非常明顯，許多通用語言，都源自他在書中推廣的詞彙，像是「雙贏」（win-win）、「主動積極」（proactive）、「統合綜效」（synergize）和「典範轉移」（paradigm shift）等。

根據富蘭克林柯維公司（FranklinCovey）的資料顯示，**即使到了二〇二〇年，光在北美地區，這本書週銷量仍高達五千本**。成千上萬名讀者在網路上，發表對這本書的熱烈好評，**許多人稱其為「改變生活的一本書」**。

《與成功有約》表面上在教導讀者如何成為領導者，提出一種既具道德、又高效能的美國個人主義。一個「好美國人」的故事，必備的設定就是：每個人都可以成為領導者，每個人內心都想成為英雄。

柯維為數百萬人定義何謂成功，強化並更新了諸如自我提升、心態的力量，以及掌控自己命運的責任等觀念。《與成功有約》將資本主義和普世精神完美結合起來，並加入富蘭克林時代的思想和一九八〇年代的成功信條，創造出完全屬於當代的白手起家者原型。

柯維的哲學，比傳統上的成功更為廣泛，他敦促讀者不要盲目遵循一系列步驟，而是重新審視他們的思維，不僅要質疑做過的事，更要檢驗他們過去如何看待自己與別人。透過這個方式，《與成功有約》也擴展了這種自助書的視野。

這本書首次登上《紐約時報》暢銷書排行榜時，是一九九〇年的秋天，但此書應該更像是一九八〇年代的產物。《與成功有約》回應了一些在兩年前，也讓賀登上暢銷排行榜的焦慮感和文化變化，像是工作不穩定，和圍繞於工作和家庭的不安感。

與柯維共事近二十年的富蘭克林柯維公司副總裁，史考特・米勒（Scott Miller）告訴我：「這本書，剛好正中人們的下懷，當時讀者都在問：我該如何挽救我的婚姻？怎麼救我的孩子？如何拯救我的企業？我需要做什麼改變？」

與此同時，一九八〇年代的保守主義，以及對一名歷史學家所謂的「對財富的加速慶祝」的渴望，讓越來越多人感覺到，他們也可以觸及那個時代自由流動的繁榮。雖然柯維的書並沒有明確闡述如何致富，但卻似乎迎合了某種年輕專業人士的需求。

如今，約七五％的《財富》世界五百大公司，每年都會花錢接受柯維領導力培訓。從這個數字，我們就能看出柯維擁有多大的影響力。就像《麥加菲讀本》除了教育數百萬名讀者之外，還教導了數十位總統和有權勢的生意人一樣，《與成功有約》也深深影響了許多塑造美國經濟的人。

矛盾的是，柯維的書也能代表對當時商界領導人的批判。在一九八〇年代，發生了內線交易醜聞，多家銀行倒閉，儲貸危機亦使美國金融體系岌岌可危。在論證道德領導力的必要性時，柯維似乎也意識到，目前商界缺乏的正是道德領導力。

柯維認為，道德領導力的基礎，建立於個人責任上。這本暢銷書的核心，根植於「你能控制自己的生活」這個美國神話。柯維和賀雖然有很多不同之處，不過在相信自己這方面，觀念卻非常相似。

賀鼓勵人們治療自己的生命，柯維則說，不管情況有多糟糕，人們都可以選擇如何面對。他並沒有踏入新時代的願景，認為自己是全能的，可以主動吸引好或壞的事物；相反的，他認為人類最強大的力量，就是能夠針對任何情況選擇不同的反應。

他甚至以一位罹患癌症的朋友為例，這位朋友在生命的最後幾星期，選擇寫下自己的人生故事，並為她的孩子錄製訊息。罹患絕症，可能是我們生活中最無法控制的事件之一，但柯維非常佩服她的勇氣。

這讓他想起納粹大屠殺的倖存者——《活出意義來》（*Man's Search for Meaning*）的作者維克多．法蘭可（Viktor Frankl）的信念：對於發生的事情，我們可以選擇自己的反應，並進而選擇我們的生活。即使在看似毫無希望的情況下，我們也可以為自己創造出意義，透過這樣的想法，他試圖將力量歸還給人們。但同時，如此極端的個人責任，也是很沉重的負擔。

《與成功有約》中，很大一部分和痛苦有關，這邊說的痛苦，不是死亡和疾病，而是**挫折及找不到意義的悲哀**。柯維在書中提到的不安感，就是因為生活不僅缺乏確定性，還缺乏連貫性而引發；我們可能表面上是成功的，卻仍然感到空虛。

他的書，就像大部分的自助書一樣，並沒有為讀者提供幸福，反而提供了結構，一種在混亂的世界，強加凝聚力的方式。積極，是美國人心態的基礎成分，不過，這無情的樂觀主義，似乎正是導致美國人心中的不滿不斷滋生的罪魁禍首。

與早期自我成長書作者不同，柯維似乎意識到，一直以來，自助書不斷叫讀者去追求的那份幸福，並非觸手可及。疾病、貧窮，或其他困境，都可能讓人失去選擇幸福的權利。也許，目標才是人們永遠擁有的東西。

理性的生物只要下定決心，就可以找到或創造理由去做某件事，這是富蘭克林的信念，而柯維則將富蘭克林的理念，提升到一個新的層次。**他把富蘭克林的自力更生哲學，又向前推進了一步，主張一個人不僅要充分利用所有事物和機運，還要積極主動的為自己創造機會。**他希望這樣的積極態度和職業道德，能讓人們拾得自己的力量；藉由此書，他也重申了美國的核心信念：每個人都可以自由的選擇自己的生活。

尤其是在這個大規模裁員的年代，工作變得不穩定，使許多美國人長期缺乏動力。為了獲得掌控生活的力量，這種思想上的自由，似乎是民眾的唯一選擇，所以它引起了巨大的共鳴。

也許這就是為什麼這本書一直如此受歡迎。美國就業市場依然不穩定，而且近年來變得更為嚴重，許多員工可能越來越覺得他們別無選擇，只能創造自己的機會。

最成功的自我成長書，鼓勵人們質疑自己的信念

柯維的書鼓勵人們走上自我發現之路，但不是以自我肯定為基礎，而必須質疑自己的核心信念，也就是所謂的「典範」（paradigm）。在《與成功有約》中，一開始就舉例，在紐約市週

日早上，一節安靜的地鐵車廂中，柯維和周圍的人都安靜的看書或休息。此時，一名父親帶著兩個孩子搭上地鐵。

孩子們大聲喧嘩，很令人討厭，但這名父親卻閉著眼睛、一動也不動，直到柯維實在受不了，才有禮貌的問這個男人，是否能管管他的孩子。男人一臉茫然的輕聲回答：「的確，我應該管他們。我們剛從醫院回來，他們的媽媽一小時前剛去世，我不知道該怎麼想，我猜他們也不知道該怎麼應對。」

柯維將這種互動描述為「典範轉移」：一個導致原先的理解，完全被翻轉的時刻。這就是自我成長書激進的地方，尤其是柯維的書。自我成長書有時被視為大眾的精神鴉片，充斥著陳腔濫調，想表達的主旨再明顯不過，但是，**這個流派中最成功的書，竟鼓勵人們質疑自己的信念，並以新方式看待事物**。

即使自助書普遍會提供某種處方或現成的教條，這些書同時也鼓勵人們踏上自我發現的旅程。這本書可能提供了一些建議，但它真正的使命，是讓讀者重新審視自己如何看待這個世界，思考他們重視什麼、優先考慮什麼、在生活中想要什麼。

柯維甚至支持觀想⑰及自我對話等新時代行為，因為這也可以當成探索自我的方式。從閱

---

⑰靜下心來，在腦中嘗試想像出一個影像。

讀經文到觀想，把這些不同的智慧結合起來，柯維擴展了探索自我的工具，且稍微拓寬了通往美式成功的道路。

在所有商業術語的背後，《與成功有約》邀請讀者更密切的觀察周圍的世界，這其實有一絲《老農民曆》的味道。

當《老農民曆》在鼓勵讀者數橡實時，柯維則談到了典範，但這兩種哲學，都要求讀者以類似的方式關注細節。他們都認為，解答可能就在最渺小的事情之中。

自助書鼓勵讀者像醫生或偵探一樣看待生活中的小線索，這些書試圖將日常生活，變成對世界或我們自己的凝聚力。這種思維告訴讀者，我們都可以發現新事物、看到別人看不到的東西，並成為自己生活中的英雄。

雖然這種思維方式也可能成為騙子和庸醫的行騙工具，不過，與此同時，它也帶有一種自相矛盾的謙虛，呼籲讀者回歸原點，仔細研究習慣和本能的基石。

柯維對積極主動和典範轉移的看法，獲得大眾的支持。雖然這種理念，看似只能讓公司高層或企業管理碩士產生共鳴，但它的讀者群其實大得難以想像。連當時美國第四十二位總統比爾·柯林頓（Bill Clinton），都邀請柯維前往美國總統的休假地大衛營（Camp David）。

這股不斷進步的動力，在兩個政黨都很受歡迎。著有《雷根時代》（*The Reagan Era*）的歷史學家道格·羅西諾（Doug Rossinow）說：「你必須維持自己的技能，並不斷更新，你必須致力於自我訓練和終身學習……這不只是保守派的口訣，也是自由派的口訣。」

這個時代的不穩定性，塑成了每個人都很重視的自我提升文化，而培訓進修和精進技能，則成為保住工作、甚至是挽回愛情的先決條件。羅西諾說：「那些幫忙精進技能、提供就業諮詢的自我成長大師，他們當然馬上就能找到現成的受眾，因為人們也沒有其他替代方案。」無論是左翼還是右翼，當時的政治家堅持認為，人民的個人力量，比任何聯邦政策或國家，更能決定他們的成敗。

和之前的許多自助書一樣，《與成功有約》基本上忽略了美國人無法直接控制的權力體系，例如經濟衰退和體制上的偏見。書中沒有提到，柯維提供的技能都無法阻止員工被解僱。美國文化中最基本的信念之一就是公民自由，但美國社會中，並不存在這種完全的自由，在柯維的企業受眾中，就更不存在了。

藉由承擔責任，員工當然可以使自己更具競爭力，甚至晉升到更高的職位。但是，如果你屬於某個特定種族、性別，和社會階層，那麼，透過積極主動達成工作晉升的計畫，就會立刻瓦解。

舉例來說，一名黑人女性遵循柯維的所有建議，專注於塑造自己的個人魅力，成為一名非常積極主動的員工。但是，如果她的老闆刻意抱持著偏見，或是下意識的受偏見影響，那麼，無論她有多厲害，可能還是永遠無法晉升至白人男同事的層級。搞不好，她還會為自己無法控制的失敗而感到自責。

提升自我，並沒有辦法解決體制中存在的種族主義和厭女⑱**心態**，就像卡內基的《人性的弱點》或艾蜜莉的《禮儀》一樣，《與成功有約》提供的方法，不能徹底改革體制，只能改善讀者與體制之間的關係。這本書可能無法讓所有讀者都進入《財富》五百大公司的董事會，只能讓勞工階級晉升為中產階級，或幫助公司員工晉升至中階管理人員。

柯維解釋，一個人與其公司、家庭、社區之間的關係，就叫作「相互依賴」。**與其他成功法書籍不同的是，柯維認為讀者的最高理想，不應該是獨立**，因為**人們可以透過共同合作，達成更大的成就**。

他寫道：「生活，本質上就包含了高度的相互依賴。試圖透過獨立來獲得最大效能，就像試圖用高爾夫球桿打網球一樣，這種工具不符合現實狀況。」柯維自己在生活的各個方面，都把團隊合作發揮得淋漓盡致；有九個孩子的柯維，甚至為他的家庭寫下了一份使命宣言，掛在客廳的牆上。

透過相互依賴，人們會意識到獨自一人的局限性，這件事在自我成長書中，真的很少提及，而柯維的書則增添了共同體的層次，藉此消除舊有原型的部分孤獨感。

相互依賴，確實是美國人成功的基礎，雖然它很少出現在美國神話之中。許多受尊敬的美國英雄，都是因為他們的領導能力而受到敬佩，而領導力，就是確保一個團體、社群或軍隊同心協力的能力。

無論是富蘭克林組織的美國哲學會（American Philosophical Society）⑲，還是華盛頓領導的軍營，他們的勝利都來自團隊的力量。一位社會學家指出，這些典型美國英雄的成功，被描述為獨自一人的努力，但實際上，他們都是某個大團體的一部分。除此之外，在西部尋找財富的拓荒者，也不是孤獨的拓荒者，他們通常都與一大幫朋友和鄰居生活在一起。

自我成長，跟美國身分的基礎很像，既具有個人主義的味道，也很孤獨。因此，柯維能建立出除了自我之外，還依賴其他人或物的哲學，實在令人欽佩。

當然，憤世嫉俗的人會說，這只是一種社會控制的方式。的確，在某種程度上，比起員工，柯維的哲學對老闆更有利。但是，若換個角度來看，相互依賴其實反映出，美國最基礎的神話——白手起家，已經被削弱很多了。柯維的書與本書中收錄的許多書不同，他認為，最終的目標應該是合作，而不只是自力更生。

現代人天天上健身房、喝蔬果汁，也是柯維的傑作

柯維的第七個習慣「把鋸子磨利」，是實現目標的關鍵。用柯維的話來說，為了成為高效能的人，大家都需要靠運動、睡眠、營養和靈性，藉此培養出最好的自己。就像富蘭克林的完美

---

⑱又稱女性貶抑，意指對女性的憎恨、厭惡及偏見。
⑲成立於一七四三年，為美國現存最古老的學術團體。

道德，或大多數的宗教一樣，柯維心中的理想美國人，像車子一樣必須持續進廠保養。

柯維非常認真實行自己的建議，幾乎每一天，他都這麼度過：首先，一邊閱讀《聖經》、一邊在健身自行車上運動至少三十分鐘，接著游泳十五分鐘，然後再在游泳池邊，做十五分鐘的瑜伽。

運動完之後，他就回到書房禱告，然後觀想自己接下來一整天的行程。談到自己早晨的觀想時間時，柯維說道：「我看到自己遵循正確的原則生活，實現有價值的目標。觀想其實非常具有挑戰性，所以當我下定決心，承諾遵循正確的原則生活，並為有價值的目標努力時，就是我個人的勝利。」

柯維不相信捷徑，但他肯定相信效率。他非常擅長一次做很多件事情，甚至有一個人看到柯維躺在健身房淋浴室的地板上，用三個蓮蓬頭沖身體，同時刮鬍子和洗澡。

把鋸子磨利，承認讀者的生活不僅限於渴望成功這件事。這麼一來，柯維將美國人與生產力的關係複雜化，不僅提出關於職業道德的問題，也提供了比許多自助書更全面的解決辦法。

例如，他提出了這樣的觀點：**真正的效率，不是在更少的時間內完成更多事情，而是把事情按重要性排列優先順序**。

《與成功有約》推廣四象限法則，也就是將任務根據緊急和不緊急、重要和不重要，各自放在四個象限中，然後就可以專注於緊急又重要的事情（重大專案的截止日期），而不是迷失在緊急但不重要的事情（發郵件），或不重要也不緊急的事情（社群媒體）中。而把鋸子磨利，則位於不緊急但重要的象限中。

與早期許多講究美國職業道德的書籍不同，《與成功有約》並沒有要求讀者花更多時間工作。它鼓勵人們審視自己的優先事項，做得多，並不代表就做得更好。與提摩西・費里斯（Tim Ferriss）等強調「生活駭客」（life hack）[20]的大師不同，柯維堅持認為沒有捷徑，劃分優先順序，只是讓你知道有些事情不必現在完成。

柯維從根本上改變了富蘭克林對「實用性」的痴迷，轉而談論「效率」。而美國當代文化則接著將其變成「最佳化」。即使柯維本意並非如此，但把鋸子磨利這個習慣，為美國文化目前對健康近乎病態的痴迷奠定了基礎。

在這個充斥著冥想和外送應用程式的世界裡，想要成為更有吸引力的人，休閒活動已經成為不可或缺的一部分，而且你必須在非常短的時間內做到。在追求財富這件事上，效率一直是美國人的民族精神，但美國人似乎試圖讓這種心態擴及生活中的一切，包括那些本來應該讓人放鬆、得到樂趣的活動。

正如美國才建國五十多年時，法國思想家托克維爾說：「美國人以那樣狂熱的激情追求繁榮，同時卻懷疑自己沒有選到最快的捷徑，害自己被後悔所折磨，這是件非常奇怪的事情。」

---

⑳可以提高生產力和效率的任何技巧、捷徑或新穎方法。

今日的美國人，似乎被同樣模糊的恐懼所折磨，不僅是對賺錢這件事，塑造名為自己的商品，也變得非常可怕。

如今，美國人往返於辦公室和健身房之間，光是停下來喝杯蔬果汁補充能量時，他們似乎也被同樣的想法所困擾：擔心自己不夠健康、不夠有效率。正如《紐約客》撰稿人賈．托倫蒂諾（Jia Tolentino）將這種現象描述為：要求自己「無止境優化」。原本應該帶來平靜的日常活動，卻帶來了焦慮，然而，美國人還是一直這麼做，因為這已經成為美國人的一部分，他們就應該是那種每晚做瑜珈或烹飪美食的人。

就像美國人自己編造的美國神話一樣，自我成長的循環永遠不會結束，在美國歷史中，將不斷更新和重複。這就是柯維的自我成長品牌之核心，也是他之後出版的許多商業、生產力書籍的中心思想：這個過程永遠不會結束。

這種想法在美國人的生活中幾乎無所不在。如果你必須為自己的命運負責，那麼，無論你當前是什麼狀態，肯定會有一個更好、更富足的自己在等著你，所以你永遠都可以再擁有更多、進步更多。

這種自我提升的文化，不管是否讀過自我成長書，都存在於每個美國人身上。即使不在書店的自助書區買書，美國人仍舊生活在一個重視個人成就和生產力多於其他事情的社會中。

我們可能無法從富蘭克林的道德完美計畫，聯想到柯維的主動積極習慣，再連結到現今社會對最佳化的痴迷，但絕對有一條線將它們聯繫在一起。因為，這種自助書沿用了早期工具書的框架，再為其添上新的層次，**每一本書的意識形態，都為下一波工具書奠定了基礎**。

如此一來，沒有什麼是全新的觀念，早期關於美國身分的故事，也不會完全消失。柯維的書，出自前面好幾代人寫下的自助書，而那些書，也建立在前人的作品之上。**儘管美國人渴望創造全新的國家，但若沒有東西參考，就不可能實行**。

這些書支撐著彼此。雖然它們的價值可能會被重塑，或暫時失去效力，但故事情節永遠不會消失。就像宗教活動，或柯維自己的健康養生法一樣，這項活動本身，就包含著永恆。

後記

世界是如何建構出來的？經典有答案

無論是在一八二一年還是二〇二一年，美國人對不確定性的反應，通常都和過往相同，他們都渴望獲得明確性和事實。即使字典的市場萎縮，但大眾對定義的需求也沒有消失。現在的不同之處在於，可能不會再有三十人、六十人或一億人，再買同一本書來緩解他們的焦慮了。

相對的，如今每一本工具書，都比以往更傾向於針對特定受眾，像是如何處理企業界性別歧視的手冊，到福音派家庭教育者的大學考生指南等。

參考書的權威也產生了變化，現在人們可能會利用谷歌（Google）搜尋引擎、維基百科，甚至是線上問答網站 Quora，輸入曾經得在字典或性愛指南中查找的棘手問題。這就是為什麼，像《老農民曆》和《韋氏字典》這樣的大品牌，越來越把精力集中在運行推特、YouTube 等線上業務上。

即使現今的暢銷書，沒有像韋伯斯特那樣有意識的思考如何定義美國身分，它們仍忍不住把美國身分的資訊編寫進去。原本關於獨立、白手起家者的言論，現在更新為「挺身而進」（lean in）①、「正妹CEO」（girlboss）②等字眼，但核心理念並未改變。

卡內基可能不喜歡被這樣的比較，但是，像瑞秋·霍利斯（Rachel Hollis）的《女孩洗把臉》（*Girl, Wash Your Face*）這種書，結合了思考的魔力、新教和積極態度，這些元素和他的書非常相似。

即使是那些自稱「反勵志書」的書籍，像《別耍廢，你的人生還有救！》（*Unfu*k Yourself*）或《相信自己很棒》（*You Are a Badass*），仍然建立在一樣的基礎之上，包含了個人主義、職業道德、積極思考、精英政治，和例外論。

美國人通常把美國故事，理解為必須一點一點慢慢揭開的東西。但美國文化的真正起源，遠遠不只如此，不僅來自總統和革命家，也來自狂熱的教師和受人鄙視的社會名流。他們創造的故事會被其他人吸收，再編入新書之中，或用來更新老舊哲學。

藉由這些工具書來編撰美國人的價值觀，確實有著那麼一點民主的成分。與此同時，這些**作者透過恐懼和個人偏好來創作這些書籍，用他們選擇的價值觀打造了美國的故事。**他們的書，往往忽略美國的起源中，那些被拋棄或用暴力刪除的元素。美國神話中的移民故事，往往都只有幾本來自黑人社區或由有色人種作家撰寫的作品，以及寥寥可數的原住民故事和民間傳說。

美國人的身分，不是自然而然形成的，而是一塊一塊建構而成，就像不規則的陶器碎片，被製成馬賽克磁磚一樣，被打碎之後，然後再以一種稍微不同的方式重新組裝起來。

以這種新方式重溫這些熟悉的書籍的同時，美國人也不得不審視「記憶很不可靠」這項事實。美國作家拉爾夫・艾里森（Ralph Ellison）說，記憶和身分的描述永遠不一致；從某種意義上說，的確是這樣沒錯，因為長期以來，建構美國身分時，許多人都會刻意遺忘最真實、最醜陋的時刻。

美國人經常講述關於精英政治、白手起家，和平等的故事，卻忽略了奴隸、近乎種族滅絕的原住民，以及只能免費付出勞力的女性。**美國歷史上最黑暗的故事，只會以潛臺詞的模樣出現在這些書籍的章節之中，因為這些故事的暴力，與美國想撰寫的自傳不相容。**

本書中所收錄的書籍，都包含了作者創造的不同願景，而且通常都過於理想化。無論是韋伯斯特投射出一個語言優越的獨立基督教國家，還是卡內基希望透過積極正向的心態，治癒大蕭條時期的人們，這些書都不是對美國的直接敘述，而是如神話般的複述，講得讓人誤以為是真實的。

---

①源自臉書（Facebook）營運長雪柔・桑德伯格（Sheryl Sandberg）的著作《挺身而進》（*Lean In*），鼓勵女性接受挑戰、追求目標。

②蘇菲亞・阿莫魯索（Sophia Amoruso）於著作《正妹CEO》（*#GIRLBOSS*）中推廣的詞彙，意指一名有自信、有能力，並追求自己抱負的女性。

然後，這些神話又對美國人的日常生活，產生了非常真實的吸引力。就像《一千零一夜》（*One Thousand and One Nights*）中的雪赫拉莎德（Scheherazade）一樣，每天晚上講一個新的故事，她就能多活一天；美國人講故事是為了生存，神話則是防止國家滅亡的護身符。雖然故事被修改過，加入了新的恐懼和不確定性，但故事永遠不會消失。文化、神話，和身分，隨著時間累積而成，在充滿不安的時刻拼湊在一起，不僅能讓美國人確信他們過去是怎樣的人，也能夠確信現在的他們是誰。

我寫這本書，是因為我想與這些準則古怪、極端、暗黑的部分鬥爭。事實上，把這些信念視為美國人一路上蒐集到的故事，而不是絕對的真理，算是一種解放，因為這代表他們可以放下一些已經無益的東西。

美國身分還在繼續被創造，在這個過程中，人們不斷的質疑這個國家可能代表著什麼。重新審視那些孕育了此書中每本暢銷書的動蕩時刻，就讓人覺得這些書有種詭異的先見之明，事先預見了美國人現在生活的時代，會充斥著衝突、劇變和焦慮。

同樣的循環正在上演，就像凱薩琳或麥加菲一樣，有一些人譴責快速的變化，也有些人害怕喪失文化，但卻沒有意識到，其實人們隨時隨地都在創造文化。同樣的，神話也不斷被這樣創造出來，建立在恐懼、希望，和需求的基礎上。

天文學家卡爾．薩根（Carl Sagan）曾說：「我們渴望了解，所以發明了神話，藉此說明我們認為世界是如何建構出來的，而當然，這些神話是建立在我們已知的基礎上，也就是自己和其他動物。但是，我們並不因這些故事而滿足，所以我們不斷拓寬神話的視野，然後發現，世界的構造和事物的起源，跟我們所知的完全不同。」

拓寬視野，可能是講述真實故事的唯一途徑，不必急於創造意義來應對不確定性，只要擁抱這個不斷變化的美國就夠了。

致謝

因為很多人的努力，這本書才得以完成，所以我很想把致謝的部分，寫得和其他章節一樣長。我要感謝我的經紀人安娜–史普勞・拉蒂默（Anna-Sproul Latimer），沒有她，我永遠不會相信自己有能力寫書。她認真的態度，和她打來的電話、傳來的簡訊及電子郵件，都給了我前進的動力。

非常感謝卡西迪・薩克斯（Cassidy Sachs），她是個完美的責任編輯。才華洋溢的她，總知道該說什麼，才能讓我更好理解；她敏銳的眼光，使這本書大大的改善。感謝Dutton出版集團的宣傳團隊和行銷團隊，尤其是娜塔莉・丘奇（Natalie Church）、史蒂芬妮・古柏（Stephanie Cooper）和貝琪・歐德爾（Becky Odell）。我的校對團隊非常完美，帕克・理查茲（Parker Richards）和漢娜・斯坦科夫–法蘭克（Hannah Steinkopf-Frank）如此注重細節，讓神經質的我得以休息。

許多私人和公開的檔案館，很慷慨的允許我訪問他們，並翻閱他們的書籍和手稿，因為他們這本書才能出版。翻閱舊手稿和信件，一直是我在寫作過程中最喜歡的部分。所以，非常感謝位於拉德克利夫學院的史萊辛格圖書館、耶魯大學的拜內克古籍善本圖書館、巴黎美國圖書館、美國古文物學會（American Antiquarian Society）、紐約公共圖書館、艾蜜莉・波斯特研究機構、通用磨坊檔案館，以及戴爾・卡內基訓練機構檔案館。

特別感謝這些書籍的許多現代遺產保管人，他們很熱情的歡迎我進入他們的辦公室和歷史之中，包括《老農民曆》的克拉克、海爾和詹尼斯・史提曼（Janice Stillman），梅里安－韋伯斯特的索科洛夫斯基，艾蜜莉・波斯特研究機構的莉茲和森寧。當然，還有戴爾・卡內基訓練機構、富蘭克林柯維公司的團隊，以及賀氏書屋的領導階層。

因為通用磨坊如此配合、又不懈努力，尤其感謝娜塔莎・布朗斯（Natasha Bruns）的幫助，我才得以寫出克羅克那一章；能夠閱讀數十封與克羅克相關的私人信件及文本，是一種樂趣。布朗斯能在很短的時間內，準確找到我需要的東西，她的能力令人印象深刻，也非常感謝她在過去幾年，在我修改研究結果時，回覆了數十封電子郵件。她和克羅克團隊幫助我核對此章的史實，作出了難以估量的貢獻。

許多歷史學家、社會學家、作家和文學學者，總共將近一百人，在本書的寫作過程中，慷慨的與我分享他們的時間和專業知識。感謝他們既親切又有耐心的向我這個不是歷史學家的人，解釋複雜的歷史人物和時期。我要特別感謝哈特姆、謝爾比・巴利克（Shelby Balik）、索倫森、沃耶，和羅西諾。

感謝瑪麗亞・特朗普勒（Maria Trumpler），在我還在讀大學時，向我介紹了凱薩琳的作品，並持鉅細靡遺的教導、談論凱薩琳的遺產。能完成這本書，也托了許多傳記作者的福，尤其是肯德爾、克拉里奇、艾薩克森、斯克拉、朵羅瑞斯・蘇立文（Dolores P. Sullivan）和史蒂芬・瓦茲（Steven Watts）。感謝許多與我分享他們與作者、書相關之故事的人，包含舒密特、路克斯、西奧蒂諾、賈格特、金恩和科林・克魯斯（Colin Clews），能聽到你們的故事是我的榮幸。

感謝我的母親，幾十年來，她一直是我最忠實的讀者。在撰寫這本書的三年間，她非常有耐心的忍受我在電話上訴苦，而且她給我的建議，都既坦率又具建設性。在我寫這本書的時候，她的聲音經常出現在我的腦海中，提醒我不要只看到人們的缺點，要看見他們的人性。感謝她對文學的熱愛，也感謝她讓我學會尊重所有書籍，即使是最卑微的書。

我的父親是一位出色的啦啦隊長，總是不斷歌頌我的成功。在危急時刻，他的表現總是很出色，我永遠不會忘記，當我不小心把水灑到筆電上，導致許多筆記都沒了的時候，他很平靜的安慰我，還給我一個超級美味的塔可餅。

感謝艾比（Abby），我最久的朋友，也是我最好的姊姊。你是第一個得知我要寫書的人，我永遠不會忘記和你一起慶祝的時刻。也感謝詹姆斯（James），我最親近的人，他很理解寫書的過程有多艱難，我很珍惜我們一起打趣的時間。

鑑於此書的性質，我忍不住想感謝我的祖先——愛爾蘭女傭和義大利理髮師，他們都剛好聚集在新英格蘭。特別感謝艾琳娜・麥克休（Elena McHugh），她多年來一直是我的榜樣，在我還是個孩子時，她就讓我覺得一切皆有可能。

我還想感謝大衛・麥克休（David McHugh），在我們家過得最艱困的幾年，他總會來看我過得如何，並講笑話給我聽。他可能不是我們家嗓門最大的人，但他很會講故事。我的外公，這本書是獻給他的，他可算是麻薩諸塞州的喬治・貝利（George Bailey），我還想感謝他的妻子凱薩琳（Katherine），她為我的家庭保留了他的記憶。

我永遠感謝我才華橫溢的朋友瑪麗亞・泰勒（Mariah Tyler），從我們成為雜誌社同事的第一天起，她就一直鼓勵、支持著我。我永遠感謝她幫我拍攝了最棒的作者照，她總能夠讓人放鬆，並在鏡頭下捕捉到陌生人和朋友的本質，這就是她如此出色的部分原因，她為我做過的一切，我這輩子都償還不完。

我還要感謝所有同事、朋友和家人，他們給了我很多反饋。謝謝柔伊（Zoey）、漢娜（Hannah）、昆丁（Quentin）、我母親，和巴黎自習堂的所有成員。我要特別感謝昆丁，他忍受我總是把餐具丟在水槽裡和我的工作習慣。他總會貼心的提醒我，要記得去散散步、吃東西，或休息一下，讓在疫情期間寫完第一本書的我沒那麼絕望。

特別感謝我親愛的朋友：埃萊尼・札菲魯斯（Eleni Zafiroulis）、朱利安・德貝內戴提（Julian Debenedetti）、克拉克・明多克（Clark Mindock）、皮爾斯・格羅佛（Pearce Groover）和克莉絲蒂・賽佛莉（Christy Savery）。

多年來，我有幸受到幾位優秀導師的支持和鼓勵，尤其是傑克・哈爾朋（Jake Halpern）和羅伯・麥皮爾森（Robert MacPherson）。還要感謝鼓勵我寫作，讓我相信自己可以成為作家的人，特別是布艾倫・霍普（Briallen Hopper）、卡洛塔・齊利亞克（Carlotta Zilliax）、潔西卡・龐德（Jessica Bond）和米可拉・施泰姆（Michaela Steimle）。

我還想感謝菲利普・葛拉斯（Philip Glass），他不認識我，但我在寫這本書時，一直聽他的音樂。他也很支持另有正職的藝術家，我想針對這一點特別感謝他。本著這種精神，我想敬蘇菲酒吧的顧客和工作人員一杯，他們在我撰寫本書提案時，以多種方式支持著我；多年來，蘇菲酒吧的週日常客一直是我的忠實讀者，我非常感激他們，他們為我所做的事，我這輩子都償還不完。

本書參考資料
詳見QR Code

國家圖書館出版品預行編目（CIP）資料

改變世界文化的 13 本書：讀什麼決定我們成為誰。這些暢銷書如何改變了我們說話、思考模式、行為舉止甚至成功標準。／潔絲・麥克休（JESS McHUGH）著；吳宜蓁譯.
-- 初版. -- 臺北市：大是文化有限公司， 2022. 01
384 面；17×23 公分. --（Style；58）
譯自：Americanon: An Unexpected U.S. History in Thirteen Bestselling Books
ISBN 978-986-0742-91-6（平裝）

1.民族性 2.文化 3.社會價值 4.美國

752.3 110013566

Style 058
改變世界文化的13本書

讀什麼決定我們成為誰。這些暢銷書如何改變了我們說話、思考模式、行為舉止甚至成功標準。

作　　者／潔絲・麥克休（JESS McHUGH）
譯　　者／吳宜蓁
責任編輯／李芊芊
校對編輯／張祐唐
美術編輯／林彥君
副總編輯／顏惠君
總 編 輯／吳依瑋
發 行 人／徐仲秋
會　　計／許鳳雪
版權經理／郝麗珍
行銷企劃／徐千晴
業務助理／李秀蕙
業務專員／馬絮盈、留婉茹
業務經理／林裕安
總 經 理／陳絜吾

出 版 者／大是文化有限公司
臺北市 100 衡陽路 7 號 8 樓
編輯部電話：（02）23757911
購書相關資訊請洽：（02）23757911 分機 122
24 小時讀者服務傳真：（02）23756999
讀者服務 E-mail：haom@ms28.hinet.net
郵政劃撥帳號／19983366　戶名／大是文化有限公司

法律顧問／永然聯合法律事務所
香港發行／豐達出版發行有限公司 Rich Publishing & Distribution Ltd
香港柴灣永泰道 70 號柴灣工業城第 2 期 1805 室
Unit 1805, Ph. 2, Chai Wan Ind City, 70 Wing Tai Rd, Chai Wan, Hong Kong
電話：21726513　傳真：21724355
E-mail：cary@subseasy.com.hk

封面設計／高郁雯
內頁排版／黃淑華
印　　刷／緯峰印刷股份有限公司

■ 2022 年 1 月 初版
ISBN 978-986-0742-91-6
電子書 ISBN 9786267041529（PDF）
9786267041536（EPUB）

Printed in Taiwan
定價 460 元
（缺頁或裝訂錯誤的書，請寄回更換）